Dioses
de la Guerra

Claudio Fantini

Dioses de la Guerra

Ediciones de la Docta

Hecho el deposito que prevee la ley 11.723

Primera edición: 2000 ejemplares.
Primera Reimpresión: 1000 ejemplares
Segunda Reimpresión: 2000 ejemplares
Tercera Reimpresión: 2000 ejemplares
Cuarta Reimpresión: 2000 ejemplares
Quinta Reimpresión: 2000 ejemplares
ISBN: 987-20507-0-8

© Todos los artículos fueron publicados por *La Voz del Interior*, con excepción de la nouvelle "Serás tu sangre".
© 2002, Claudio Fantini
© 2002, Ediciones de la Docta
Derqui 363 Of. 4 - 5000 Córdoba
Tel. 54-351-4280912
e-mail: edicionesdeladocta@yahoo.com.ar

Me zambulliré
en el humo
del oscurantismo.

Removeré
los escombros
de la razón.

Abrazaré
tu cuerpo herido
por las esquirlas del odio.

Y seremos
una lágrima
en la historia.

Claudio Fantini

Prólogo

Este libro habla de la guerra, porque el siglo XXI amaneció aturdido por esa palabra. Como si quisiera darle la razón a Homero, que afirma desde el fondo de la historia que "los hombres se cansan antes de dormir, de amar, de cantar y de bailar que de hacer la guerra"; o a Colmar von der Goltz, cuando en su libro *La Nación en Armas* sostiene que los pueblos "que desean la paz, deben prepararse para la guerra"; o a Hegel, que en sus *Lecciones de Filosofía de la Historia Universal* exalta las virtudes de la guerra llegando a la conclusión de que fue luchando en Troya que los antiguos griegos lograron la unidad material y espiritual.

El siglo comenzó escribiendo con sangre el "designio de la naturaleza" que movió las reflexiones de Kant, hasta llevarlo a la conclusión de que es la natural propensión al antagonismo lo que desarrolla las cualidades del hombre. Por eso, a pesar de que desea la concordia, posee una naturaleza que "sabe mejor que él lo que es bueno para su especie, y ella desea la discordia". Posiblemente, la guerra sea parte de la condición humana, aunque no necesariamente por la razón positiva que señala el filósofo alemán, sino por la apocalíptica sentencia que creyó descubrir Joseph de Maistre, quien en sus *Soirées de St. Petersbourg* le hace decir a uno de sus personajes que "la guerra cumple con un decreto divino: si no existiese su furia destructora, no podría realizarse entre los hombres la ley universal de la violencia, según la cual toda la naturaleza y el hombre en ella están sujetos a la necesidad del exterminio universal".

Sacralizando el devenir de la historia desde una visión teologizante, de Maistre sentencia que "la tierra entera, continuamente empapada de sangre, es un altar inmenso donde todo lo que vive debe ser inmolado sin cesar hasta la consumación de las cosas, o sea, hasta la muerte de la muerte".

Personalmente, comparto la repulsión que contra las justificaciones de la violencia expresa Norberto Bobbio en *El Problema de la Guerra y las Vías de la Paz*, y la indignación que expone al respecto José Pablo Feinmann en *La Sangre Derramada*. Pero *Dioses de la Guerra* no contiene un tratado de filosofía, sino una simple descripción de los hechos y personajes que protagonizan el conflicto con que se inicia el Siglo XXI. Una recopilación de ensayos publicados a partir del año 2000, que al sumarse componen una suerte de álbum de postales y retratos que permiten vislumbrar el paisaje del mundo en el amanecer del nuevo milenio.

En parte, la metodología es la misma de mi primer libro. Por eso vale recurrir al prólogo de *Crónicas de Fin de Siglo* para explicar que "un álbum de postales y retratos no es un balance ni una conclusión final, porque los personajes y los hechos que desfilarán por estas páginas no son descriptos y analizados desde un momento posterior. Cada postal, cada retrato, muestra al hecho cuando ocurría y al personaje cuando actuaba. Los muestran tal como eran y como se veían en ese momento.

La mirada retrospectiva tiene muchas ventajas. Uno puede recoger todo lo escrito, comparar y corregir a la luz de lo ocurrido posteriormente y con la evidencia de las consecuencias producidas por esos acontecimientos y por esas personas. Pero también hay un valor en el retrato del momento. Los hechos y las personas se muestran como eran en esas circunstancias. Los álbumes de fotos tienen esa ventaja. Por eso éste es un álbum de fotografías. Sus personajes y paisajes aparecen como se veían, o como los veía la lente que los tomó en el momento en que fueron retratados. Juntos componen un panorama". El panorama del conflicto que marca el comienzo del siglo XXI.

También vale, para *Dioses de la Guerra*, la advertencia sobre las deformaciones que la intención literaria puede causar en la presentación de los hechos. Por eso, como en *Crónicas de Fin de Siglo*, corresponde aclarar que "la realidad sobrepasa lo periodístico y los instrumentos de la crónica no alcanzan. Quiero decir que observar la realidad suele derribar las certezas de lo real. No sé si escribo lo que veo o lo que creo ver. No sé si lo que veo es lo que es, o simplemente lo que estoy viendo. Los personajes y los hechos son lo que son y también lo que hacen de ellos los ojos que los observan, y las mentes que hay detrás de esos ojos, y las vivencias que se acumulan en esas mentes.

Entonces la alternativa puede ser describir lo que veo, lo que siento, lo que creo. Pero...¿cómo abarcar con la descripción ciertas magnitudes? El relato periodístico no alcanza. La irrealidad de lo real lo vuelve inútil. Y cuando la desesperación nos empuja a descreer, viene la literatura a rescatarnos. Entonces la crónica o el análisis se confunden con el relato novelado o transitan por la estructura de un cuento. Ocurre que la aceptación de la irrealidad de lo real termina por liberar la imaginación. Y la imaginación suele enamorarse de las formas modificando rasgos, retocando paisajes o privilegiando el ritmo del relato de aventuras. Porque...¿cómo saber lo que verdaderamente pasa? Hay más certeza en la afirmación de lo que creo que pasa, pero hay que subrayar el "creo". Y una posibilidad de hacerlo es privilegiando la forma, o sea refugiándose en la intención literaria".

Respecto al contenido, las postales y retratos componen un paisaje general del escenario que surge de los ataques del 11 de septiembre. Los personajes y los hechos evolucionan de tal modo que van conformando un tablero mundial radicalmente distinto. El propio George W. Bush, de parecer inicialmente un presidente condenado a la intrascendencia, va descubriendo en los acontecimientos la posibilidad de imprimir un giro copernicano que, para bien o para mal, genera otras reglas en la escena internacional.

Apoyado en el ala derecha de su equipo, particularmente en el subsecretario de Defensa, Paul Wolfowitz, tal vez el principal ideólogo de la administración republicana, encontró en la guerra contra el terrorismo la hipótesis de conflicto que faltaba tras la desaparición de la Unión Soviética, convirtiéndola en la base para un nuevo orden tanto en el mundo como en el interior de los Estados Unidos.

Me refiero a que las políticas puestas en marcha desde el 11-S cambian aspectos esenciales de la naturaleza del Estado norteamericano y ponen punto final a las reglas mundiales que rigieron desde el Tratado de Westfalia, que puso fin en 1648 a la Guerra de los Treinta Años señalando el surgimiento de los estados modernos que superaron la concepción medieval.

La relación entre los países que establece del tratado de Westfalia y se ratifica en Utrecht en 1713, está marcada por el principio de la inviolabilidad de las fronteras, idea que constituye la esencia, junto al Pacto Kellog de 1928, de la Carta de San Francisco, que en 1945 sienta las bases constitutivas de las Naciones Unidas.

Todo ese sistema de reglas se ve sustancialmente alterado por la nueva doctrina de seguridad impuesta por Bush, en la que la superpotencia se reserva el derecho al "ataque preventivo".

En rigor, las acciones militares llevadas a cabo en Panamá y Grenada son ejemplos de que no hay nada nuevo en el terreno de los hechos, pero sí lo hay en el campo de la interpretación del derecho. Y el mundo observa con preocupación un tablero mundial en el que, por un lado, existen regímenes despóticos como el iraquí, que ya demostraron temeridad para aventurarse en agresiones militares utilizando armas de destrucción masiva como las químicas y biológicas; además de regímenes anacrónicos e impredecibles como el norcoreano, que hizo pública su posesión de arsenales nucleares a pesar de haber firmado compromisos que le impiden la producción y almacenamiento de este tipo de armamentos; pero que, por otro lado, abre paso al unilateralismo proclamado por George W. Bush, quien no parece encarnar los mejores valores que hacen a la esencia de los Estados Unidos porque no puede ser considerado un liberal, sino apenas un libremercadista a ultranza. Pero no es la intención de este libro hacer futurismo ni presentar una teoría del mundo, sino simplemente recopilar retratos de algunos de los principales protagonistas del nuevo escenario bélico, realizados en momentos claves de los últimos dos años.

En todo caso, arriesga una hipótesis de interpretación sobre el giro producido tras el final de la Guerra Fría, con el atrevimiento de corregir ciertos aspectos de la teoría sobre el choque de culturas planteada por Samuel Huntington. En el paisaje que describe *Dioses de la Guerra* se vislumbra un mundo en el que, más que un choque de civilizaciones, parece darse un resurgir de la religiosidad que, en todas las civilizaciones, va ganando terreno en el razonamiento político y creando las nuevas convicciones absolutas que generan confrontaciones.

Los dogmatismos con que ciertas ideologías basadas en concepciones historicistas surgidas del iluminismo y las revoluciones de los siglos XVIII y XIX, no hicieron más que reconvertir los dogmas religiosos que imperaron durante el medioevo. Mientras que, con la caída del Muro de Berlín y el final de la Confrontación Este- Oeste, se percibe un retorno a los dogmas puramente religiosos para sostener lo que ha sido una constante en la historia de la humanidad: la necesidad de aferrarse a convicciones absolutas que, por su naturaleza, no pueden convivir porque están condenadas a confrontar para aniquilarse.

Finalmente, el libro presenta una mezcla de géneros, porque a los ensayos que componen el álbum de retratos y postales se suma un relato enteramente ficcional que desemboca en un cuento de Borges.

Cuando en 1998 escribí "Serás tu Sangre", abrumado por la sensación de que la especie humana está condenada a transitar la tragedia de la guerra hasta el final de los tiempos, se me ocurrió considerarla una pequeña novela poética. En rigor, de lo único que estoy seguro es que se trata de un relato de ficción, aunque los conflictos por los que deambula la errática mente del personaje sean descriptos desde su realidad histórica.

Si los retratos que componen el álbum corresponden a la realidad, en todo caso bañada por algunas dosis de ficción; el relato que cierra el libro responde enteramente a la ficción, aunque bañada por hechos de la realidad.

El hilo conductor que justifica la mezcla de géneros es la guerra marcada por el espíritu religioso. "Serás tu Sangre" recoge la sensación abrumadora que dejó la historia del siglo XX; mientras que el álbum describe el escenario conflictivo que beligerantes convicciones empapadas de religiosidad plantean como comienzo del siglo XXI.

El producto de esta suma es *Dioses de la Guerra*.

Introducción

Las mil muertes de la ilusión

Publicada en enero del 2001, esta postal que muestra al hombre del nuevo milenio en un mundo que parece imponer la necesidad de desprenderse de las estériles ciclotimias del pasado, describe el paisaje humano que dejaron las guerras del siglo XX, marcadas por ideologías y nacionalismos.
Comenzaba el siglo XXI y ese paisaje humano ya permitía vislumbrar al protagonista principal del conflicto que estallaría ocho meses más tarde, con los atentados en Washington y Nueva York: el fanatismo de carácter religioso.

Los tiempos de algún modo se repiten. Pero ahora duran menos. Como los personajes de Scott Fitzgerald, que resumen dos tiempos. Uno despreocupado, optimista; el otro vacío, desconcertado, sin ilusión, o de ilusiones frustradas. Dos momentos de la historia resumidos en un puñado de personajes literarios. Los primeros, esos que transitan las páginas de *A este lado del paraíso* y de *Hermosos y malditos*, parecen describir un mundo convencido de haber sobrevivido al infierno y, por ende, capaz de avanzar hacia el mejor de los mundos.

El joven de Minnesota que tocó el cielo con las manos al formarse junto a la elite de la Universidad de Princeton, publicó su primer novela al comenzar esa década que lo llenó de optimismo existencial y a la que llamó "la era del jazz".

Los años '20 emergían felices de las trincheras de la Primera Guerra Mundial. Occidente había sobrevivido a la batalla de Verdun, al gas mostaza, los lanzallamas, los carros blindados y los submarinos. Había sobrevivido al frenesí de la destrucción. Nada tan nefasto podía volver a ocurrir. La década del '20 marcaba el comienzo de una vida nueva y definitiva. La humanidad avanzaría hacia sociedades más libres y pacíficas, en un escenario internacional donde reinarían el entendimiento y la colaboración. Por eso los personajes de Francis Scott Fitzgerald transitaban despreocupados una vida entregada a la aventura. Pero en la década del '30, aparecieron otros personajes que hablaban de otros tiempos. El Occidente que había sobrevivido al infierno se encaminaba decididamente hacia otro infierno. Las maquinarias bélicas se reconstruían velozmente para que Europa volviera a suicidarse. La humanidad no avanzaba hacia sociedades más pacíficas y del escenario internacional se apoderaban el supremacismo y la dominación expansionista.

Entonces aparece *El gran Gatsby*, con sus personajes desencantados. Y luego *Suave es la noche*, donde Scott Fitzgerald confiesa el dolor por los sueños que no se cumplieron. "La era del jazz" se desangraba en los bosques de Francia, y en los llanos polacos y en las afueras de Praga y en los incendiados Balcanes.

El mañana inexorable

Estos últimos años transcurrieron a la sombra del Gran Gatsby.

El desconcierto se instaló en la atmósfera de un hombre que ya no se permite décadas del '20. Apenas un par de años soñando que el final de la Guerra Fría marcaría el fin del equilibrio atómico y de las guerras regionales. Apenas un par de años esperando la prosperidad globalizada y la muerte del odio étnico y racial. Después, el desencanto. Después, el hombre frente a la vida del hombre. Sin décadas de ilusiones rococó ni años locos.

¿Por qué esperar diez años para desilusionarse? Después de todo, el fervor optimista que trajo el final de la Segunda Guerra Mundial duró más de la cuenta. Sobre los escombros del Tercer Reich había bailado la confianza humana con Fred Astaire y Ginger Rogers. La esperanza que Hollywood describía iluminada como los salones del Ritz, recibió su primer balazo en la península coreana y luego, bloqueada en Berlín, se desvanecía hasta morir quemada por el napalm en la jungla vietnamita.

La prometedora alianza que rescató al mundo del infierno nazi, se rompió dando lugar a la confrontación Este-Oeste. La humanidad quedó parada sobre arsenales nucleares que crecían hasta la capacidad de hacer estallar el planeta en mil pedazos. El Occidente capitalista y el Occidente marxista, que habían logrado juntos destruir la maquinaria del odio hitlerista, se enfrentaban indirectamente en distintos rincones de Asia, África y América latina. Pero esta vez el hombre no abandonó "este lado del paraíso" vestido con los blancos y elegantes trajes del Gran Gatsby.

Parada sobre el equilibrio atómico, la humanidad procuraba inmunizar su optimismo existencial inyectándose el antídoto de las ideologías. La fórmula resultó exitosa en la medida en que logró salvar el futuro de un presente desgarrador.

El dolor del aquí y ahora se amortiguaba con la percepción de un mañana definitivamente liberado de los infiernos por los que transitó la historia. La muerte y el miedo que reinaban sobre un estado de guerra permanente, no impedían vislumbrar la luminosidad de ese futuro. Hacia delante, la historia se resolvería positivamente. Así lo demostraban las ecuaciones ideológicas. Había que confiar en ellas, abrazarlas como a un credo laico con precisión científica, para sobrevivir a la desilusión del hoy en la Guerra Fría.

En ambas trincheras de la Confrontación Este-Oeste, reinaban las ecuaciones que articulaban la historia con proyecciones mecanicistas que rescataban el optimismo de un presente devastador. Tal vez por eso, al revés de las ilusiones de las décadas del '20 y del '50, de entre los escombros del Muro de Berlín surgió un hombre más bien desconcertado.

Primero intentó aferrarse a la ecuación de Fukuyama. Pero el optimismo no duró "diez años locos" como "la era del jazz", ni bailó sin que se le arrugara el frac todas las piezas que bailaron Ginger y Fred en salones iluminados como los del Ritz. Pronto comprendió que ni la historia había terminado ni él era el último hombre. Y deambuló la dimensión errática de los personajes de Salinger, capaces de pegarse un tiro sin razón alguna, en una hermosa mañana de sol.

Sin futuro asegurado

Kafka imaginó el totalitarismo moderno antes de que existiera. En *El Proceso* lo describió tal como después sería. El hombre que percibió podría, como en *La Metamorfosis*, habituarse rápidamente a ser un gigantesco insecto. Tal vez porque no encontraba una diferencia esencial entre el hombre y el insecto. Lo que hacía era adelantar su pesimismo a las futuras muertes de la ilusión. Como lo hizo Salinger.

Quizá, el hombre del siglo XXI esté más cerca de ellos que de los resucitadores de ilusiones condenadas a muerte. Por eso no se permitió décadas doradas tras la caída del Muro de Berlín. Para ahorrarse futuras decepciones. O quizá porque las nuevas guerras no le dieron tiempo. A renglón seguido, Saddam deglutió Kuwait y la ofensiva que le hizo vomitar el pequeño emirato no terminó con su banquete de poder en Bagdad. Y luego aparecieron campos de concentración en Bosnia con guerras de aniquilamiento en otros rincones balcánicos. Y África siguió económica y militarmente africanizada; los talibanes retrotrajeron Afganistán a lo más oscuro del Medio Evo; y el barco que piloteaban los laicos hacia la paz naufragó en el océano de fanatismo religioso que inundó Oriente Medio. El mismo fanatismo que embarcó a la India y Pakistán en una carrera nuclear.

El mundo sigue siendo el mundo. Con ciegas convicciones metafísicas remplazando en gran medida a las ecuaciones que resolvían el futuro, pero con la misma contraindicación que Albert Camus denunció en los dogmatismos ideológicos: sólo sirven para justificar el crimen.

El hecho es que el mundo sigue siendo el mundo. Aunque ya no está Scott Fitzgerald para describirlo en sus esperanzas y decepciones. No pudo sobrevivir a la desolación que caracterizó a sus últimos personajes. De nada le sirvió la fortuna que amasó con sus primeros libros, ni el sol del Mediterráneo que entraba por los ventanales de su mansión en la costa francesa. Con el éxito llegó la necesidad de ahogar vacíos existenciales en el alcohol; y la locura de Zelda, su mujer, y la soledad en Hollywood escribiendo guiones desde el anonimato y una novela que no llegó a terminar.

De haber sobrevivido a aquella muerte de la ilusión, tal vez hubiera imaginado un hombre capaz de avanzar hacia el futuro aunque no lo crea predeterminado. Un hombre sin mañanas artificiales, que no le tema al desconcierto y hasta pueda vivenciarlo como una aventura útil, constructora y disfrutable.

De haber sobrevivido, tal vez habría creado personajes capaces de inventar la vida sin transitar desde este lado del paraíso hasta la vacía elegancia del Gran Gatsby.

Capítulo I

Esta parte del álbum muestra el paisaje político norteamericano entre los años 2000 y 2002, comenzando por la postal surgida en el momento en que Osama Bin Laden aparece encabezando la lista de enemigos de los Estados Unidos. Incluye las internas partidarias y la elección presidencial que llevaron a George W. Bush al poder; la ejecución de Timothy McVeigh, el autor del atentado terrorista de Oklahoma; el electrizante momento provocado por los ataques con aviones en Washington y Nueva York y los albores de la política que estos hechos pusieron en marcha.

El Bush aquí retratado muestra una imagen de errática debilidad, lejana del avasallante protagonismo que, para bien o para mal, fue adquiriendo con los acontecimientos posteriores.

En la dimensión de Ciudad Gótica

Este ensayo fue publicado a comienzos del 2000, a raíz de que el nombre de Osama Bin Laden apareció encabezando la lista de enemigos que publica el Pentágono. Describe la imagen que el mundo contemplaría absorto el 11 de setiembre del 2001. Es la imagen de la opulencia vulnerable, retratada por Bob Kane al crear Batman en la década del '30 y llevada a la realidad el 11-S con el ataque a las torres gemelas de Nueva York.

En la postal aparecen, además de Bin Laden, todos los elementos del conflicto que comenzó casi dos años después: la teoría de Huntington sobre el choque de culturas; el fundamentalismo islámico; la milicia talibán; el integrismo cristiano norteamericano; Saddam Hussein y, particularmente remarcados, el terrorismo y el peligro que representan las armas químicas y bacteriológicas como tentación terrorista desde el atentado con gas sarín que realizó en una estación del subterráneo de Tokio una secta budista.

Nunca brillaba el sol. Era siempre de noche o la envolvía una sombra crepuscular que bañaba sus callejones y rascacielos con un azul grisáceo y metálico.

No era parte de ningún país. Era más bien una Ciudad-Estado, como la antigua polis griega. Pero su gobierno y la policía padecían una debilidad crónica que se reflejaba en los habitantes; individuos solitarios y desprotegidos que confiaban su temor a un héroe oscuro y misterioso, al que movía un sentimiento de venganza contra los asesinos de sus padres.

Así era Ciudad Gótica, el escenario surrealista que comenzó a describir, en 1939, la imaginación turbulenta y alucinante de Bob Kane. En los umbrales de la Segunda Guerra Mundial, el creador de Batman imaginó un mundo sombrío y sin países. Un mundo de ciudades faraónicas, pero desprotegidas y siempre amenazadas por estrafalarios malhechores. Los enemigos de la Ciudad-Estado no eran otros estados. Eran absurdos forajidos que se proponían dominar el mundo por razones delirantes.

El futuro que un año antes concibieron Jerry Siegel y Joe Shuster, los creadores de Superman, era el de un planeta atacado desde otras galaxias. Pero en el futuro que imaginó Bob Kane junto a su amigo Bill Finger hay un mundo extraño, con estados pusilánimes amenazados por personajes absurdos. Y el mundo que llegó al tercer milenio, tiene elementos que lo acercan a la dimensión de Ciudad Gótica.

El peor enemigo

A la lista de enemigos que elaboró el Pentágono no la encabeza un país o un bloque identificado con determinada ideología o religión. La encabeza un hombre. Un misterioso millonario saudita que multiplicó la fortuna que su familia comenzó a amasar con los negocios inmobiliarios que manejaba en Yemen.

Se llama Osama Bin Laden. Tiene turbante, barba y una historia que comenzó a ser pública desde que abandonó su mansión de Ryad para adiestrarse en las artes del sabotaje, la emboscada y los atentados, en un campo de entrenamiento para terroristas que él mismo creó y financió en Sudán.

En algún suburbio de Khartoun organizó el primer gran golpe sufrido por los Estados Unidos en su propio territorio, después del ataque japonés a la Bahía de Pearl Harbor. Manhattan tembló con el estallido de una poderosa carga explosiva en las torres gemelas de World Trade Center.

Después se refugió en las áridas mesetas de Afganistán. Los estrategas de la CIA hablan de una caverna dotada de los más avanzados adelantos tecnológicos, oculta en inhóspitas montañas centroasiáticas situadas en un país que se quedó sin estado y al que domina, sin gobernar, una pandilla de teólogos delirantes que estudió en la universidad coránica de Peshawar (Pakistán) y se identifica con el nombre de Milicia Talibán.

Ese agujero con aires de baticueva sería la guarida de Bin Laden. Desde allí habría planeado y financiado los atentados contra las embajadas norteamericanas de Nairobi y Dar el-Salam. Y estos ataques provocaron la novedad histórica.

Desde su nacimiento, y a lo largo del siglo XX, Estados Unidos tuvo por enemigos y peleó en guerras contra otros Estados. La Alemania del Kaiser; el Tercer Reich de Adolf Hitler; el Japón de Hirohito; la Italia de Mussolini; el ejército norcoreano de Kim il-Sung; la insurgencia sudvietnamita apoyada desde Hanoi; la Cuba castrista, la Nicaragua sandinista y el gobierno izquierdista de Grenada; el régimen iraquí de Saddam Hussein o el supremacismo eslavista serbio.

Siempre fueron estados los ocasionales peores enemigos de los norteamericanos. Pero el siglo que comienza tiene una nómina en el Pentágono y no la encabeza un país o una alianza de países. La encabeza un hombre con nombre, apellido y número de documentos. Tiene una fortuna que nadie sabe calcular a ciencia cierta. Con ella financia acciones terroristas y se propone nada menos que destruir a la potencia hegemónica que proyecta a todo el mundo su economía y su cultura occidental.

Entre la razón y la fe

Para muchos, las dos guerras de la última década que dibujan el escenario mundial del nuevo siglo son las de Kosovo y Kuwait.

Algunos dicen que la "Tormenta del Desierto" con que el general Norman Schwarzkopf barrió a los iraquíes del pequeño emirato pérsico, fue la única respuesta justa y posible frente al expansionismo anacrónico de Saddam Hussein. Otros ven en esa guerra que lanzó George Bush el mensaje norteamericano de que nadie debe agredir a sus aliados estratégicos.

Del mismo modo, algunos consideraron un acto desinteresado de defensa de una minoría en peligro a la guerra que la OTAN lanzó contra el ejército yugoslavo que expulsaba de sus tierras ancestrales a los musulmanes kosovares. Mientras que para otros, el objetivo principal era advertirle a China lo que podría ocurrirle si se aventuraba en la anexión de Taiwán.

Algunos aplaudían y otros repudiaban, pero todos coincidían en que el Golfo y los Balcanes fueron escenario de un nuevo protagonista: el comisario global.

Hegemonía económica y militar serían las claves de un siglo en el cual, siguiendo a Huntington, una confrontación de culturas remplazaría a la pulseada ideológica que provocó la Guerra Fría.

El análisis converge con la realidad que muchas veces muestra al fundamentalismo islámico como cabeza de lanza de una reacción orientalista contra el dominio del modernismo occidental. Sin embargo, otra lectura del escenario mundial permite observar una confrontación menos geográfica. En ella, la clave radica en el resurgimiento de una religiosidad muchas veces feroz y combativa, luchando contra el laicismo en todos los rincones del planeta.

La influencia conquistada en el Partido Republicano por la Coalición Cristiana, versión protestante del integrismo, y visible en casos como el "sexgate", es una muestra del resurgimiento de la religiosidad extrema en el mismísimo corazón del modernismo occidental. La escena se repite al observar en la Keneset (el Parlamento israelí) a los partidos ultrarreligiosos ocupando espacios de influencia que nunca tuvieron desde que Ben Gurión fundó el estado judío; o incluso en rincones orientales como la India, donde el occidentalista Partido del Congreso fue desplazado del poder por el Baharatiya Janata, movimiento que encarna el nacionalismo hinduista; o en Pakistán, donde se produjo un golpe de Estado que algunos analistas explican con la "talibanización del ejército", o sea el contagio del fanatismo de los clérigos afganos a un poder militar tradicionalmente aliado de los Estados Unidos. Los ejemplos serían muchos, pero hay dos casos que nunca fueron colocados dentro de esta tendencia y tal vez habría que hacerlo.

De Tokio a Oklahoma

En marzo del '95, la estación Tsukiji del subte de Tokio vivió una escena más propia de la ficción que de la realidad: los pasajeros saltaban de los trenes con síntomas de asfixia y se revolcaban moribundos por el suelo. Algo había en el aire que los estaba matando, pero no tenía aroma ni color. Ese algo penetraba por la piel y por las vías respiratorias, y en diez segundos bloqueaba el sistema nervioso y provocaba convulsiones, contracciones musculares y, finalmente, paro cardíaco. Era gas sarín, un invento de los científicos nazis veinte veces más letal que el cianuro. Había sido usado un año antes, en la ciudad de Matsumoto. Lo fabricaba Masami Tsuchiya, la mano derecha de Shoko Asahara, el líder espiritual de la secta Aun Shimrikio (Verdad Suprema).

Japón sabía lo que era pelear contra el ejército chino, ser atacado por la flota del zar o regado de bombas, incluida la atómica, por los B-29 norteamericanos. Pero nunca imaginó un ataque como el que sufrió en el subte de Tokio. El ataque demencial lanzado por un budista lunático y archimillonario, convencido de que el Apocalipsis era la misión que se le había encomendado.

Cuando la gente moría en la estación Tsukiji, Tokio fue Ciudad Gótica. También lo fueron todas las ciudades donde llegaron las cartas explosivas de Theodor Kasinsky (Unabomber), ese genio de la matemática que decidió luchar contra la industrialización exterminando gente por correo, y que se burló durante años del FBI. Y Oklahoma fue Ciudad Gótica, cuando en abril del '95 estalló un coche-bomba frente al Alfred Murray Building, provocando la peor masacre ocurrida en suelo norteamericano.

¿El autor? Un jovencito llamado Timothy McVeigh. ¿La razón? Militaba en las Milicias Michigan, una de las cientos de organizaciones armadas que profesan el supremacismo blanco y el fundamentalismo protestante, y se declaran enemigas del gobierno federal, al que acusan de estar manejado por la ONU, que a su vez suponen controlada por judíos cuyo objetivo sería poner en marcha un plan para que Rusia invada y se adueñe de los Estados Unidos.

No eran más absurdos y letales los forajidos que creó Bob Kane en 1939. Y el siglo de Batman terminó con una escena increíble: el FBI y la Casa Blanca advierten que Estados Unidos puede ser blanco de ataques terroristas. Lo llaman el atentado del milenio, lo imaginan devastador y sospechan que será planificado y financiado por el peor enemigo de Washington, que no es un estado o una alianza de estados. Es un hombre misterioso y millonario que actúa por cuenta propia, financiando la destrucción de la potencia occidental desde una cueva hipertecnificada, en las montañas de Asia Central.

Se llama Osama Bin Laden y logró poner al pueblo del país más poderoso del planeta en estado de pánico. Es el miedo del milenio. En el fondo, parecido al que sentían los habitantes solitarios y desprotegidos de aquella ciudad crepuscular, donde el sol nunca le ganaba a las sombras y donde estrafalarios bandidos se proponían dominar o destruir la urbe siempre bañada por un azul metálico.

La campaña devaluada

Primer perfil de George W. Bush, un retrato de la imagen que luego se esforzaría por revertir desde la presidencia, sobreactuando una política agresiva e imperial.
Publicado durante la campaña electoral que enfrentó a Bush con el demócrata Albert Gore, este ensayo cuestiona el resultado de los comicios internos que definieron las candidaturas de los dos grandes partidos, resaltando a los postulantes derrotados John McCain y Bill Bradley.

Alcanzó a eyectarse cuando la cabina quedó envuelta en llamas. Mientras luchaba por librarse del paracaídas en la laguna donde cayó, escuchó los silbidos de las balas y los gritos de ese vietcong que ordenaba a sus camaradas que no disparen, mientras se zambullía para rescatarlo. Vio la cara de su salvador y se dejó arrastrar por él hasta la orilla. Luego pasó cinco años en una celda minúscula y maloliente de Hanoi, sin saber si una hora después seguiría vivo. Cinco años entre cuatro paredes mugrientas, mirando la cara de Cristo dibujada por un prisionero anterior, y recordando los ojos rasgados de quien lo salvó de las balas en una laguna de la jungla de Indochina.

"No podría haber sobrevivido si no supiese quién es y qué es lo que quiere", se limitó a responder Henry Kissinger cuando un periodista de *Time* le preguntó lo que pensaba de John McCain.

Sin dudas, la mejor forma de definir a un hombre que pasó cinco años consigo mismo, en la incertidumbre total y la soledad absoluta, después de haber combatido, haber sentido el impacto de un proyectil norvietnamita sobre el fuselaje, y conocido la piedad a partir de un hombre que se zambulló entre las balas de sus propios camaradas para rescatar a un enemigo.

Por esos días, George Bush hijo era casi lo mismo que es hoy: el hijo de George Bush. Aunque por entonces, implicaba tener de papá a un rico petrolero, y un abuelo senador por Connecticut y descendiente directo de un presidente decimonónico: Franklin Pierce.

Después pasó a ser el hijo de un diplomático inteligente que, desde la embajada norteamericana en Pekín, hizo todo lo que pudo para ayudar al reformista Deng Xiaoping a renacer del ostracismo al que lo había reducido la "revolución cultural". Luego sería el hijo del director de la CIA, para convertirse más tarde en el hijo del vicepresidente de Reagan. Lo que le abrió la puerta para acceder a la categoría de hijo del presidente que capturaba al general Noriega en Panamá y lanzaba la "tormenta del desierto" que barrió de Kuwait a los soldados iraquíes. Hasta ser lo que es hoy: el hijo de todo lo que fue su padre en la política de los Estados Unidos.

La vida te da sorpresas

Todos aquellos roles no implicaron grandes sacrificios. Los asumió sin preocuparse por sus mediocres calificaciones en la Universidad de Yale y en la escuela de administración de Harvard; bebiendo hasta perder el sentido en los night clubs de mayor categoría y en los piringundines de mala muerte; sin leer en los diarios más que los resultados del béisbol; fracasando en los negocios petroleros y dando la espalda a la política, incluidos los mandatos de su padre.

Su hermano Jeb era la esperanza de George Herbert Walker Bush para lograr lo que en la historia norteamericana sólo logró el presidente John Adams: ver a su hijo John Quincy alcanzar su cargo. Pero Jeb perdió la gobernación de Florida cuando su hermano George, convertido en candidato por presión familiar, ganó la elección en Texas. Al fin de cuentas, Joseph Kennedy apostaba la presidencia a su hijo mayor, quien al morir en la Segunda Guerra

Mundial no dejó más alternativa al clan de Massachusetts que impulsar la carrera del simpático y seductor John Fitzgerald, quien finalmente resultó un genio de la política.

Lo mismo esperan los Bush del actual candidato republicano. Nunca fue mucho más que uno de esos atorrantes que le caen bien a todo el mundo porque resultan cálidos, sencillos y bonachones, aunque firmen 135 órdenes de ejecución, incluida la de Gary Graham, acusado por un solo testigo incapaz de distinguir entre Woody Allen y Silvester Stallone.

Tampoco es cuestión de creer todo lo que se escribe de él. Los defectos suelen ser para la prensa más apetecibles que las virtudes y los discursos bobos tienen más difusión que las brillantes piezas oratorias. Seguramente ha sido, durante los dos mandatos que implicaron para él su primer trabajo estable, un excelente gobernador de Texas. También es posible que el respaldo que logró de los hispanos se explique en políticas sociales de una sensibilidad sorprendente en un republicano. Hasta se puede asegurar que, con la candidatura de George Bush hijo, terminó el conservadurismo metálico y agresivo que caracterizó al Partido Republicano bajo el liderazgo de Newt Gingrich y su ultraliberal proyecto bautizado "Contrato con América". Y nada de decir que es un pelele por el solo hecho de que habla como cualquier hijo de vecino. Lo mismo decían de Ronald Reagan, quien de relator deportivo, actor de pacotilla y sindicalista de centroizquierda, pasó a ser un modelo de líder republicano y un presidente capaz de encandilar a demócratas viscerales como Jane Kirkpatrick.

Sin embargo, no hay dudas de que esta campaña electoral sería más apasionante si el candidato fuera John McCain. Los discursos tendrían más contenido que la promesa vaga de un "conservadurismo compasivo". Porque mientras George Bush hijo se expresa en ese lenguaje ambiguo que intelectuales como John Carlin consideran "épico-cursi de película de Charlton Heston", McCain prometía nada menos que reformar el sistema de financiación de las campañas electorales, lo que daría más realidad a la igualdad de oportunidades que consagra la Declaración de la Independencia que redactó Jefferson en 1776. Porque mientras a Bush le bastaba hacer ostentación de apellido para recaudar cientos de millones entre los más ricos empresarios, el senador por Arizona hablaba de terminar con la oligarquía política de Washington y horrorizaba al establishment de los principales lobistas proponiendo un nuevo sueño americano. Y porque mientras el gobernador de Texas pone cara de marido fiel y repudia su pasado de borrachín y trotacamas, McCain será por siempre el precandidato que se atrevió a escandalizar a los fundamentalistas de la Coalición Cristiana diciendo que si su hija quedara embarazada, a ella le pertenece la decisión de abortar o no.

Vaya revolución la que se perdió el Partido Republicano al darle el triunfo a George W. Bush por sobre John McCain en las internas. Prefirió la sonrisa marketinera por sobre la lucidez y el talento. Eligió el carisma y la prosapia en lugar del coraje intelectual y la experiencia humana forjada en las vivencias más terribles, que sólo se tienen cara a cara con la muerte y en los abismos más profundos de la soledad.

El triunfo de la imagen

Lo mismo hicieron los demócratas. Pudieron consagrar la candidatura de Bill Bradley. Mucho más que un viejo astro de la NBA. Un hombre austero y profundo. Conmovedor en sus definiciones sociales. Dueño de una de esas sensibilidades que se anuncian desde una mirada diáfana y creíble, el gigantesco basquetbolista resucitó el espíritu solidario que comenzó a esbozar Woodrow Wilson con su "New Freedom", que llevó al esplendor Franklin Roosevelt en la "New Deal" y que animó las políticas de Johnson inspiradas en las acciones de JFK. Todo ese ímpetu de equilibrio social, pero basado en nuevas fórmulas acordes a los nuevos tiempos, se asomaba en los discursos de Bradley durante la campaña por la candidatura demócrata. Pero las internas consagraron la estrategia calculada milimétricamente por Albert Gore. Y convirtieron al vicepresidente de Clinton en el contrincante de Bush.

Por eso la recta final hacia las elecciones de noviembre está dominada por la palabra precisa y la sonrisa perfecta. Por eso los discursos aparecen bañados del moralismo bobalicón que grita "nunca más" una Mónica Lewinsky arrodillada tras el escritorio del Despacho Oval. Por esos las promesas de "ni muy muy ni tan tan" y las poses almidonadas y las fotos con los niños en los brazos.

Ocurre que los mejores candidatos fueron derrotados en las elecciones internas de los dos partidos. Y los triunfadores no tuvieron coraje para salirse del marketing ni siquiera a la hora de elegir compañeros de fórmulas. Pudieron llevar mujeres a la vicepresidencia. La respetadísima Betty Dole, mucho más que la esposa del respetadísimo senador Bob, pudo acompañar a Bush. Pero el gobernador de Texas eligió a quien fue secretario de Defensa de su padre, el ultraconservador Dick Cheney, sólo porque sabe de política internacional todo lo que él ignora.

Bien pudo anunciarlo como futuro secretario de Estado. Hubiese sido una forma más sensata de equilibrar la nebulosa que le impide distinguir Eslovenia de Eslovaquia y creer que los talibanes son un grupo de rock. Pero como importan más las apariencias, eligió a Cheney. Del mismo modo que Gore eligió a Lieberman, un legislador moralmente intachable, dejando de lado el ímpetu vigoroso que le habría dado Hillary Clinton como compañera de fórmula.

En los dos casos se impuso el cálculo fotogénico. Triunfó la imagen por sobre el contenido y lo seguro por sobre lo novedoso. La corbata importó más que la garganta, y lo que pudo ser un importante debate de ideas, se redujo a una batalla de poses.

En las urnas de noviembre, los electores tendrán los candidatos que se merecen. Esos que ellos mismos comenzaron a fabricar cuando permitieron que la estrategia hierática de un vicepresidente se impusiera sobre la inteligencia sensible de un viejo ídolo de la NBA. Y cuando valoraron más la condición de hijo que las ideas del piloto que se eyectó al ver la cabina envuelta en llamas, que escuchó los silbidos de las balas y los gritos del enemigo que se zambulló a rescatarlo, y que pasó cinco años en la soledad absoluta de una celda de Hanoi, mirando la cara de Cristo que un prisionero dibujó en la pared, y recordando el rostro de la piedad que lo salvó en la jungla de Indochina.

Extraño mensaje de amor

Segundo perfil de George W. Bush, publicado tras dirimirse en la justicia su triunfo en la elección presidencial.
El retrato del ganador arriesga una curiosa explicación sobre el origen de su carisma y una no menos curiosa interpretación del extraño empate entre Bush y Gore en el comicio, tomando como eje del análisis la personalidad y la capacidad de Bill Clinton.

Fue una elección muy extraña. Más que aquella del '60, en la que Kennedy derrotó a Nixon por apenas un puñado de votos. Incluso aún más extraña que la única elección que consagró presidente al que salió segundo. Fue en 1888, cuando Harrison ganó por la suma de votos electorales, a pesar de que Cleveland sumó un poquito más de votos populares.

Aquellos raros empates fueron superados, porque si bien la paridad entre Bush y Gore impidió saber quién es el próximo presidente, curiosamente reveló de inmediato el nombre del ganador. Y más curioso resulta todavía el hecho de que el ganador no fue ninguno de los dos contendientes. Porque aunque nadie lo haya notado, la victoria fue para Clinton.

Esta es la única y verdadera rareza. Las urnas se expresaron en un lenguaje a simple vista incomprensible. Por eso nadie lo entendió; nadie pudo descifrarlo. Sin embargo, hay un ángulo de observación desde el cual puede leerse claramente. Y es un extraño mensaje de amor. Un jeroglífico de votos que revela el enamoramiento de un pueblo con un estadista. El presidente cuyas virtudes aparecieron desdobladas en las personalidades de los dos principales aspirantes a sucederlo.

Porque Clinton es la suma de Bush más Gore. O, dicho de otro modo, Bush y Gore, por sí mismos, son apenas la mitad de lo que es Clinton. Tal vez eso explique la insólita paridad. El pueblo norteamericano votó las dos virtudes que encontró en un hombre. Los dos talentos que lo enamoraron. Pero esos talentos aparecieron separados. A la virtud clintoniana que posee Albert Gore, no la tiene George Bush. Pero el gobernador de Texas tiene de Clinton el atributo que no posee el vicepresidente. Entonces la extraña paridad se vuelve increíblemente lógica. Nada más natural que el electorado se haya partido en dos, y lo haya hecho exactamente en la mitad.

De boliche en boliche

El alcoholismo le dio a George Walker Bush el talento que le permitió sumar tantos votos. Él no era un borrachín solitario. Nunca bebía encerrado en su cuarto. Se emborrachaba en las fiestas y en los bares. Nunca solo; siempre con amigos. O rodeado de gente con la que terminaba amigándose.

Ocurre que el bebedor grupal suele terminar siendo amigable. En el fondo de los vasos va encontrando la sensibilidad que lo hace un buen confidente, con capacidad para escuchar las penas de otro ocasional compañero de copas, y hasta de dar consejos sabios, o que al menos parecen sabios. Además, la pasión de beber en grupo lo va obligando a desarrollar simpatías. Para no estar solo en sus borracheras, necesariamente tiene que agradar. Así fue moldeando su carácter George Bush hijo. De bar en bar, de fiesta en fiesta y con una copa en la mano. Hasta ser éste que es desde que se curó del alcoholismo. Un tipo amable, que sabe despertar confianzas confidenciales, que da abrazos afectuosos, regala sonrisas cálidas, se expresa en un lenguaje simple, guiña un ojo con pícara complicidad y tiene siempre un chiste preciso para el momento indicado.

Esto no es una apología del alcoholismo ni un intento de afirmar que todos los bebedores grupales terminan siendo atractivos. Se trata de la única forma de explicar la personalidad campechana, sencilla y seductora de alguien que fue criado en una aristocracia rancia.

A la "oveja negra" de los Bush lo educaron en una formalidad excesiva, pacata, casi antipática. Al hijo del magnate petrolero que luego fue embajador en China, después director de la CIA y finalmente el vicepresidente de Ronald Reagan que terminó siendo presidente, no le sobraron cariños paternales que expliquen su sensualidad afectiva. Su papá era una figura solemne y distante, que nunca lo acompañó a las canchas de béisbol ni lo estrujó en interminables abrazos. Estar con él era como estar con un prócer al que había que escuchar en respetuoso y admirado silencio. Y en la distinguida Bárbara Wolker no tuvo precisamente a una mamá mimosa que le contaba cuentos de noche y le lavaba la cara en las mañanas. De sus padres sólo aprendió convicciones conservadoras. Pero abrazar como un oso cariñoso, contar chistes que hacen despanzurrar de la risa, sonreír con el encanto rústico de Anthony Quinn y hablar con sencillez creíble para los más humildes tuvo que aprenderlo en los bares, durante las noches en las que huía de la responsabilidad sofocante de ser un Bush. Así, entre copas y amigos, se formó el carisma que sedujo a los votantes de Texas cuando la familia lo obligó a candidatearse. Y como su hermano Jeb, el delfín de la dinastía, educado en la formalidad y el rigor académico del hijo al que preparan para el Salón Oval, nunca desarrolló esos encantos callejeros, no pudo pasar de la gobernación de Florida, a la hora de postular el dedo de las encuestas señaló a la oveja descarriada. Aquel que aprendió a seducir, pero sobrellevó la Universidad con notas de morondanga y, en los negocios, sólo conoció el éxito cuando dirigió un club de béisbol, después de fracasar estrepitosamente en las empresas petroleras que heredó.

Aunque es inteligente, el intelecto es su déficit. Al inmenso respaldo que cosechó en las urnas lo logró la personalidad que se forjó en los bares, enriquecida por el mérito de haber luchado contra el alcoholismo hasta curarse.

La otra mitad

El candidato demócrata fue un digno y disciplinado discípulo de su padre. En la década de los sesenta, Albert Gore, senador por Tennessee, se destacó en el Capitolio por su capacidad y fidelidad a las ideas liberales a pesar de provenir de las entrañas mismas del conservadurismo sureño.

Eso de ser él mismo contra viento y marea le hizo perder su banca en un comicio en el que hizo campaña despotricando contra Lindon Johnson por la intervención en Vietnam. Aún así, continuó preparando a su primogénito para que algún día habite la vieja mansión blanca de la Avenida Pensylvannia. Y el joven Albert se destacó en los claustros, donde adquirió la sólida formación que luego lo hizo brillar como legislador.

Al Gore siempre fue un intelectual de la política. Un estudioso que se quemó las pestañas hasta convertirse en experto en cuestiones ambientales y energía nuclear, además de un profundo conocedor de la tecnología que marcará el verdadero salto cualitativo de la "era Clinton": la informática en la dimensión de Internet. Porque la más sorprendente ventaja que logró Estados Unidos respecto al resto del mundo en la última década, no está en el inédito crecimiento sostenido de la economía ni en el superávit que puso fin a medio siglo de déficit. A la gran distancia los norteamericanos la lograron corriendo a una velocidad increíble por la autopista que surca el ciberespacio. Recorrido que Gore conoce como pocos.

Pero si el rigor académico y la solidez intelectual son su fuerte, el lado débil está en su personalidad hermética y fría. Habla como quien dicta cátedra y gesticula con expresividad robótica. Nada en él acorta distancia con la gente común. Su discurso, fiel al ideario socialdemócrata de su padre, resulta lejano para el hombre de la calle. No tiene una pizca de la simpleza y la calidez que suelen servir para conquistar confianza. Por eso es sólo la mitad Bill Clinton. Porque el presidente que ganó esta elección sin haber sido candidato, es intelectualmente brillante. Capaz de impresionar por sus conocimientos literarios al mismísimo García Márquez, como de hecho lo hizo en una cena con escritores. Pero también capaz de seducir con abrazos, sonrisas y palabras simples. Es el estudioso que le sumó inteligencia a la sensualidad amigable que le dio su infancia dura de hijastro de un alcohólico, y una juventud plagada de aventuras, desventuras y transgresiones.

En una sociedad marcada políticamente por la moral puritana, logró ser creíble a pesar de haber mentido bajo juramento, y confiable a pesar de haber traicionado a su mujer.

Esa suma de intelecto y seducción produjo el enamoramiento de un pueblo. La fascinación que se expresó en las urnas con un insólito empate, escribiendo un mensaje a simple vista incomprensible, porque está partido en dos. Pero uniendo las dos partes es posible descifrarlo.

El mensaje dice "William Jefferson Clinton".

Matar o morir

Retrato de Timothy McVeigh, autor de la masacre de Oklahoma, el atentado terrorista más devastador ocurrido en los Estados Unidos con la sola excepción de los ataques del 11-S. Fue publicado en la semana posterior a la ejecución de McVeigh, comparándola con la de Karla Tuker, quien recibió la inyección letal en Texas por haber cometido un brutal doble asesinato. George W. Bush, por entonces gobernador de Texas, rechazó innumerables pedidos de clemencia para la mujer, incluido el del pastor ultraconservador y partidario de la pena de muerte, Pat Robertson.

En esta postal, las ejecuciones de McVeigh y Tuker se mezclan con el extraño paisaje de Nepal en los días en que el príncipe heredero del trono masacró a toda su familia en el palacio de Katmandú.

Miraba hacia fuera de sí mismo. Su mirada fluía a través de sus ojos, desde su cráneo y sus entrañas, hacia lo que lo rodeaba. Como queriendo retener fuera de él a todo lo que estaba fuera de él; como si saliera a cortar el paso de las otras miradas, impidiendo que lo penetraran. Al revés de Karla Tuker, que abrió los ojos para adentro, como si fueran dos inmensas ventanas que absorbían hacia su mente y sus entrañas todo lo que ocurría en el patíbulo. Los ojos de Timothy McVeigh se mantuvieron expulsivamente abiertos, como manteniendo a raya el mundo externo; mientras que los de Karla estuvieron absorbentemente abiertos, como dos embudos que engullían a borbotones las miradas de su alrededor.

Fueron las dos ejecuciones que más impacto tuvieron en los Estados Unidos durante las últimas décadas. Tan parecidas en su ausencia de estridencias, de gestos desgarradores, y tan distintas en el contenido de sus respectivos silencios.

En la de McVeigh el silencio era tenso y el orden repulsivo; en la de Tuker fue un silencio manso que reposaba sobre un orden casi ceremonial y emocionalmente profundo.

Timothy McVeigh murió dejando en claro que él era Timothy McVeigh, el joven racista que voló el edificio Alfred Murray, en el corazón de Oklahoma City, masacrando a 168 personas y convirtiendo en un infierno la vida de otras muchas miles en su lunática lucha para abolir a un gobierno al que consideraba títere de siniestras conjuras antinorteamericanas. Mientras que Karla Tuker murió dejando la inmensa duda sobre si era la misma Karla Tuker que años atrás había cometido un horrible crimen.

Él murió reivindicando su genocidio; pero ella lo hizo como aceptando resignada pagar la monstruosidad cometida por la que alguna vez fue ella.

Durante los años que pasó en el corredor de la muerte, una inmensa mutación se había operado en esa joven que transitó una vida de alcohol, drogas, sexo violento y fugas en motos de alta cilindrada. La mujer de los últimos años decía haber descubierto un Dios que la inundaba de serenidad y le permitía observar el carácter maligno del acto que la puso en la ruta hacia la inyección letal. Todos los que compartieron con ella sus últimos años y meses y días, la describieron apacible, increíblemente convencida de que lo que vivió tras la noche de su brutal asesinato fue lo mejor que le pasó en toda su vida.

Pero nadie podía aceptar fácilmente lo que leía y escuchaba sobre la chica que esperaba su ejecución como quien espera un beso en la frente. Al fin de cuentas, podía ser una actuación; una treta para lograr el perdón de último momento.

Sin embargo, el momento final reveló que no mentía. Al entrar al patíbulo sus ojos estaban inmensamente abiertos para adentro, como si no estuvieran viendo lo exterior, sino mostrándose interiormente.

Una sonrisa mansa la acompañó al despedirse de todos y de cada uno pidiendo que no se preocuparan por ella y repartiendo bendiciones. La misma sonrisa que se quedó dibujada bajo esos ojos increíbles y absorbentemente abiertos, cuando la muerte le entró por las venas.

Una persona puede actuar y mentir en la antesala del fin. Pero es humanamente imposible que lo haga en el momento mismo del abrazo con la muerte. Y su sonrisa final reveló que la persona ejecutada era infinitamente distinta a la que, años atrás, había cometido un salvaje asesinato a sangre fría.

La ejecución de Karla Tuker fue uno de los más tremendos alegatos contra la pena de muerte. Dejó en claro que, incluso en el caso de que la justicia no se equivocara en la dilucidación de un crimen, siempre es posible que la persona ajusticiada no sea la misma que cometió el delito.

Desde el fondo de la historia, Heráclito afirma que un hombre nunca se baña en el mismo río. Pero no sólo es el río el que cambia porque sus aguas corren, también cambia el hombre entre baño y baño. Si la afirmación que con su estilo conciso y oracular hizo el pensador de Efeso, hubiera estado centrada en el río, pertenecería al campo de la naturaleza. Pero en realidad es una reflexión filosófica, porque el sujeto de la frase es el hombre.

En el caso Tuker, lo diferente no era el escenario del crimen y el patíbulo; lo diferente era la autora del crimen y la mujer ejecutada. La existencia de Karla responde a la filosofía del devenir que sostuvo Heráclito, mientras que la pena de muerte se basa en el "ser inmutable" de Parménides.

Infiernos de Katmandú

Los habitantes de Katmandú no pueden creerlo. Dicen que no pudo ser Dipendra el que entró en el salón con un fusil alemán de repetición. Les resulta imposible que ese príncipe regordete y bonachón haya vaciado el cargador de la ametralladora contra toda su familia.

Habían cenado, como todos los viernes, en uno de los salones del lujoso palacio Narayán Hiri. El heredero del trono había insistido una vez más en su decisión de casarse con la bella Devyani Rana, descendiente de la familia del marajá de la India que reinó en Nepal hasta el siglo XVIII. Pero la reina Aiswarya de nuevo se opuso aduciendo que los Gwaliors, la familia de la madre de la novia, eran plebeyos y por ende indignos de formar parte de la dinastía Shay, en el trono desde que los ingleses sacaron del poder a los Rana. Dipendra engulló un whisky tras otro, mientras levantaba el tono de la discusión. Gritaba y miraba hacia su padre, esperando que dirimiera a su favor la discusión. Pero el rey Birendra cerró filas con su esposa contra el hijo enamorado, y el príncipe estalló al escuchar la razón: los magos de la corte leyeron en los astros que furiosas maldiciones caerían sobre el Palacio Narayán Hiri si el príncipe heredero se casaba antes de los 35 años. O sea que Dipendra tenía que esperar cinco años más. Entonces la mezcla de whisky y dolor por la maldad de la madre y la superstición lunática del padre estallaron en la cabeza del heredero. Salió de la sala como empujado por un tornado de furia y volvió con la ametralladora.

La primera ráfaga fue para la reina Aiswarya; la segunda, para Birendra, y las demás para su jóvenes hermanos, el príncipe Niraján y la princesa Shruti, para las dos tías y para los maridos de éstas, que fueron alcanzados antes de que pudieran llegar a la puerta del salón.

¿Era Dipendra el dueño del dedo que apretaba el gatillo? En las calles de Katmandú no pueden creerlo. Imaginan intrigas palaciegas. El fantasma de Ricardo III, que asesinó a sus sobrinos para quedarse con la corona de Inglaterra, sobrevuela los altos picos de ese país encerrado entre la India y China. Los únicos de la familia real que sobrevivieron a la tragedia del palacio son, precisamente, los malvados. Ocurre que después de matar a todos, el príncipe se mató a sí mismo, dejando el trono en manos de su tío, el ambicioso y recalcitrante Gynendra; y convirtiendo en heredero a su siniestro primo.

Muchos nepalíes quieren levantarse como aquellos ingleses que apoyaron la rebelión de Enrique Tudor para derrocar a Ricardo. No pueden creer que haya pasado lo que pasó. La única monarquía hindú del mundo; la tierra del primer buda; la teocracia donde el soberano es una encarnación del dios Vishnú, fue siempre un lugar tranquilo. Incluso cuando Mahendra y luego su hijo Birendra gobernaban como monarcas absolutistas, la maldad y el crimen parecían quedar muy lejos de aquel apacible rincón del Himalaya. Lugar que según la mitología fue un lago cercano al cielo hasta que un dios bondadoso decidió que las montañas absorbieran las aguas para que nazca allí el país más bello del mundo.

Nadie en Katmandú puede creer que el bueno de Dipendra haya asesinado a su familia antes de autoeliminarse. Era un fervoroso defensor del "shantiniketem" (morada de la paz), principios de Rabindranath Tagore que proponían a la juventud vivir en armonía con todo lo que existe; era un amante de la poesía al que quisieron todos sus compañeros en el exclusivísimo colegio Eton y en la Universidad de Harvard, y con quien charlaban hasta el amanecer los parroquianos de la única pizzería de Katmandú, a la que el príncipe siempre concurría con su bella novia Devyani.

Ni siquiera gustaba demasiado de las armas, y por eso en la Real Academia Militar egresó como piloto de helicópteros.

Tal vez tengan razón, aunque no la tengan. Tal vez el dedo que gatilló el fusil alemán de repetición fue de Dipendra, pero ya no era el príncipe regordete y bonachón que tanto querían los aldeanos de ese apacible lugar que un dios mitológico creó en las alturas del Himalaya.

Heráclito lo absolvería, aunque Parménides, no. De todos modos, el príncipe no se perdonó, y horrorizado por el crimen, se ejecutó.

Alma Invencible

Timothy McVeigh se aferró al joven racista que provocó la peor masacre de la historia de Estados Unidos. Y reivindicó hasta el último estertor el infierno de Oklahoma City.

Se condenó a la inmutabilidad del ser y logró hacer de su ejecución el punto culminante de su plan. Y como si sus ojos expulsivos no alcanzaran para dejar su mensaje desafiante, recurrió a las líneas de William Henley, poeta inglés más conocido por su amistad con Stevenson y Kipling que por su propia obra. Esas líneas que reivindican un "alma invencible" que ni siquiera "vacila o llora bajo los golpes del destino", y rematan en la triunfal afirmación: "Soy amo de mi destino; soy el capitán de mi alma".

Por eso se equivocaron quienes gritaron su festejo a la hora señalada. Los familiares de las víctimas que levantaron los brazos hacia el cielo cuando el catéter negro introdujo las drogas mortales por la pierna izquierda del genocida.

Para McVeigh, ese momento no fue su derrota, sino su triunfo. Lo que debieron festejar, en todo caso, fueron los años infinitos que pasó en el corredor de la muerte. Esa estancia no es otra cosa que una larga sesión de tortura. La diferencia entre un enfermo terminal y un condenado es que el enfermo no conoce el momento exacto del fin. El condenado sí, y lo peor de la condena es la marcha inexorable hacia ese momento oscuro y frío.

Al fin de cuentas, la única explicación de la pena de muerte es la venganza; tan eterna y perdurable en la naturaleza humana.

La ley del Talión no buscaba justicia, sino calmar la sed de venganza en la víctima de un daño.

Aristóteles dijo que "la cólera que se siente contra alguien, por violenta que sea, cesa cuando se toma venganza". Y en esa afirmación se basa la pena capital. Es la indemnización emocional del ser dañado.

Pero no es justicia, porque no se justifica en la razón sino en la emoción. Y a veces hasta se equivoca con el ejecutado. Como lo revelaron los ojos de Karla Tucker cuando se abrieron hacia adentro, como dos inmensas ventanas que absorbieron todo lo que la rodeaba en el patíbulo.

La marcha del soldado imperial

Este primer retrato de Colin Powell fue realizado en diciembre del 2000, cuando aceptaba el cargo de secretario de Estado que le ofreció George W. Bush.

En gran medida contrasta con los retratos posteriores, en los que el célebre general comienza a mostrar un perfil desgastado por una gestión desdibujada debido a su pérdida de peso dentro del gabinete. Ocurre que la Casa Blanca luego decidió apoyarse en el frente de halcones que integran el vicepresidente Dick Cheney, la consejera de Seguridad Condoleeza Rice y el secretario de Defensa, Donald Rumsfeld, para decidir los principales lineamientos en el escenario internacional. Después de un período de evidente soledad dentro del gabinete, el secretario de Estado comenzó a aceptar sumiso los dictados del ala dura del gobierno, aunque sigue siendo una pieza clave del escenario político futuro.

En este retrato, Colin Powell todavía luce la majestuosa imagen que tenía al ingresar a la administración republicana.

Sabe hacia dónde se dirige. Esa es su ventaja. Por eso marcha despacio, como midiendo cada paso, sin apuro de ningún tipo y deteniéndose cada vez que lo considera conveniente.

Avanza hacia el 1600 de la Avenida Pensylvannia y no quiere acortar camino. Por eso dijo que no cuando le ofrecieron un atajo. No acepta que nadie dicte el ritmo de sus pasos. Sabe que para llegar al Despacho Oval hay una sola oportunidad. Las excepciones como Nixon, que en 1960 perdió frente a Kennedy, no hacen más que confirmar la regla. Y su cálculo le dijo que 1996 no era el momento, entonces rechazó la candidatura presidencial que le ofrecieron los republicanos. Clinton estaba fuerte, demasiado como para arriesgar una contienda. Se arriesgó el senador Bob Dole, y así le fue.

También le dijo que no a George Bush hijo cuando le ofreció la postulación a la vicepresidencia. Seguramente no se equivocó. Ese cargo es el trampolín a la candidatura presidencial, pero depende demasiado del jefe de Estado.

En cambio la Secretaría de Estado es un escenario estratégico. Sobre todo si el presidente es un neófito en política internacional y, por ende, se verá obligado a delegar decisiones en esa área.

Bush padre era casi un experto. Comenzó a habituarse al tablero mundial como embajador en China; movió las piezas secretas desde la dirección de la CIA y en la vicepresidencia de la administración Reagan le tocó nada menos que articular junto a George Schultz el entendimiento con Moscú en los tiempos de la Glasnost y la Perestroika. Por eso Bush padre compartió con su canciller, el aristocrático James Baker III, cada una de las decisiones que adoptó su presidencia.

Pero Bush hijo suele confundir Afganistán con Pakistán y alguna vez pensó que los talibanes eran un grupo de rock. Por eso la Secretaría de Estado del próximo gobierno norteamericano le dará el margen de maniobra que necesita para su lucimiento. Es sin dudas un punto más estratégico que la vicepresidencia. Dick Cheney llega a ese cargo desgastado por una elección en la que Colin Powell no perdió un gramo de su popularidad. Y a Cheney le tocará lidiar con un Senado dividido en dos mitades iguales, mientras el general cinco estrellas más prestigioso desde los tiempos de Eisenhower se moverá a sus anchas en el mejor escenario para desplegar su estrategia preferida: acumular fuerzas mientras espera pacientemente el momento indicado para lanzar su ofensiva, con un potencial lo suficientemente arrollador como para no correr el riesgo de la derrota.

La doctrina del general

Colin Powell sabe hacia dónde se dirige, pero también sabe que su objetivo no es sólo llegar. El objetivo es dejar su marca en la historia.

Para llegar confía en la estrategia de la que hizo un culto como militar: afrontar sólo las batallas en las que se juegan intereses vitales, y hacerlo apostando todo a un triunfo seguro, rápido y con el menor costo posible. O sea, entrar en combate recién después de haber desplegado un potencial devastador.

La "Doctrina Powell" nació en las arenas del Golfo Pérsico. Después de convencerse de que Saddam Hussein jaqueaba intereses vitales de los Estados Unidos, el entonces comandante de la Junta del Estado Mayor diagramó el dispositivo militar que entró en acción recién cuando alcanzó una superioridad aplastante sobre las fuerzas iraquíes, y comenzó a actuar desde el aire hasta diezmar el centro cerebral del poderío iraquí: Bagdad.

El resultado de la liberación de Kuwait batió un récord en provocar pérdidas al enemigo con el mínimo de bajas propias, además de ser el diván en el que Estados Unidos se curó del trauma de Vietnam. Del mismo modo actuó en Panamá, donde los planes elaborados por los generales Carl Stiner y Maxwell Thurman se ajustaron a la Doctrina Powell en lo que se refiere a uso devastador de la fuerza. Y fue este enfoque estratégico el que marcó la acción de la OTAN en Kosovo.

O sea que Colin Powell no sólo fue el primer negro que dirigió el poderío militar norteamericano. Dejó su marca en términos de acción y estrategia. Eso es lo que siempre busca; dejar su nombre en la historia y escrito con mayúsculas.

Volver a Lincoln

En la dimensión militar, Colin Powell es un soldado imperial. No importa si la acción encomendada es una tropelía desde el punto de vista del derecho internacional. Importa que estén en juego los intereses de los Estados Unidos. Y a la hora de defenderlos, vale todo. Incluso mentir como lo hizo en Vietnam, cuando le encargaron investigar la masacre de My Lai. La aldea había sido arrasada por el puñado de soldados del "Batallón Charly", enloquecidos de furia después de ver morir despedazado por una mina a uno de sus compañeros, y el entonces joven oficial lo que hizo fue obviar las pruebas que condenaban a sus camaradas.

Quienes intentaron atenuar su culpa por aquel imperdonable encubrimiento, dijeron que no quiso justificar un crimen atroz, sino mantener en alto el debilitado espíritu de miles de combatientes que vivían el infierno en Indochina.

Sea como fuere, My Lai es la mancha en la impecable trayectoria militar de Colin Powell, y seguramente saldrá nuevamente a la luz cuando emprenda el trayecto final de su marcha hacia la presidencia. Esa marcha que comenzó cuando cerró definitivamente su etapa de soldado imperial al presentar su renuncia a Clinton aduciendo discrepancias con el recorte de 60 mil millones de dólares que la administración demócrata hizo al presupuesto militar. Fue entonces cuando se convirtió en político y empezó a avanzar rechazando postulaciones. Esa marcha es muy distinta a la que lo llevó a la cumbre de las Fuerzas Armadas después de haber sido adjunto de la Subsecretaría de Defensa, luego asesor del secretario Caspar Weimberger y después consejero de Seguridad de Ronald Reagan. El Colin Powell político busca ligar su prestigio de estratega con su origen; o sea sumar al general cuatro estrellas el joven negro del Bronx, hijo de un estibador jamaiquino. Por eso cuestionó duramente al Partido Republicano de los noventa, que giró hacia la extrema derecha bajo el liderazgo de Newt Gingrich; rechazó las candidaturas que le ofrecían y creó la Fundación Promesa Americana para promover el trabajo voluntario y la educación pública.

El Colin Powell político dice que Estados Unidos aún no superó la discriminación racial y reclama para todos los jóvenes negros becas como las que le permitieron a él estudiar en el City College y en la Universidad George Washington.

El soldado imperial llega a la Secretaría de Estado promoviendo un cambio ideológico en el conservadurismo norteamericano. Lo que propone es una vuelta al origen. Porque al Partido Republicano lo fundó a mediados del siglo XIX nada menos que Abraham Lincoln y volver al origen es levantar las banderas del presidente que abolió la esclavitud, pagando el precio de la Guerra de Secesión.

En los próximos años, el general preparará su batalla por la presidencia. Como lo hizo en Kuwait y en Panamá, acumulará fuerzas hasta lograr una superioridad arrolladora sobre su rival. Sabe que puede ser un combate difícil, porque como primer candidato negro es posible que le toque enfrentar a la primera postulante mujer (Hillary Rodham). Pero confía en su estrategia de cambio profundo en el Partido Republicano.

Por eso no aceptó acortar caminos. Para que nadie le dicte el ritmo de sus pasos. Porque sabe hacia dónde se dirige, pero también sabe que su objetivo no es sólo llegar. Y sigue pensando en dejar su marca en la historia, mientras avanza hacia el 1600 de la Avenida Pensylvannia.

Ausente presencia

Retrato de Ronald Reagan realizado en febrero del 2001. Por entonces, el ex presidente norteamericano ya estaba mentalmente anulado por su enfermedad y el gobierno de George W. Bush, políticamente débil y desprovisto de ideas novedosas, impulsaba una "reaganmanía" apostando a la resurrección del espíritu de la "revolución conservadora" que marcó la década del 80.
Siete meses después, ocurrieron los atentados que moldearon el andarivel por el que comenzó a transitar la administración republicana.

Con los ojos clavados sobre las piezas de un rompecabezas. Así pasa la mayor parte del tiempo. En silencio. Tratando de armar figuras que se adueñan de su mente obnubilada. Lo demás es la merienda, una cena liviana y caminar cuando el sol cae manso sobre Los Angeles.

Apenas si reconoce a Nancy. A veces sí, a veces no. Pero cuando lo hace no le pregunta sobre la disposición de los astros. Ya no importa si la conjunción de Júpiter y Mercurio lo favorece para tomar grandes decisiones. El día es una acumulación monótona de horas que van tomando la forma del rompecabezas.

Posiblemente ya no sabe que es Ronald Reagan. Posiblemente el Alzheimer lo liberó del peso de su nombre. Ese nombre que vuelve a aparecer por todas partes. En las editoriales de los diarios, en la boca de los analistas y los intelectuales, en las pancartas que dan vueltas frente a la Casa Blanca.

El nombre que otra vez se convierte en adjetivo para hablar de un estilo reaganiano o una política reaganiana. Un nombre que para él perdió todo sentido. O tiene menos sentido que las figuras que se van formando cuando sus manos ensamblan las distintas piezas. Movimientos que sólo se interrumpen por la merienda, o el medicamento, o la caminata por el jardín cuando el sol cae manso sobre Los Angeles.

Quién sabe si es el mismo que comenzó a cambiar el tablero internacional reunido con un líder soviético en Reykjiavik. El mismo que en Berlín gritó "mister Gorbachov, voltee ese muro". El hecho es que todos vuelven a hablar de Ronald Reagan, y el único que no se entera es Ronald Reagan.

Nunca sabrá que en la casona que inauguró John Adams en el 1600 de la Avenida Pensylvannia ahora está el hijo de su vicepresidente.

No le importa que lo imite, cabalgando en su rancho de Texas como él cabalgaba en Santa Bárbara; luciendo sombreros de cowboy como los que él lució desde los buenos tiempos de Hollywood, y también impulsando las políticas que él lanzó cuando habitaba el salón Oval. Ese despacho donde escuchó extasiado a los estrategas del Pentágono y los cerebros de la NASA describir la posibilidad de montar un sistema de defensa espacial. El magnífico escudo que protegería el territorio norteamericano de los misiles con ojivas nucleares, químicas o bacteriológicas que lancen los enemigos.

Podía imaginarlo, invisible e invulnerable. Con radares captando el trayecto del proyectil, y activando disparos de rayos láser que burlaban la curvatura de la tierra elevándose hasta los satélites espejados que refractarían en forma angular el haz de luz, apuntándolo sobre el misil y haciéndolo estallar en pleno vuelo.

Aceptó llamarla Iniciativa de Defensa Estratégica y dejó que la imaginación mundial la rebautizara "Guerra de las galaxias". El plan que colaboró con la capitulación soviética, cuando los científicos rusos convencieron a Yuri Andropov y éste a Mikhail Gorbachov de que, si se lo proponían de verdad, los norteamericanos estaban en condiciones tecnológicas y económicas de concretarlo y, de concretarse, los arsenales de la URSS se convertirían en chatarra inservible y Moscú perdería su capacidad de disuasión y con ella la carrera armamentista. Entonces terminaría la "Pax" que rigió por la doctrina de la Destrucción Mutua Asegurada.

Él era feliz imaginando el láser, los espejos satelitales y los misiles estallando sobre las aguas del Atlántico y del Pacífico. Pero ya no recuerda aquellos gozos imperiales. Sus actuales alegrías dependen de las formas que se dibujan en el rompecabezas.

La leyenda desnuda

¿Cómo se hace para gobernar después de Clinton, odiando tanto a Clinton? ¿Cómo se supera una década de histórico superávit, espectacular reducción del desempleo, infinito trazado de rutas en el ciberespacio y formidable crecimiento económico? ¿Cómo, si además al que le toca suceder a un estadista increíblemente popular es el primer estadounidense que se convierte en presidente perdiendo la elección?

George Wolker Bush entiende que la única forma es resucitando a Reagan. Y levanta banderas reaganianas como la reducción de impuestos a los más ricos, el aumento del gasto militar, la promoción estatal de la educación privada y la Guerra de las Galaxias.

Pero nada tiene el efecto esperado. No logra abrir un debate en el terreno educativo y, lo que es peor, un grupo de archimillonarios con apellidos como Gates y Rockefellers salen al cruce de su reducción de impuestos calificándola de injusta, negligente y atentatoria contra la sociedad del mérito.

Como si fuera poco, un ortodoxo de la talla de Robert Rubin, secretario del Tesoro, considera las iniciativas fiscales como aventurerismo económico irresponsable, condenado a recrear el déficit fiscal que alcanzó alturas siderales en la era Reagan. Eso dejó la "revolución conservadora"; no fue mucho más que déficit lo que heredó el padre del actual presidente. Déficit y condiciones para la recesión debido a la redistribución negativa de la riqueza que redujo las posibilidades de consumo de las clases media y baja.

Ese fue el saldo del llamado "thatcherismo reaganiano". La crisis económica que logró revertir un demócrata escandaloso pero más brillante y menos demagogo que sus antecesores republicanos a la hora de manejar las cuentas públicas y diseñar políticas fiscales.

En definitiva, la gran popularidad de Reagan le vino de regalo. Su Iniciativa de Defensa Estratégica hizo un aporte, pero en realidad el comienzo de lo que terminó en la desintegración soviética y el fin del Pacto de Varsovia se debió a que la economía de planificación centralizada había colapsado. La consecuencia fue la recuperación norteamericana de la confianza que había quedado herida en la jungla de Indochina.

Pero George W. Bush necesita recrear el mito. Necesita que el nombre Reagan flote sobre Washington para borrar de la memoria la elección que lo llevó a la Casa Blanca casi como un impostor.

Es una resurrección falaz. Un camuflaje de mala calidad. La jugada desesperada de un presidente débil que no puede levantar como bandera la administración de su padre. Al fin de cuentas, la Operación Tormenta del Desierto, su mayor éxito, logró liberar Kuwait pero Saddam Hussein siguió reinando en Bagdad, mientras que la ofensiva que Clinton lanzó sobre Yugoslavia inició el derrumbe del poder de Milosevic. Y a la idea del escudo defensivo ya la había retomado el gobierno demócrata, quitándole impulso al comprender que no sepulta la carrera armamentista, sino que la relanza en nuevos términos, y aleja a Estados Unidos de esta Europa que, con el final de la Confrontación Este-Oeste, ya no tiene la necesidad de protección que tenía en los tiempos de la Guerra Fría.

En síntesis, es un retorno forzado. El reaganismo vuelve trucado y errático, con el riesgo de desnudar ante la historia su leyenda.

Páginas en blanco

Él no sabe que su nombre está en todos los diarios y que sus ideas se debaten nuevamente en el Capitolio.

Su memoria lo empuja hacia un pasado remoto. El Ronald Reagan que recuerda no gobierna California ni vence a Jimmy Carter. Es un adolescente atlético que nada como Johnny Whestmugler, lleva un silbato colgado al cuello y cuida a los bañistas de las playas de Santa Mónica y Malibú.

Nunca lo visita el presidente que ordenó los bombardeos sobre Trípoli y Benghazí dejando bajo los escombros de un búnker libio el cadáver de la hija de Muhammar Khadafy.

A lo sumo suele aparecérsele sorpresivamente el joven que relataba por radio partidos de béisbol.

Ya ni se acuerda del teniente coronel Oliver North y del escándalo que hizo tambalear su gobierno cuando, a pesar de la ley de embargo contra el Irán de Khomeini, las armas norteamericanas llegaban a los ayatollas a cambio de petrodólares que iban derechito a los contras que peleaban en la Nicaragua sandinista. Aunque por momentos se le aparece el joven de jopo rebelde que filmaba películas del Lejano Oeste y lideraba el gremio progresista de los actores.

Un libro dice que alguna vez intentó afiliarse al Partido Comunista y lo rechazaron. Pero él no puede confirmar ni desmentir. Ni su pasado de militante demócrata, ni el momento en el que se sumó a las filas republicanas están en su cabeza.

Ronald Reagan no conoce al Ronald Reagan del que todos están hablando. Tampoco le importa conocerlo.

Sólo le importa caminar por el jardín cuando el sol cae manso sobre Los Angeles y descubrir las figuras que se van formando en el rompecabezas.

Sobre mitos y fantasmas

Publicado en los días inmediatos posteriores al 11-S, consti-
tuye una suma vertiginosa de reflexiones espontáneas, fluyen-
do a borbotones ante el insólito paisaje de un mundo atónito
frente a un ataque de tal magnitud, cuyas consecuencias pa-
recían en absoluto impredecibles.
En ese paisaje aturdido y confuso, lo único claro era el debut
del "avión-bomba" y el "piloto suicida", elementos con los cuales
el terrorismo daba un inmenso salto en su capacidad de des-
trucción: de las masacres que se cometen con el coche bomba,
al genocidio que cometió el avión-bomba.
En esta nueva realidad, a la que se suma la accesibilidad a
las armas de destrucción masiva, sin ser necesariamente po-
derosas o incluso careciendo del apoyo de estados, las organi-
zaciones terroristas arriban a la posibilidad de provocar gol-
pes devastadores en las sociedades abiertas.
Por aquellos días se habló mucho de la caída del mito de la
invulnerabilidad norteamericana. Pero el enfoque de este
artículo señala a tal mito como ridículo, dado que cualquier
sociedad abierta es vulnerable frente a un flagelo como el
terrorismo.

"No es nada", dijo Francisco Fernando a quienes se abalanzaron a atenderlo sobre el auto rojo en el que recorría las calles de Sarajevo. La sangre fluía a borbotones desde su vientre y el revólver de Gavrilo Princip humeaba mientras la archiduquesa Sofía gemía de dolor por la bala que le tocó a ella. Pero el heredero del trono austro-húngaro sólo atinó a decir que no era nada. Tal vez porque le resultaba inconcebible que una bala pudiera derrumbar todos los planes que había elaborado para ese rincón de los Balcanes. Sin embargo, un pequeño pedazo de plomo disparado por un muchachito serbio no sólo sepultó sus planes imperiales y su vida, sino que provocó una hemorragia que comenzó en el vientre de un hombre y terminó desangrando a Europa. Aquel tumulto en el centro de Sarajevo parecía tan insignificante. Un revuelo de gente encima de un auto después de dos disparos de revólver ofrecía sólo la imagen de un caos acotado a esa ciudad. La imagen de aquel tumulto no decía mucho y resultaba imposible deducir de ella el detonante de un conflicto como la Primera Guerra Mundial.

Por cierto existían las condiciones y las contradicciones necesarias para una conflagración en gran escala. Pero la imagen en sí misma no mostraba más que eso. Tenía la insignificancia de un montón de gente gritando y gesticulando agitada en torno a un auto rojo. Paradójicamente, la definición más acertada y a la vez más equivocada fue la que alcanzó a balbucear el archiduque Francisco Fernando antes de morir: "no es nada".

Del coche- bomba al avión-bomba

La contracara de la postal del magnicidio en Sarajevo es la imagen de los aviones estrellándose contra las torres gemelas y convirtiéndolas en dos inmensas antorchas, que ardieron sobre el cielo neoyorquino hasta hundirse en el vientre de Manhattan.

Si una bala pudo encender las condiciones que, en una determinada atmósfera de contradicciones, hicieron estallar una guerra mundial; aviones convertidos en misiles haciendo desaparecer ante los ojos del mundo el máximo símbolo edilicio del capitalismo y derrumbando parte del Pentágono, máximo símbolo del poderío militar de una superpotencia, no puede provocar algo menor que otra guerra mundial: la tercera.

En estos tiempos de predominio de la imagen y reinado absolutista del televisor, es comprensible que la reacción inmediata de gran parte del absorto planeta haya sentido presenciar la primera escena de un conflicto al que muchos analistas se apresuraron a predecir con un desenlace apocalíptico. Sin embargo, la espectacularidad de estas imágenes podría ser tan engañosa como la insignificancia de las del tumulto en Sarajevo.

Posiblemente, lo que el mundo observó sin distinguir de inmediato entre la obra del terrorismo y la imaginación de Spielberg podría no ser más (y nada menos) que la entrada en escena de un nuevo instrumento terrorista: el avión-bomba.

Ocurre que en el reino de la imagen nada tiene más poder que su majestad la espectacularidad. Y el genocidio de Manhattan tuvo todo los elementos visuales necesarios para imponer una convicción que puede ser errada.

No se trata de restar volumen a la consecuencia del ataque. Fue un genocidio; la peor masacre sufrida por el pueblo norteamericano en toda su historia. En todo caso, de lo que se trata es de restar efectismo a la dimensión que cobró la evaluación de la causa.

Para que se produzca una conflagración apocalíptica, hasta el momento, no sólo hizo falta provocar un daño inmenso y brutal a una sociedad sino que también hizo falta que quien lo provocara tuviese un poderío imponente. Si hubiese sido la débil Checoslovaquia la que invadió Polonia, todo se hubiese resuelto con un conflicto focalizado; pero fue Alemania y por eso el resultado fue la Segunda Gran Guerra.

Por cierto que nada se puede descartar. Sobre todo cuando la Casa Blanca se convirtió en un nido de halcones más propensos a pensar con las vísceras que con el cerebro. Sin embargo, lo que sí puede ponerse en duda es el basamento de la ola de afirmaciones desmesuradas sobre el presunto poderío de los atacantes. En ese plano es donde la espectacularidad de las imágenes y los mitos erróneos que existían sobre el país atacado pueden actuar como factor distorsionante, conduciendo a la creación de nuevos mitos igualmente distorsionados.

En el genocidio de Nueva York y Washington, el efectismo visual explica el posible nivel de distorsión. La TV norteamericana mostró al mundo hasta el cansancio, no escavadoras removiendo escombros con cadáveres, ni personas destrozadas, ni rostros cubiertos de sangre y lágrimas (lo que hubiera servido políticamente a la difusión de la monstruosidad del ataque), sino la parte destrozada del Pentágono (símbolo de poderío militar herido) y los aviones impactando las torres y convirtiéndolas en antorchas hasta que se hundieron en las entrañas de la Gran Manzana (símbolo de poderío económico que se derrumba).

Las imágenes de los días posteriores no fueron políticamente menos debilitantes. Ante los ojos del mundo, la silueta de Nueva York apareció por primera vez irreconocible. Ese perfil inconfundible que se observa desde Brooklyn o desde la costa de New Jersey del Hudson, presentaba una inmensa ausencia.

Nada resulta tan raro y demoledor como ese descomunal vacío. El mundo estaba viendo a Nueva York amputada, que es lo mismo que una Nueva York mutante. Tan demoledor como el daño en vidas que provocó el genocidio, es el daño en la sicología de un pueblo que provoca el perfil de una ciudad mutante.

Después del shock viene el trauma. Los norteamericanos todavía no salieron del shock, pero cuando salgan será para entrar en el trauma. En ese momento comenzará a percibirse el hematoma que este golpe provocó en la psiquis de una nación. Y los que más lo sufrirán serán los neoyorquinos, cuando descubran que ya no reconocen la única ciudad del mundo con silueta inconfundible. Su ciudad. La ciudad amputada a la que mirarán con la misma sensación que experimenta una persona a la que le han amputado una mano o un pié. La insoportable sensación de una inmensa ausencia.

La dimensión del daño provocado es tan grande que puede confundir la dimensión real de quién causó el daño.

Muchos analistas dijeron de inmediato que para llevar a cabo semejante operación no alcanza la estructura de una banda terrorista, sino que se necesita el apoyo total de uno o varios estados. Y eso tal vez sea erróneo.

En rigor, hay un ángulo de observación desde el cual se percibe como relativamente fácil haber provocado este desastre. Lo que hubo es una idea novedosa en materia de ataque terrorista y una estructura logística capaz de coordinarla. La novedad fue el aeropirata que también es piloto. Los secuestros y atentados aéreos ocurridos de a cientos en las décadas del sesenta y setenta se realizaban con terroristas que no sabían pilotear. El agregado permite nada menos que convertir un avión de pasajeros en una gigantesca bomba Molotov voladora. Y no hay forma de impedir que semejante arma se estrelle contra lo que su piloto suicida elija estrellarse.

Desde esta perspectiva, atacar las torres resulta mucho más fácil que hacer estallar un coche-bomba destruyendo por completo una cuartel militar. O sea que fue más difícil en términos operativos hacer volar en los años setenta las bases militares norteamericanas en Beirut, que haber mostrado al mundo al World Trade Center arder y derrumbarse como una torre de naipes. Si se consigue poner al volante de un ómnibus un conductor suicida capaz de aplastar a decenas de personas en una calle poblada, que el vehículo le apunte a su blanco y se eche sobre él es lo más fácil. Lo mismo vale para este caso. La idea de que, por primera vez, los aeropiratas fueran pilotos suicidas, permite descubrir que ningún blanco es más vulnerable que dos rascacielos sin brazos para defenderse de la bomba Molotov voladora que viene a incrustárseles. Lo que engaña es la imagen cinematográfica difundida hasta el cansancio por la propia televisión norteamericana.

Sin descartar ninguna hipótesis, ya que en esta realidad ganada por la ficción lo más fantasioso es descartar cualquier cosa, no estaría de más señalar que los más brutales crímenes también pueden ser los más fáciles de cometer. Ocurre que en el reino de la televisión, su majestad la imagen puede actuar como factor distorsionante para crear mitos distorsionados.

Falsas creencias

De lo mucho que se dijo sobre la vulnerabilidad de los Estados Unidos, hubo demasiadas afirmaciones basadas en falsas creencias. La mayoría surgía del mito de que el territorio norteamericano parecía totalmente invulnerable.

La realidad es que Estados Unidos puede ser casi impenetrable para cualquier ejército regular o avión militar que pretenda invadir o bombardear. Pero esa realidad no quedó sepultada bajo los escombros del Pentágono. No fueron cazabombarderos extranjeros los que llegaron desde el exterior y provocaron la tragedia. Fueron aviones de línea secuestrados por aeropiratas que también eran pilotos y suicidas.

Nada hubo nunca en el sistema norteamericano que justificara la creencia de que también es invulnerable al terrorismo. Por el contrario, tener cientos de miles de vuelos despegando por minuto con millones de pasajeros, lo convierte en el país más vulnerable ante un plan tan novedoso y siniestro como el que provocó el genocidio.

Lo que falló, en todo caso, fueron los aparatos de inteligencia, ya que no captaron la existencia de semejante plan. Pero la inutilidad de la CIA y del FBI no es precisamente ninguna novedad. Por el contrario, sobre la ineficiencia de esos agentes se ha escrito y publicado hasta el cansancio desde que desapareció la URSS y comenzaron en una carrera armamentista en términos nucleares la India y Pakistán.

La lista de fallas en los aparatos de inteligencia americanos es tan grande y conocida como para que lo ocurrido esta semana no sea mucho más que otra mancha en la piel del tigre.

Pero al peligro del falso mito que se cae le sigue el peligro de los presuntos falsos mitos que surgieron. Entre ellos, destaca el del terrorismo "vocero de los oprimidos del mundo".

La imagen de la mano sanguinaria que, aunque de forma monstruosa, actúa a favor de los oprimidos, apareció en cientos de miles de analistas, intelectuales y políticos cuando el nombre de Osama Bin Laden encabezaba la lista de los sospechables. O sea que esas mentes pueden ver en Bin Laden y el régimen talibán una expresión de los oprimidos del mundo. Pues bien, nada más descabellado.

El terrorista saudita creó su poder luchando contra el comunismo soviético, profesa el fanatismo religioso y es un ultramillonario que multiplicó la fortuna que su familia comenzó a edificar en Yemen mezclándose con traficantes de armas como Monser Al-Kassar y otros especímenes de los que lucran con la muerte. Su anticapitalismo nada tiene que ver con el socialismo, sino que se basa en un feudalismo tribal con jeques y vasallos. Mientras que un régimen como el afgano, que no hizo nada por los pobres sino que expulsa extranjeros y reduce a la mujer a la esclavitud de ser sólo máquinas procreadoras, resulta absurdo en el papel de defensor de subyugados.

Todo puede ser parte de la falsa mitología que crea su majestad la imagen en el reino del televisor. Nadie puede saber lo que viene, pero es posible superar falsos mitos y fantasmas del Apocalipsis si se entiende que la espectacularidad visual de las torres ardiendo como antorchas y hundiéndose en el vientre de Manhattan, puede ser tan engañosa como la insignificancia de la postal de Sarajevo y tan errada como las últimas palabras del archiduque herido: "no es nada".

El designio exterminador

Este ensayo corresponde a la serie de artículos publicados en los días inmediatos posteriores a los ataques del 11-S. Al cumplirse el primer aniversario del genocidio, el novelista norteamericano Paul Auster publicó una reflexión que describe a la ciudad de Nueva York con las mismas características presentadas en este artículo.

En lo referido a la advertencia que con preocupación se plantea sobre el camino a seguir por George W. Bush, es lo que tiempo después se impuso como política de la Casa Blanca. Haber encarado el conflicto declarando una "guerra al terrorismo" en lugar de una lucha decidida y frontal contra un flagelo, creó a los Estados Unidos la necesidad de librar batallas contra enemigos visibles, o sea Estados.

Las guerras necesitan batallas, mientras que la lucha contra un flagelo no las tiene, al menos en el sentido tradicional de la palabra. Por eso, al imponerse el concepto de "guerra" sobre el de "lucha contra un flagelo", la administración Bush dio el primer paso hacia lo que coronaría, en setiembre del 2002, la doctrina del "ataque preventivo" que apuntó los cañones norteamericanos contra el régimen de Saddam Hussein en Irak.

Aristóteles dijo que por más grande que sea la ira, cesa cuando se produce la venganza. El hijo de Nicómaco había escuchado a Platón, su maestro, explicar que quienes posean por naturaleza la razón, deberán estar destinados a ser magistrados y gobernar la polis; mientras que los irascibles serán guerreros y deberán consagrar su temperamento natural a la defensa.

La pregunta que surgió de los escombros es quién se adueñará del Despacho Oval; ¿la razón o la ira?

Para el gobierno razonable, la "primera guerra del siglo XXI" se presenta como un complejo ajedrez, donde la inteligencia es dueña de cada jugada y se toma el tiempo necesario para el movimiento de cada pieza en el tablero mundial. Pero para el gobierno irascible, calmar su ímpetu natural con la venganza es el principal objetivo. Por eso deja de lado la inteligencia y el tablero, para abrazar la fuerza y lanzarse al campo de batalla.

Eso es precisamente lo que busca la mente genocida. Obnubilar el intelecto para excitar la fuerza; que el guerrero se adueñe del lugar del magistrado para dejar de lado el largo camino que conduce a lo importante, y avanzar por el atajo que desemboca de inmediato en lo urgente: vengarse para sofocar el fuego de la ira.

Lo peor es que parece haberlo logrado. El autor de la tragedia, parece haber escrito un guión que George Bush estaría siguiendo al pie de la letra.

La lógica estratégica de todo contendiente es dilucidar lo que su enemigo quiere exactamente que haga, para hacer precisamente lo contrario. En el escenario del conflicto, cada parte procura regir los movimientos del otro, para conducirlo hacia el sitio de la emboscada. Defenderse y buscar el triunfo consiste entonces en mantener el propio control y tratar de conducir al enemigo hacia el espacio adecuado del enfrentamiento.

Hasta aquí, los gestos, las palabras y las acciones de Bush lo muestran en el rol que le asigna el libreto de su enemigo, que a juzgar por el acto cometido, es un enemigo de la razón.

En un record de tres días, el presidente norteamericano logró que Osama Bin Laden y el régimen afgano alcanzaran el rango que a la Unión Soviética le costó décadas conseguir: ser la otra parte de un conflicto planetario. Lo que Moscú logró invirtiendo ríos de sangre en la guerra contra Hitler; millones de rublos en la carrera espacial con Sputnik, perra Laika y Yuri Gagarín incluidos; miles de cazabombarderos Mig y millones de fusiles AK-47 para gobiernos y guerrillas aliadas, además de ojivas con megatones como para borrar del mapa un continente entero; Bin Laden lo consiguió desde una cueva en las montañas del Hindu Kush, protegido por una banda de barbudos lunáticos que, antes de confrontar contra un imperio, se entrenó declarando la guerra a las estatuas y cantando victoria al abatir los Budas preislámicos del desierto de Bamiyán. Y si finalmente lanza una tormenta de misiles sobre ciudades devastadas como Kabul, Kandahar, Herat o Jalalabad, Bush seguirá cumpliendo con el siniestro libreto. Mucho más si su ofensiva caza-fantasmas pone en el blanco de la obnubilación otros estados. Porque desembocará en el sitio adecuado de quienes, siguiendo la teoría de Huntington, procuran emboscar al mundo en una guerra de culturas.

Cuando Robespierre creó su régimen jacobino del terror, hizo triunfar el oscurantismo al que quería combatir. Ocurre que a la razón no se la puede defender irracionalmente.

Infierno en las torres

No sólo en la mente de Bush podría triunfar el oscuro designio de los genocidas. El infierno en las torres encendió la llama que podría hacer arder el costado más valioso de la cultura occidental: la tolerancia que permite coexistir con lo diferente.

Lo que el mundo absorto y confundido describía como el derrumbe del máximo símbolo del capitalismo, significaba fundamentalmente la caída del máximo símbolo del cosmopolitismo. Porque el World Trade Center era precisamente eso: un centro "mundial" de comercio.

Lo que el edificio de Naciones Unidas implica en el terreno diplomático, tenía su equivalente comercial en las Torres Gemelas. Y sus escombros quedaron como cicatriz del golpe que recibió una ciudad esencialmente cosmopolita. La increíble diversidad étnica, idiomática y cultural de Nueva York la muestra como lo que es: a su manera, una ciudad generosa. Eso es precisamente lo que se quiso golpear; la ciudad que, mal o bien, es la que más se deja habitar por el mundo. Un mundo que llega hasta ella con sus particularismos, y en ella puede conservarlos.

Allí están el Chinatown, el Little Italy y otros de espacios asiáticos y latinoamericanos conservando sus códigos de vida. ¿Cuántas urbes tienen la generosidad de permitir tanta diversidad?

Nueva York es, a su manera, la Atenas que elogiaba Pericles describiéndola como "ciudad abierta". Aquella donde los metecos (extranjeros) mejor podían conservar sus diferencias.

Eso es precisamente lo que se quiso sepultar bajo los escombros de las Twin Towers. La máxima expresión urbana del cosmopolitismo. El espacio donde lo diferente puede convivir, o al menos coexistir, sin aniquilarse.

Por cierto que, como aquella Atenas, está lejos de ser perfecta. En todo caso, en materia de apertura y tolerancia no tiene nada que envidiarle a ninguna otra ciudad del mundo. Precisamente por eso la golpearon. Para que la ira y el temor la vuelvan cerrada y mezquina; para que deje de contener al mundo entre sus rascacielos; para que se vuelva expulsiva y contagie su desconfianza a todos los rincones de Occidente. Para que deje de ser la Atenas del Hudson. Entre las principales víctimas del ataque están las colectividades musulmanas. El desafío occidental después del golpe es entender a los musulmanes como víctimas. Quien haya sido el autor de la tragedia, lo que busca es convertir a los orientales, en general, y a los árabes y musulmanes en particular, en blanco del temor, el desprecio y la desconfianza. El desafío entonces es no dejar que lo consigan. No permitir que se imponga el objetivo que persigue la nefasta teoría de "la agudización de las contradicciones"; esa que en pos de futuros venturosos predica que cuanto peor, mejor, para que masas humanas se vean obligadas al odio guerrero y empujadas a los campos de batalla.

Eso buscaban las bombas de Abdullah Occalán en Alemania; hacer que los kurdos representen una amenaza para cada ciudadano alemán y que, víctimas de la segregación y el acoso, abandonen el país europeo y vuelvan a sus tierras para luchar contra Irak y Turquía hasta liberar "el único país donde podrán vivir": el Kurdistán.

Lo mismo busca el terrorismo de Abú Sayyef (Los poseedores de la espada) en Jolo y las demás islas que rodean Mindanao. Que Filipinas se convierta en un infierno para los moros hasta que no les quede otra alternativa que luchar contra los cristianos que gobiernan desde Manila y recuperar su antiguo sultanato.

También siguiendo la teoría de la agudización de las contradicciones es que los tamiles de Sri Lanka siembran el horror entre los budistas singaleses para que intenten expulsar o exterminar a todos los originarios de la India, empujándolos a la lucha por un Estado hinduista en la Península de Jafna. La lista podría seguir y sería casi interminable. Lo que está claro es lo que el genocidio intenta y, por ende, lo que no debe ocurrir.

El desafío comienza por entender que las colectividades árabes y musulmanas son víctimas y deben ser tratadas como tales. No entenderlo es recorrer el trayecto trazado por quienes procuran llevar al mundo hasta el sitio de la emboscada: la guerra entre culturas, o sea el infierno.

El progresismo regresivo

No sólo en las mentes del conservadurismo que gobierna Estados Unidos puede triunfar el designio de los genocidas. En muchas otras mentes ya logró su cometido. Imponer la agenda del debate mundial, instalando la reflexión que resume la frase "el que siembra vientos recoge tempestades" es una forma de victoria.

Está claro que la política exterior norteamericana suele ser polémica y sus involucramientos en distintos conflictos da lugar a duras críticas. Pero en los medios de Occidente esas críticas y polémicas son lo habitual; mientras que un ataque exterminador a un blanco civil cosmopolita no crea el mejor escenario para el debate. Cuando el terrorismo de ETA causa una masacre en un supermercado de Barcelona, no es el momento de recordar Guernica ni otros crímenes cometidos por el centralismo castellanizante contra el pueblo vasco. Ni siquiera los vascos dejan que la ferocidad etarra fije la agenda del debate, a pesar de que la mayoría cree en las razones históricas que explican la aspiración de independencia. Sin embargo el ataque exterminador en Manhattan, junto al cual los atentados de ETA parecen travesuras de boy scout, logró esparcir el eco cuestionador.

Stalin deportó millones de chechenos a Siberia y lanzó numerosos pogromos de aniquilación contra ese pueblo musulmán caucásico, que también recibió brutales embestidas en los tiempos de Brezhniev. Pero cuando el comandante Basayev secuestraba barcos de turistas en el Mar Negro, atacaba blancos civiles en Daguestán o dinamitaba edificios en el corazón de Moscú, no era el momento de hablar de culpas rusas ni de la justa aspiración independentista de Chechenia y de Ingushetia.

Borrar de la agenda del debate el lenguaje del crimen por la espalda, es una forma de defender la razón. Por eso fue un triunfo del acto exterminador haber instalado una reflexión.

Lo curioso es que la repitieron muchos desde presuntas posiciones progresistas, a pesar de que el probable adversario del imperio profesa una ideología oscurantista y feudal.

Si Marx viviera no adoptaría esa posición. Como buen evolucionista, el filósofo alemán estaba convencido de que el único estadio de la historia superior al capitalismo era su inmediato posterior, o sea el socialismo. Su visión progresista nunca hubiera acompañado luchas regresivas. Marx buscaba el post capitalismo y desdeñaba toda postura pre-capitalista por medieval y reaccionaria. Si consideraba a la religión como el "opio de los pueblos", al pronunciarse sobre el régimen afgano no dudaría en considerarlo una expresión del opio en el poder. Alterar su visión evolucionista expresada a través de la dialéctica hegeliana implica deformarlo o desconocerlo.

Marx rescataba las sociedades más avanzadas y sólo las cuestionaba desde el futuro. Dicho de otro modo, entre Roma y Atila, elegía la sociedad de las leyes y los acueductos.

Sin embargo, la excitación provocada por un ataque a los Estados Unidos presentó en el escenario mundial un nuevo protagonista: el progresismo regresivo.

Posiblemente, otra de las obnubilaciones generadas por la inmensidad del golpe. Otro triunfo del designio exterminador en un mundo absorto y aturdido. Pero no más preocupante que el fantasma de Robespierre rondando los pasillos de la Casa Blanca.

El imperio jacobino del terror fue una victoria del oscurantismo que pretendía combatir. Porque no se puede ser irracional en nombre de la razón.

La razón y la ira se debaten en el Despacho Oval. Si el irascible se impone por sobre el razonable, la inteligencia concentrada en el tablero será desplazada por la fuerza lanzada al campo de batalla. Entonces nadie recorrerá el largo camino que conduce a lo importante, porque se habrá elegido el atajo que desemboca de inmediato en lo urgente: la venganza de la que habló Aristóteles.

En busca del Santo Grial

En este segundo retrato de George W. Bush, realizado a fines de septiembre del 2001, aparecen los rasgos religiosos que ya se habían insinuado en la campaña electoral y afloraron de lleno tras los ataques al Pentágono y las torres gemelas.

Si bien no es una refutación total, el ensayo cuestiona aspectos esenciales de la teoría de Samuel Huntington, arriesgando otra visión sobre el significado del choque de culturas.

A esa altura del conflicto, Bush ya había puesto en su mira al escenario afgano, dominado por Al-Qaeda y el régimen talibán.

Más que una ración diaria de comida, los templarios necesitaban una razón para vivir. Y la encontraban en una lucha eterna. Por eso el espíritu de los cruzados se alimentaba de la existencia del enemigo. Los caballeros de la Orden del Temple eran tales, en la medida en que existiera aquel que vigilara los santos lugares que pretendían reconquistar, o que atacara a los peregrinos cristianos, o que ocultara el Santo Grial en un lugar profano y secreto.

Hasta que Clemente V la disolvió al comenzar el siglo XIV, la organización religioso -militar que fundó De Paganis doscientos años antes, justificó su existencia en las cruzadas para buscar el Santo Grial. Pero de haber encontrado la copa en la que Cristo bebió durante la última cena, posiblemente habría vuelto a ocultarla. Buscarla era la razón existencial de los templarios y, por lo tanto, encontrarla hacía cesar la motivación de su existencia.

Religión y política

Pudo ser un error más en la retórica de un hombre de erráticos discursos. Sin embargo, la exhortación a una "cruzada" en la boca de George W. Bush no suena a mero accidente lingüístico. Se parece más bien a otro signo de la mentalidad de cruzado que el presidente norteamericano ha evidenciado en muchas oportunidades. La terminología religiosa se expresó también en el nombre elegido para su proclamada cruzada: "Justicia infinita". Y las correcciones no llegaron por propia recapacitación, sino porque las culturas orientales le reclamaron derecho de autor y porque la oposición demócrata y los aliados europeos reaccionaron con estupor.

De todos modos, el espíritu del cruzado una vez más había sido revelado. Sólo faltaba lo que llegó a renglón seguido: la invención de un enemigo de imponentes y ocultas dimensiones que justificara la guerra santa, anunciada en el lenguaje maniqueo del bien y del mal. En definitiva, una cruzada planteada en términos similares a la que lanzaron las mentes oscurantistas que perpetraron el genocidio de Manhattan.

Está claro que ese enemigo existe y que sus convicciones fermentan en el retorcimiento de los fanatismos. Pero no está clara su vastedad, ni que la necesidad ineludible de enfrentarlo implique una guerra planteada en términos militares.

Con la expresión en latín "fanaticus", se definía a quien "transportado por un furor divino", defendía con tenacidad "posiciones erróneas en materia religiosa", procurando imponerlas a cualquier precio. Por eso la retórica de Bush revela cierta mimetización mental con los fundamentalistas.

Con su teoría del choque de civilizaciones, Samuel Huntington señaló que el fin de la Guerra Fría daría lugar a un conflicto entre culturas de valores antagónicos. O sea que para que la confrontación se dé, no bastan las diferencias culturales, sino el antagonismo en sus respectivos valores.

Sin dudas, estos valores antagónicos existen entre las diferentes civilizaciones del planeta. Pero lo que Huntington no vio, es que pueden existir también dentro de una misma cultura.

En el caso de Occidente, el choque de valores se da entre su pasado y su presente. La teología confrontó con el laicismo desde sus orígenes. Hasta que los filósofos jónicos, como Anaxímenes, Tales y Anaximandro esbozaron en Mileto los primeros razonamientos físicos, todos los fenómenos de la naturaleza se explicaban desde la mitología.

Lo mismo ocurrió con la política. La fórmula paulina "omnis potestas a Deo" (todo poder viene de Dios), justificó la sumisión de los cristianos a Roma y la oración de Tertuliano por el emperador, alcanzando su esplendor, Agustín mediante, en la teocracia medieval.

El iluminismo y la Revolución Francesa fueron, aun con sus inmensas contradicciones, el máximo símbolo de "la victoria de la razón sobre el oscurantismo". Y la Guerra Fría poco menos que barrió los vestigios de lo que Bossuet llamaba "la política tomada desde las sagradas escrituras", al marcar el enfrentamiento de dos expresiones del laicismo occidental.

Por eso el fin de la Confrontación Este-Oeste puede no desembocar necesariamente (aunque no se puede descartar) en el choque de culturas que anunció Huntington; sino implicar el choque entre los antagonismos que habitan una misma civilización.

Occidente ha mostrado muchos signos de un resurgir de la religiosidad que le disputa al laicismo su espacio en la política.

En los Estados Unidos creció la influencia que sobre el Partido Republicano ejerce la Coalición Cristiana, versión protestante de una forma de fundamentalismo, que se hizo clara cuando el fiscal Kennet Starr se convirtió en una suerte de Torquemada intentando convertir en delitos los pecados de Bill Clinton.

Bush es un claro ejemplo de ese resurgir de la religiosidad en la política. Lo evidencia desde la campaña electoral, cuando en varias ocasiones le dijo a los jóvenes que debían llegar vírgenes al matrimonio, en lo que sin dudas representa una descabellada injerencia de la política en la intimidad del individuo. Además, basó su plataforma social en el llamado "conservadurismo bíblico", que propuso Marvin Olavsky en su libro *La tragedia de la compasión en América*.

Por eso no sorprende el espíritu de cruzado que aflora en su retórica cargada de religiosidad. Espíritu que produce exaltaciones maniqueas en su necesidad de construir enemigos de vastas dimensiones. Lo intentó sin éxito con China, durante el incidente causado por el choque de un avión espía EP- 3E con un F-8 (versión china del Mig 21) sobre la isla de Hainan. Con nostalgias de guerra fría, Bush gritó eureka al observar el porte gigantesco de quien podía ocupar el lugar de la URSS. Pero Pekín no se prestó al juego.

La mente lunática y brutal que inventó el avión-bomba, llevando al mundo desde las masacres que provoca el coche-bomba, al genocidio que ocasiona el siniestro debutante, pudo servir en bandeja la razón existencial que necesita el espíritu del cruzado. La teoría de Huntington quedó más cerca de la comprobación empírica, pero debido a que en ambas civilizaciones (la oriental y la occidental) el fin de la guerra fría allanó el camino al resurgir de la religiosidad política que confronta con el laicismo.

Aunque parezca mentira, el regreso a la sensatez es posible incluso en Afganistán. Y lo es en la medida en que prevalezca una genuina lucha contra el terrorismo, y no otra guerra santa que sume devastación a la devastación. Puede ocurrir si el laicismo occidental logra conjurar los espíritus templarios que rondan la Casa Blanca.

En Asia Central, el Santo Grial es la sensatez perdida.

Un premio para castigar

En octubre del 2002, Jimmy Carter recibió el Premio Nobel de la Paz. Al justificar su decisión, el Comité Nobel dijo que se trataba de un mensaje crítico al unilateralismo belicista de la administración republicana. El ex presidente demócrata fue, desde el principio, uno de los más duros críticos a los planes para atacar a Irak. Carter es la contracara de George W. Bush. De todos modos, al Nobel de la Paz lo merecía más allá de los castigos que la Academia Sueca haya querido descargar contra el gobierno derechista norteamericano.

Este retrato de Jimmy Carter fue publicado meses antes de que recibiera la distinción. El líder demócrata había vuelto a las primeras planas por el viaje que realizó a Cuba, donde dijo cosas que ni Castro ni Bush querían escuchar, y que lo describen como un hombre valioso; el máximo representante de las políticas de mediación, que implican la contracara del militarismo belicista.

Lo recuerdo inundando el hall del Hotel Intercontinental con esa sonrisa que es parte de su cara. Lo recuerdo saludando a todos los corresponsales que estábamos en Managua cubriendo una elección histórica. Lo recuerdo explicando detalladamente el trabajo de su equipo de observadores y garantizando la limpieza del comicio en el que el Frente Sandinista arriesgaba por primera vez en diez años el gobierno que perdería al conocerse el resultado. Lo recuerdo iniciando un camino que, a esta altura del trayecto, se vislumbra original y fascinante.

Jimmy Carter es el presidente norteamericano que mejor construyó su vida post-presidencial. No se conformó con fundar una biblioteca, dictar conferencias, publicar un libro y regar los tulipanes de su jardín en Atlanta. No quiso los dorados cuarteles de invierno reservados para los ex inquilinos del despacho Oval de la vieja mansión blanca de la Avenida Pensilvanya. La tradición del retiro silencioso que guardan todos los que pasaron por la cumbre del poder norteamericano, fue alterada por este georgiano blanco como el algodón que se cosecha en su estado. Él opinó sobre otros presidentes, defendiendo a Clinton del acoso inquisidor del fiscal Starr y de las embestidas ultraconservadoras de Newt Gingrich desde la Cámara de Representantes; o denunciando el "peligroso unilateralismo" de George W. Bush. Pero fundamentalmente, creó el Carter Center y lo convirtió en un valioso instrumento para difundir los valores de la democracia, la pacificación y el respeto por los derechos humanos.

Con su equipo de expertos observadores monitoreó actos electorales en las regiones donde el pluralismo suele perder batallas contra el fraude. Su sello de garantía coronó a Mandela en Sudáfrica y le sacó la tarjeta roja a Fujimori, descubriendo el fraude que había orquestado Vladimiro Montesinos. Por eso se convirtió en una figura internacional querida y respetada. Por eso, y por el hecho de que esta rica vida post-presidencial prolonga coherentemente lo que fueron lineamientos básicos de su acción gubernamental.

La historia recordará a Jimmy Carter como el jefe de la Casa Blanca que tendió el primer puente entre árabes e israelíes desembocando en los acuerdos de Camp David firmados por Menajem Beguin y Anuar el-Sadat. Nada menos que la recuperación de la Península del Sinaí a cambio del reconocimiento egipcio al estado judío fue lograda por la mediación de este demócrata que, al mismo tiempo, jaqueaba al régimen genocida de Videla y retaceaba apoyo a dictadores centroamericanos como Somoza y Duvalier.

Aunque lo más sorprendente fue la negociación que encaró con el general Omar Torrijos y que derivó en el tratado por el cual Estados Unidos transfirió a Panamá la soberanía y el control del canal interoceánico. Lo que para muchos en el Pentágono era estratégicamente inaceptable, para el presidente

Carter era, sencillamente, lo justo. Y la verdad es que la historia no está repleta de casos en los que una superpotencia devuelve un punto de alto valor estratégico y económico a un país diminuto y débil, como resultado de una negociación equilibrada.

Ocurre que este demócrata de Georgia está acostumbrado a marcar hitos. Y lo hizo una vez más al convertirse en el primer ex presidente norteamericano que visita la Cuba de Fidel Castro.

Tiempo de reideologización

No es un momento fácil. El líder cubano se encuentra en un momento de excitación ideológica. Convencido de que la globalización atraviesa por un punto crítico y vislumbrando una etapa de reideologización y resurgir de los nacionalismos a escala mundial, apuntalada en América latina por la crisis de los experimentos neoliberales, Castro recuperó la proyección beligerante que había dejado de lado tras la desintegración soviética.

El fin de la Guerra Fría lo había convertido en un león herbívoro.

Después de décadas apoyando movimientos insurgentes en todos los rincones del subcontinente, la glasnost, la perestroika y el acercamiento hacia Washington impulsado por Mijail Gorbachov y su canciller Eduard Shevardnadze, fueron creando un nuevo tablero internacional que primero lo desconcertó y luego modificó su relación con los países del área.

Pero una nueva etapa comenzó en el año 2001, cuando acusó de "lamebotas de los yanquis" al gobierno argentino, y continuó al año siguiente, cuando calificó de "trasnochado y abyecto judas" al presidente uruguayo Jorge Batlle, y después hizo público un diálogo telefónico con el mexicano Vicente Fox para acusarlo de "traidor y mentiroso".

No es común que un presidente descargue semejantes insultos contra otros jefes de Estado. Se trata de un estropicio diplomático que ni el mismísimo Fidel Castro se permitía hace unos años.

Si ahora lo hace, y con mandatarios constitucionalmente elegidos, es porque vislumbra una etapa diferente en la que su artillería verbal puede profundizar la debilidad que las crisis económicas provocan en los gobiernos latinoamericanos. Lo alienta la caída del sistema bipartidista venezolano y el ascenso de Hugo Chávez.

De todos modos, el líder cubano sabe que no puede desaprovechar una oportunidad como la que le otorga una visita internacional importante. Le da espacio en la prensa de todo el mundo, mostrando que su régimen no está tan aislado, y hasta genera una sensación de apertura y tolerancia. Como cuando lo visitó Juan Pablo II, aunque ninguna de las sugerencias y críticas que formuló el Papa en la isla fueron tomadas en cuenta.

Posiblemente lo mismo ocurrirá con la visita del ex presidente norteamericano. Sin embargo, fue un acontecimiento positivo porque Carter volvió a mostrar su coherencia y su independencia política: al hablar en la Universidad de La Habana dijo lo que ni Castro ni Bush querían escuchar.

El equilibrio perfecto

Tanto por el peso que los lobbies de Miami tienen en el Partido Republicano como por la importancia que los votos cubanos tienen para su hermano Jeb, gobernador de Florida, el jefe de la Casa Blanca es un militante de la continuidad del embargo que rige contra Cuba. Pero Jimmy Carter volvió a decir lo que sostenía cuando era presidente: la medida nunca sirvió para democratizar la isla sino que, por el contrario, victimizó al régimen ante el mundo y le dio letra para fomentar el anti-norteamericanismo entre los cubanos, que son, junto a los empresarios estadounidenses que pierden una plaza formidable de inversiones, los únicos perjudicados por esa errática política que sólo aplaude la colectividad exiliada en Florida.

Planteado así, no sobraban razones para que Castro aplauda, aunque lo que vino después fue más duro: los cubanos escucharon por televisión la definición de democracia que da la carta de derechos humanos del acta fundacional de la ONU, lo que implica hablar del derecho de elección periódica de las autoridades en comicios libres y plurales, además de libertad de expresión en medios periodísticos independientes; de manifestación de disidencias y de conformación de partidos, sindicatos y organizaciones no gubernamentales. Los isleños se enteraron también, por boca del visitante, de la existencia del "Proyecto Varela", que reunió más de once mil firmas para que se convoque a un referéndum sobre la reforma de las instituciones.

El hecho de que semejante iniciativa no haya sido difundida por el Granma ni Tele Rebelde ni la radio estatal, constituye en sí mismo un signo de la limitación que el actual sistema de medios tiene para mostrar a los cubanos la realidad de Cuba.

La credibilidad de quien brindaba tamaña información estaba fuera de dudas, por lo que dijo sobre el embargo y por desmentir al subsecretario de

Defensa, John Bolton, al negar que Cuba esté suministrando información biotecnológica para que países enemigos de Washington puedan acceder a la construcción de armas de destrucción masiva. O sea que si Bush aspiraba a incluir a la mayor de las Antillas en el "eje del mal" en el que ya colocó a Irán, Irak y Corea del Norte, Carter mediante, las cosas le resultarán bastante más difíciles.

Ocurre que "el manisero de Georgia" siempre resulta lo suficientemente equilibrado como para desnudar los desequilibrios que caracterizan a las posiciones ideologizadas en las derechas y las izquierdas.

Muerte y resurrección

A Jimmy Carter lo derrotó Ronald Reagan. Y si no logró su reelección, no fue por fallas en su política interna sino por hechos ocurridos en el mundo con repercusión directa en los Estados Unidos. Principalmente, la caída del shá Reza Pahlevi en Irán y la "crisis de los marielitos".

Cuando el ayatolla Khomeini llegó al poder en Teherán y proclamó la República Islámica, cientos de fanáticos ocuparon la embajada norteamericana y mantuvieron a los diplomáticos como rehenes durante casi un año. La situación desbordó a la Casa Blanca y el espantoso fracaso de un operativo de rescate que terminó con la caída de un helicóptero y la muerte de varios marines dejaron mal parada a la administración demócrata. A esa creciente debilidad, Fidel Castro aportó lo suyo cuando miles de cubanos comenzaron a embarcarse en el puerto de Mariel para huir hacia Miami, y el líder revolucionario aprovechó la situación para limpiar las cárceles colocando sobre las balsas a cientos de peligrosos delincuentes.

Posiblemente, en la charla a solas que tuvieron en La Habana, el viejo demócrata le haya reprochado a su anfitrión el aporte que hizo al triunfo de Reagan y el comienzo de la "revolución conservadora" que Margaret Thatcher pudo internacionalizar con semejante socio en Washington. O quizá no le dijo nada sobre eso y se limitó a insistir en que debe permitir a la ONU y la Cruz Roja verificar la situación de las cárceles cubanas, además de liberar los presos de conciencia. Quizá lo subrayó con la esperanza de que todavía pueda él mismo encabezar el equipo de observadores que alguna vez llegue a Cuba para controlar la limpieza de elecciones libres. Como lo hizo en Nicaragua, cuando lo conocí inundando el hall del Hotel Intercontinental con esa sonrisa que es un rasgo de su cara.

Allí, en Managua, Jimmy Carter iniciaba un camino que a esta altura del trayecto se confirma original y fascinante.

Capítulo II

Afganistán fue la primera batalla de la proclamada guerra contra el terrorismo y las siguientes postales describen el extraño paisaje del delirio talibán y algunas escenas de la incursión anglo-norteamericana. Pero también incluye un panorama del conflicto filipino, en el que se involucró directamente Washington a renglón seguido de haber barrido al régimen ultrafundamentalista afgano, quitando a Al-Qaeda su posición privilegiada en ese rincón centroasiático, pero sin lograr la eliminación total de la amenaza que significa Osama Bin Laden.

El grito de las estatuas

Este retrato del talibán se publicó mucho antes de los ataques del 11-S, que convirtieron a Afganistán en el primer campo de batalla en la guerra contra el terrorismo. Por entonces, el mundo observaba absorto la destrucción de los gigantescos budas del desierto de Bamiyán que había decidido el régimen afgano desde su fanático modo de interpretar el Corán.

Cargan en sus hombros los fusiles, saltan sobre los jeeps y marchan hacia la más delirante de sus batallas.

Saben que el enemigo no responderá a sus disparos. Estará inmóvil, como siempre, y recibirá cada impacto con el mismo silencio con que atravesó los siglos.

La víctima caerá sin aullidos de dolor. No se retorcerá en el suelo, ni habrá charcos de sangre. Estallará en mil pedazos, hasta convertirse en escombros. Montañas de tiempo ejecutado por el extraño designio que estrafalarios teólogos leyeron en un versículo del profeta.

La orden fue clara y poderosa: matar a las estatuas; convertir en polvo las falsas deidades que adoran los infieles. Nada que dé sombra debe quedar en pie si no testimonia la sabiduría de Alá que el arcángel Gabriel reveló a Mahoma.

Y con la misma convicción con que marchan hacia los desfiladeros del norte a combatir contra los feroces guerreros del "León de Panshir", corren en los jeeps hacia el Museo de Kabul para asaltar cada sala y abrir fuego contra cada imagen de Shiva y de Vishnú. Toda piedra que dé forma a la palabra de los Vedas debe estallar en mil pedazos. Y allí marcha la convicción, con barba, turbante y empuñando un Kalashnikov. Combatirá en cada templo que no sea una mezquita. Tomará por asalto las pagodas para tender su emboscada contra dos mil años de historia. El profeta no es culpable de que su palabra haya llegado a las áridas mesetas del Asia Central en el siglo XI. Las creencias que arribaron desde la India con milenios de anticipación pagarán caro ser intrusas. Los testimonios ancestrales serán fusilados en Afganistán.

Nunca nadie declaró semejante guerra. Nunca nadie hasta que los talibanes, con sus barbas y sus turbantes, marcharon fusil al hombro dispuestos a matar la historia. La matarán en el Museo de Kabul, y en los templos de Kandahar. La emboscarán en Herat y también en Jalalabad. Y después se encaminarán hacia los acantilados rocosos del centro afgano. Allí demostrarán al mundo el peso de la convicción del talibán, demoliendo con morteros antitanques y artillería antiaérea los dos gigantes de piedra que desde el siglo V imponen su misterio sobre el desierto de Bamiyán.

No le temen al secreto milenario ni a la ira de los dioses de Siddharta. Abrirán fuego sobre los inmensos budas tallados en el acantilado amarillo. No importan sus imponentes dimensiones, ni que sean los únicos del mundo que están de pie en lugar estar búdicamente sentados. Nada asusta a la convicción de un talibán. Ni siquiera la misteriosa vestimenta helénica que los reviste testimoniando el paso de Alejandro Magno. La artillería los demolerá para que el Bamiyán se vuelva totalmente afgano, o sea coránico hasta la última piedra.

En la dimensión mental de un talibán, matar estatuas requiere más valor y convicciones que luchar contra los milicianos uzbecos y tadyikos del norte. Al fin de cuentas, morir en una guerra santa baleado por los feroces guerreros del León de Panshir los convierte inmediatamente en mártires merecedores de un lugar preferencial junto a Alá. En cambio asesinar a las estatuas podría exponerlos a ancestrales maldiciones. De todos modos, un talibán sólo teme la ira de su Dios y su profeta. Y lo demostrará en el Museo de Kabul y en los templos de Herat, Kandahar y Jalalabad. Lo demostrará, finalmente, disparando contra los inmensos budas de los acantilados de Bamiyán.

La dimensión afgana

El mundo observa perplejo la absurda batalla que se libra en Afganistán, sin darse cuenta que Afganistán vuelve absurdo al mundo. La delirante declaración de guerra a las estatuas hizo estallar la indignación mundial. Pero también los indignados fueron arrastrados hacia la dimensión del delirio. Lo increíble es que no lo saben. Ya no pueden darse cuenta. Se indignan y gritan en los foros internacionales; advierten a través de sus embajadas. El mundo cuerdo presiona al estrafalario régimen del talibán para que no aniquile monumentos. Amenaza con sanciones para evitar el "estatuicidio". Pero el debate se da en la dimensión del absurdo. En definitiva, defiende las imágenes de Buda, de Shiva y de Vishnú como no defendió a las mujeres.

Porque cuando los talibanes derrocaron al presidente Rabbani, la mujer fue su primera víctima. Eran una milicia sostenida por Pakistán y Estados Unidos, y liderada por teólogos formados en las universidades coránicas de Peshawar. Allí aprendieron a interpretar literalmente las palabras del profeta. En rigor, su primera víctima fue la metáfora. Abolieron la simbología poética de la religión para imponer la interpretación puntual. Para ellos, Mahoma nunca quiso decir, sino que simplemente dijo. Y lo dicho, dicho está; y tal como está dicho. Por lo tanto, el régimen islámico que construyeron enterró el lenguaje metafórico y reemplazó la ley civil por la Sharia (ley coránica), convirtiendo todo pecado en delito. Entonces usar turbante y barba se convirtió en obligación para los hombres, y estudiar y trabajar fue un delito en las mujeres. Pero cuando el mullah Mohamed Omar, el más estrambótico miembro de esa pandilla de lunáticos, se convirtió en la principal neurona del atrofiado cerebro talibán, las interpretaciones literales del Corán alcanzaron sus niveles más demenciales. Que una mujer muestre sus ojos, tal como "impúdicamente" lo permiten los ayatollas iraníes, es una "indecencia" inaceptable en Afganistán. Y pupilas y pestañas quedaron sepultadas tras una rejilla de tela. Las mujeres se convirtieron en oscuros y silenciosos fantasmas. No pueden salir de sus casas si no están acompañadas por un pariente varón; no pueden recibir la misma atención médica que los hombres y, si cometen adulterio, son enterrados sus cuerpos hasta el cuello y destrozadas a pedradas sus cabezas.

El mundo intentó defender a la mujer afgana, pero con mucho menos intensidad que la que está desplegando para defender a las estatuas.

Ya es tarde para la sensatez. La piedra no tiene más valor que la carne, ni vale más defender el pasado que el presente.

Sin darse cuenta, el mundo ingresó en la demencial dimensión afgana. Antes de lanzarse al aniquilamiento de las esculturas, los talibanes abolieron la música. Sus fusiles abrieron fuego contra todo sonido que distrajera al hombre de su "única actividad sagrada": la oración. Exterminaron corcheas, fusas y semifusas; quemaron partituras y destrozaron instrumentos. El silencio se adueñó de todos y de todo. Sólo lo perturban los disparos, los motores y la voz monótona y suplicante que brota de los minaretes a la hora de inclinarse a orar hacia La Meca.

¿Por qué nadie defendió la música cuando Mohamed Omar la arrastró hasta el patíbulo? Yehuda Menujim definió la música como "un derecho natural del ser humano". ¿Por qué nadie se horrorizó cuando el talibán lo abolió? ¿Cómo explicar ahora que dar formas a las piedras tiene más valor que dar formas al sonido?

El mundo cuerdo tampoco dijo nada cuando el delirio de Kabul le declaró la guerra al cine. Butacas y pantallas quedaron sepultadas en los escombros. Kilómetros de celuloide ardieron en las plazas y las esquinas. Por eso es tarde. Demasiado tarde para salir a defender a las estatuas sin que esa defensa se vuelva tan absurda como el estatuicidio.

El mundo sale a combatir por los budas de Bamiyán, pero el combate se libra sobre las tumbas de la mujer, la música y el cine.

La historia en el patíbulo

Un ensayo de María Masarik descubre en la magia del Islam el camino que condujo a Borges hasta Uqbar. La sospecha surge de que Bioy Casares recordó que uno de los heresiarcas "había declarado que los espejos y la cópula son abominables" porque reproducen al hombre.

Pero además de la "orbis tertius", está "El doble de Mahoma", uno de los cuentos más cortos y fascinantes del autor de "El Aleph". Y si el Islam pudo motivar la imaginación borgiana, es por su exuberante belleza, consecuencia a su vez de la profundidad metafórica de su lenguaje. Por eso la abolición de la metáfora perpetrada por los teólogos que hoy reinan en Kabul, no sólo fue un crimen contra la imaginación. También fue una traición al Islam, porque lo deformó amputándole la fantasía y la belleza hasta convertirlo en una religión mutante que deambula haciendo estragos por las ciudades y desiertos de Afganistán.

Nadie sabe a ciencia cierta cuándo comenzó la locura que terminó por convertir al islamismo afgano en una cárcel de mujeres y un instrumento de aniquilación del arte y de la historia. Tal vez en el '73, cuando Mohamed Daud derrocó al rey Zahir Shah. O cuando Taraki asesinó a Daud y comenzó el camino de la sovietización.

Posiblemente la descomposición comenzó más tarde, en el '79, cuando Hafizullah Amín le declaró la guerra a los imanes desatando el fervor religioso que intentó aplastar la invasión soviética que depositó a Babrak Karmal en el poder. Lo cierto es que los afganos fueron sumando guerra sobre guerra, con Washington e Islamabad moviendo sus fichas para contrarrestar la influencia primero de Moscú y luego de Teherán. Y así avanzaron los talibanes desde el sur, hasta doblegar al ejército pro-iraní de Rabbani y a las guerrillas uzbekas y tadjikas del León de Panshir.

Ahora que controlan el 90 por ciento del país, apuntan sus fusiles a la historia. Quieren borrar los tiempos en que el Hindu Kush formó parte del imperio de los aqueménidas. Quieren borrar la huella de Alejandro y los símbolos del reino macedónico de Bactriana. Quieren borrar la marca de los hunos blancos y los rasgos mongoles del Gengis Kan. Quieren borrar todo lo que sea pre-islámico.

Por eso cargan en sus hombros los fusiles, saltan sobre los jeeps y marchan hacia la más delirante de sus batallas. Cuando el "estatuicidio" termine, sólo quedarán escombros. Montañas de tiempo ejecutado por el extraño designio que estrafalarios teólogos leyeron en un verso del profeta.

La estrategia de Bin Laden

Artículo publicado el 9 de octubre del 2001 que describe a Osama Bin Laden inspirado en el plan que intentó, sin éxito, el ayatolla Khomeini, artífice y líder de la revolución islámica iraní.

La estrategia de Osama Bin Laden es la que Ruholla Khomeini diseñó durante su exilio en París y trató de poner en práctica ni bien derrocó al Sha Reza Pahlevy, fundando la República Islámica de Irán.

A simple vista, resultaba incomprensible. El ayatolla persa entraba en confrontación con todos al mismo tiempo. Impulsaba la ocupación de la embajada norteamericana en Teherán, mientras repudiaba el marxismo y apoyaba la Jihad contra los soviéticos que invadieron Afganistán para sostener el régimen de Babrak Karmal. Paralelamente, exhortaba a los chiítas del Oriente Medio y del resto del mundo musulmán a levantarse contra las monarquías y repúblicas que los gobernaban. Por eso Saddam Hussein, líder sunita del único país árabe con población mayoritariamente chiíta, invadió con el ejército iraquí las zonas en litigio del estuario del Shat el-Arab, haciendo estallar la primera guerra del Golfo Pérsico.

Por incomprensible que resultara a primera vista, la estrategia de Khomeini tenía una lógica: convertir al Irán islámico en el epicentro de un terremoto de revoluciones fundamentalistas, para crear un espacio musulmán multinacional con capital en Teherán, que enfrentara a Occidente tanto en su versión marxista como en la capitalista.

El egipcio Gamal Abdel Nasser había intentado algo similar en los países árabes, pero bajo el signo del laicismo nacionalista y a través de los gobiernos. El imán iraní apuntaba a todos los musulmanes y no a través de sus gobiernos, sino de los pueblos que procuraba levantar en rebelión.

Pero a diferencia de Bin Laden, Khomeini procuró la cadena de revoluciones islámicas a partir de los chiítas. El multimillonario saudita procura sortear las diferencias dentro de la religión islámica, aunque adhiere al wahabismo sunita. Por eso en el tablero del hombre al que George Bush facilitó la posibilidad de liderar al mundo musulmán, no importa tanto la suerte del régimen talibán como la internacionalización del conflicto. Y la pista de despegue para alcanzar esa meta está en Pakistán.

Sus ojos no están puestos en Kabul, Kandahar y Jalalabad, sino en las grandes ciudades del otro lado de la frontera oriental. Sus ojos están puestos en las manifestaciones que sacudan Peshawar, Karachi, Islamabad y su gemela Rawalpindi.

El siguiente paso en su plan se dará si las protestas crecen hasta que la oficialidad sunita pakistaní, que armó al talibán y lo ayudó a sostenerse en la lucha interna afgana, se rebele por presión popular contra el gobierno del general Pervez Musharraf. Si esto ocurre, Bin Laden habrá logrado convertir al Pakistán, la segunda nación musulmana más populosa del planeta y la única con arsenales nucleares, en el eje de la islamización fundamentalista y antioccidental.

El siguiente paso sería la caída del moderado Mohamed Khatami en Irán y luego el fin de la despótica dinastía saudita, lo que para el jefe de Al-Qaeda alcanza el rango de cuestión personal.

Con aliados en Ryad y Teherán, se facilitaría la radicalización de regímenes que le profesan simpatía, como el de Sudán y Somalía, y crecerían las rebeliones fundamentalistas que mantienen dividida y ensangrentada a Argelia, y que se insinúan en el mismísimo Egipto.

A esta altura, el mundo árabe en su conjunto quedaría obligado a alinearse decididamente con los fundamentalistas o afrontar las convulsiones internas que podrían voltear uno a uno sus gobiernos. Convulsiones que también podrían cobrar magnitud en otras latitudes como Indonesia, la nación musulmana más grande del mundo, y fortalecería luchas como la que libra el grupo Abu Sayev en Mindanao y Jolo, para convertir el sur del archipiélago filipino en el sultanato que fue hasta que llegaron los españoles con el cristianismo.

Por cierto, en el mapa de Bin Laden tienen especial importancia los países del norte del antiguo Turkestán, lo que preocupa especialmente a Rusia por lo que podría implicar en los estados musulmanes caucásicos que hoy integran la federación, como Chechenia, Ingushetia y Daguestán.

El plan de Al-Qaeda no parece muy difícil en las ex repúblicas soviéticas de Turkmenistán y Uzbekistán. El presidente turkmeno Saparmurad Niazov es un eslavista que impuso un culto a la personalidad equiparable al del norcoreano Kim il-Sung y molestó a los musulmanes al impulsar para sí mismo una jerarquía de profeta bíblico; mientras que el uzbeko Islam Karimov es un marxista que desprecia el islamismo al punto de censurar las publicaciones del Corán.

Por eso la pulseada entre Osama Bin Laden y los Estados Unidos es más política que militar. Si Washington no entiende cabalmente que más que un campo de batalla, el conflicto se dirime en un tablero de ajedrez, corre el riesgo de facilitar el éxito del plan de su enemigo. Los ojos de Al-Qaeda no están puestos en el escenario afgano, sino más allá de las fronteras de Afganistán.

El multimillonario saudita aspira a lograr lo que el imán Khomeini intentó sin éxito.

Tiempos pre-Modernos

Publicado en noviembre del 2001, este ensayo retoma la corrección a la teoría de Huntington, profundizando la explicación de la hipótesis de un choque intra-cultural, además de constituirse en una radiografía del talibán y de las corrientes en pugna dentro de la cultura islámica.

Abolieron la metáfora. Eso hicieron. Al menos es lo único que parecía explicar aquella extraña ejecución; la imagen increíble del pelotón que fusilaba a cañonazos los inmensos Budas de los acantilados del Bamiyán.

¿De qué otro modo interpretar una declaración de guerra contra las estatuas? Parecía imposible hacerlo sin relacionar esa estrambótica orden de aniquilación con las anteriores, que suprimieron la música y las películas. Y la conclusión es que si el talibán demolió cines y encendió hogueras de celuloide, partituras e instrumentos musicales, antes de apuntar sus calibres contra las esculturas, es porque primero abolieron la metáfora.

Eso es, en definitiva, lo que aprendieron en las madrassas, los seminarios pakistaníes donde sólo enseñan a memorizar el Corán. Memorizarlo literalmente; sin la libertad de interpretarlo. Allí se convencieron de que lo que Alá dijo, dicho está y tal como ha sido dicho. En esa convicción muere la única posibilidad de entender el Corán. Y muere porque todo texto sagrado se expresa metafóricamente. El de las sacras escrituras es un lenguaje hecho de símbolos. Distintos hombres en diferentes tiempos enfrentan el desafío de bucear en las parábolas hasta encontrar el mensaje expresado por la simbología. Pero siguiendo los preceptos de Bin Tanwer, el talibán le quita al intelecto su capacidad de dilucidar para comprender, reduciéndolo a la capacidad de almacenar que le permite la memoria. Cuando memorizar es sagrado, interpretar es herético, y el texto religioso se reduce a un cúmulo de sentencias inapelables que sólo deben ser aceptadas en su literalidad. Por eso la consecuencia se parece tanto al absurdo. Cuando la orden de memorizar censura la voluntad de comprender, los efectos producidos resultan incomprensibles, o sea absurdos. Como la demolición de los cines y las hogueras de celuloide, instrumentos y partituras. Como los Budas ejecutados en los acantilados del Bamiyán.

Contradicción occidental

La pregunta comenzó a crecer como la nube de humo y polvo que se levantó en Wall Street hasta cubrir el cielo de Manhattan. La tormenta de aviones ¿implica la comprobación empírica de la teoría de Samuel Huntington?

En su libro *El choque de las civilizaciones*, Huntington sostiene que, tras la Guerra Fría, el mundo vivirá un conflicto intercultural. Varios antes que él habían interpretado la Confrontación Este-Oeste como una guerra civil occidental.

Dos ideologías combatían en todos los rincones del planeta, pero ambas eran hijas de un mismo útero: Occidente. En definitiva, tanto el marxismo como el capitalismo se sustentaban en valores, como libertad e igualdad, surgidos de la cultura judeo-cristiana; aunque proponían caminos diametralmente opuestos para interpretarlos y alcanzarlos.

Lo curioso es que este conflicto intra-occidental había logrado occidentalizar al mundo. En todos los rincones de los cinco continentes, el marxismo con distintas variantes luchaba contra el capitalismo también presentado en diferentes formas. Por lo tanto, si la Guerra Fría occidentalizó el planeta, el fin de esta confrontación bien podía implicar una desoccidentalización.

Este fenómeno es, tal vez, lo que condujo a Huntington a concluir en que lo que vendría sería un choque de culturas. Oriente recuperaría su propia identidad y confrontaría con la nueva forma de occidentalización mundial: la globalización.

¿Tiene razón la tesis que propone el libro *Choque de civilizaciones*? ¿Los ataques en Estados Unidos y la guerra en Afganistán prueban su veracidad? No necesariamente. Esto implica que, para que haya confrontación intercultural no basta la existencia de diferencias entre dos culturas. Que tengan diferentes gustos, costumbres, vestimentas, danzas y religiones no alcanza para implicar un choque inexorable. Este choque puede darse si las culturas en cuestión se basan en valores antagónicos.

Es clara la existencia de antagonismos en ciertos valores de Oriente y Occidente. Pero es clara también la existencia de valores antagónicos en el seno de cada una de esas culturas.

O sea que el choque no sólo puede ser inter-cultural, sino también intra-cultural. La Guerra Fría fue una variante de esta posibilidad; mientras que la post-Guerra Fría implica otra variante: el resurgir de la religiosidad.

El Occidente pre-Revolución Francesa se sustentaba en valores antagónicos a los que surgieron del iluminismo y el racionalismo que impusieron una cultura políticamente laica.

El conflicto entre marxismo y capitalismo se dio dentro del marco laico, porque las ideologías en pugna surgieron de las revoluciones burguesas del siglo XVIII. Por eso, terminada esta confrontación, lo que se insinúa en Occidente es un choque intra-cultural determinado por el resurgimiento de la religiosidad en la política. Los signos se perciben en dos países claves de esta civilización: Estados Unidos e Israel.

En América, esa versión puritana del fundamentalismo que representa la Coalición Cristiana persiguió implacablemente a Clinton y desembarcó en la Casa Blanca con George W. Bush levantando las banderas del "conservadurismo bíblico", que tienen como ideólogo a Marvin Olavsky y como texto sagrado a su libro *La tragedia de la compasión en América*. Mientras que, en Israel, llegó a su máxima expresión un proceso que se inició tímidamente en la década del 70, cuando el Likud llegó por primera vez al poder integrando una coalición con los partidos religiosos. Resulta significativo porque el Estado judío fue creado por grupos izquierdistas, tiene su matriz en los kibbutzin (colonias que responden al modelo socialista) y recorrió el grueso de su existencia bajo gobiernos laicos. Pero en las últimas décadas, creció la influencia de los partidos ortodoxos y, por ende, fue creciendo la visión del Heretz Israel (país bíblico). Un proceso paralelo se vive en el mundo árabe, donde el laicismo nasserista fue perdiendo terreno frente a las organizaciones fundamentalistas, y lo que antes eran guerras nacionalistas se convirtieron en Jihad (guerra santa).

Desde los escombros de las torres gemelas y las montañas de Afganistán, lo que se percibe es una confrontación entre culturas. Pero es posible que lo surgido tras la Guerra Fría sea un conflicto intra-cultural, determinado por el resurgimiento de la religiosidad, en todo caso más visible en Oriente que en Occidente.

El otro Islam

Cuando Vidiadhar Surajprasad Naipaul recorrió Indonesia, Malasia, Irán y Pakistán llegó a una conclusión terminante: el Islam es una religión basada en la raza árabe, que tiene una vocación imperial y que, al instalarse en naciones no árabes, intenta sepultar en el olvido todo rasgo de cultura anterior. Tal vez su dureza para con una religión a la que considera en su totalidad integrista, tenga que ver con su identidad de desarraigo; la de un descendiente de brahmanes de la India que nació y creció en las Antillas, pero se educó en Oxford y se quedó a vivir en Inglaterra. La pregunta es si todo el islamismo es como la religión cerrada y expansiva que describe en su ensayo "Among Believers; an islamic journey".

Gaber Asfour ofrece una visión más completa. El escritor egipcio habla de un "Islam de los ríos" y un "Islam del desierto". El primero, que prosperó en el delta del Nilo, en Damasco y en las tierras que se extienden entre el Tigris y el Eufrates, es tolerante, abierto al mundo, respetuoso de las diferencias, impulsor de la ciencia, las artes y predispuesto a la modernidad. Su contracara, el Islam del desierto, es intolerante, considera al diferente como un enemigo, rechaza la diversidad de ideas, considera a la civilización occidental como la moderna encarnación del mal y a la mujer como fuente de tentación y pecado.

El Islam de los ríos surge de lo que Asfour llama la "tendencia de la mente", que le otorga al intelecto la libertad de interpretar los versículos coránicos y hasta las sentencias del profeta. Mientras que la vertiente del desierto deviene de la "tendencia de la transmisión", que sostiene la creencia literal en el Corán como "la palabra de Alá infaliblemente transmitida". Este es el "Islam Hanbali", hijo de las cruzadas y de las ideas de Bin Tanwer sobre las que se fundó el estado wahabita de Arabia Saudita.

La tolerancia fue dominante en el mundo musulmán y llegó a su esplendor con el nacionalismo socialista del general Gamal Abdel Nasser. Pero la humillante derrota de Egipto en junio de 1967 inició el ocaso del nasserismo. La balanza se inclinó hacia la vertiente intolerante con la crisis del petróleo de los años setenta, que enriqueció a los emiratos petroleros del desierto arábigo. Pero no fue sólo el contraste entre la derrota del nacionalismo laico frente a Israel y el estallido de los petrodólares lo que hizo ensordecer el grito desértico de que "el Islam es la solución". La vertiente de los ríos abrió el mundo musulmán a Occidente a través de la influencia soviética, y el final de la Guerra Fría favoreció el resurgir de la religiosidad cerrada que reniega de toda modernidad.

En esta tendencia se fortalecen Hammas, Hizbolla y Al Qaeda, descendientes del fundamentalismo desértico de la Hermandad Musulmana, que fundó el egipcio Hassan al Banna en el área del Canal de Suez.

Todos se nutren del fanatismo que impulsó Bin Tanwer; pero no son el único Islam. Simplemente acrecentaron en los pueblos musulmanes su convicción de que la diferencia implica enemistad, la mujer es fuente de tentación y pecado, Occidente es la encarnación moderna del mal, y la palabra de Alá sólo puede ser memorizada porque interpretarla es herético.

Desde el enfoque de Asfour, Osama Bin Laden y el talibán no le dan la razón ni a Huntington ni a Naipaul. Ellos no son el Islam, sino una versión extrema y lunática de la vertiente del desierto.

Llegaron al poder poniendo fin a la caótica brutalidad del régimen de Burhanudin Rabbani. Primero impusieron orden y puritanismo, pero como el monje Savonarola en la Florencia renacentista, terminaron encendiendo la Hoguera de las Vanidades para que ardiera la marcha del tiempo.

Para conjurar todos los males de la modernidad, quemaron películas y partituras. Después le declararon la guerra a las estatuas y ejecutaron los gigantescos Budas en los acantilados del Bamiyán. Abolieron el arte porque se expresa siempre en lenguaje metafórico.

La "tendencia de la transmisión" impuso su peor sentencia a la "tendencia de la mente", decretando la muerte de la metáfora.

Afganistán y sus laberintos

Más que una nación, el pueblo afgano es una compleja proyección de naciones.

Su eterno conflicto no se resuelve en su interior, sino en el círculo de países que lo rodean. Publicada en octubre del 2001, esta postal toma como personaje al rey Zahir, quien tras la caída del talibán fue convocado para presidir las asambleas tribales que acordaron la conformación del gobierno de transición.

No debería tener razones para regresar. Está viejo y vive tranquilo en las afueras de Roma. Pero es posible que la historia vaya pronto a buscarlo, y Mohamed Zhair Shah seguramente regresará con ella al palacio de Kabul a intentar construir lo que parece imposible en Afganistán: la sensatez.

En la tierras que islamizó Tamerlán, el caudillo tártaro que en el siglo XIV conquistó el antiguo Turkestán catapultando cadáveres contra las fortificaciones enemigas, los crímenes políticos se fueron sumando hasta desembocar en una guerra eterna que enfrentó fanatismos de Oriente y Occidente.

Entre tanta locura de magnicidios y traiciones, su reinado de cuatro décadas fue el único período de calma y progreso que conoció el país.

Zahir desciende del rey Nadir, y de Ahmed, fundador en el siglo XVIII del Reino de los Afganos. El asesinato de su abuelo Habidulá llevó al trono a su padre, Amanulá, quien a pesar de haber proclamado la autodeterminación y forzado la retirada inglesa, fue asesinado en 1933, convirtiéndose en rey a los 19 años. Zhair comenzó entonces a construir la sensatez, logrando una diplomacia independiente que estableció buenas relaciones tanto con Moscú como con Pekín y Washington.

Redactó además una Constitución que instauró la monarquía parlamentaria con voto universal que incluía a las mujeres.

Esa fue la base que logró el milagro de la coexistencia pacífica entre las distintas etnias y tribus que componen la nación.

Durante 40 años, no hubo casi guerras entre los pashtunes pro pakistaníes, y los hazaras pro iraníes. También convivieron en calma las tribus baluchi, aimak, nouristni, y brahui con las uzbekas, tadjikas y turkmenas. Pero en el '73, su primo y también cuñado Mohamed Daud lo derrocó enviándolo al exilio y reiniciando la demencial cadena de crímenes y traiciones que desembocó en la guerra eterna.

El pro soviético Mohamed Taraki asesinó a Daud y proclamó el régimen del "socialismo científico". Hafizulla Amín, el más estalinista del gobierno, hizo estrangular a Taraki en el aeropuerto de Kabul y le declaró la guerra al clero islámico para instaurar el ateísmo. Moscú, preocupado por el sectarismo extremista de Amín, lo hizo ejecutar y entronizó a Barbak Karmal, enviando al Ejército soviético para sostenerlo en el poder. Pero la invasión unió a todas las tribus como siglos antes lo hicieron las fuerzas de Alejandro Magno, y del persa Darío, y del Gneis Khan, y de la corona británica.

Sin embargo, la retirada soviética y la caída de Najibulá, el último títere de Moscú, no trajeron la paz. Afganistán volvió a dividirse entre pashtunes sunitas pro pakistaníes y hazaras chiítas pro iraníes. Y cuando la milicia pashtún del Talibán, apoyada por Islamabad, sacó de Kabul al gobierno de Burhanudin Rabbani, apoyado por Teherán y los países vecinos del norte, se instaló el más delirante de los regímenes fanáticos inspirado en las ideas teocráticas de Bin Tanwer sobre las que se construyó el credo saudita.

La guerra, el hambre y la devastación continuaron, pero parecen haber desembocado en un callejón sin salida. Si el Talibán cae, muchos ojos mirarán hacia Roma. Tal vez la historia vaya a buscar al viejo rey. Y es posible que él acepte regresar a construir entendimientos. Es posible que regrese a pesar de tanto crimen, tanta locura y tanta guerra.

Doble laberinto

El escenario afgano es indescifrable y extraño porque implica una superposición de laberintos

Al laberinto geográfico, compuesto por el entramado de montañas trenzadas caprichosamente en la cordillera del Hindú Kush, se suma el laberinto humano integrado por etnias subdivididas en tribus y clanes donde el poder se multiplica hasta el infinito. En rigor, más que una nación, Afganistán es una proyección de naciones. Los países que lo rodean proyectan sus respectivos pueblos y culturas hacia el interior afgano, convirtiéndolo en una suerte de nudo gordiano que muchos, como Alejandro, intentaron resolver con el filo de la espada. En el oeste predominan los hazaras, que son chiítas como la mayoría en la vecina Irán, y hablan el farsi y el dari (lenguas persas). Por eso se identifican culturalmente con el pueblo iraní y Teherán los consideró siempre como el pariente al que tenían que ayudar para influir en el gobierno afgano.

Pero la ambición iraní chocó siempre con la mayoritaria etnia pashtún, que profesa el islamismo sunita como el grueso del pueblo pakistaní además de hablar el patán, dialecto que se usa mucho en la vecina del Este. Ocurre que, a través de los pashtunes, Pakistán se proyecta en el interior afgano, dominando culturalmente a las principales ciudades.

Si junto a la frontera iraní está la solitaria Herat, al alcance del vecino del Este están las estratégicas Kabul, Jalalabad y Kandahar, a las que se llega atravesando el Paso de Khaybur.

El oriente afgano es el universo pashtún y su corazón late del otro lado de la frontera. En la pakistaní Peshawar habita el alma indómita de una etnia que tiene sus propias leyes y códigos de poder. Islamabad nunca pudo regir sobre ella, como tampoco pudieron hacerlo Bombay y Londres.

"Peshawar es la ciudad más fanática de la India", escribió sobre finales del siglo XIX la inglesa Emma Edwards. Ocurre que la única autoridad que los pashtunes reconocen es la de los Consejos Tribales. Y la única ley que aceptan es la que surge del rígido Código Pukhtunwali, que significa algo así como "el modo de vida pashtún" y hasta se coloca por sobre el Corán a la hora de imperar sobre las costumbres cotidianas.

Pakistán y Afganistán están unidas como siamesas por la etnia que tiene su capital cultural un Peshawar. Pero el Oeste está ligado a Irán, del mismo modo que el norte contiene pueblos que son la proyección de las naciones que se extienden más allá de las fronteras. La etnia uzbek es la extensión de la vecina Uzbekistán sobre el valle del Panshir, donde también se proyecta Turkmenistán a través del pueblo turkmén, y Tadjikistán mediante las tribus tadjiks.

Por eso la cuestión no se resuelve en el interior de Afganistán, sino en los países que integran el círculo inmediato exterior. Porque en ella dirimen sus ambiciones hegemónicas quienes gobiernan en Tashkent, Dushambe, Islamabad y Teherán.

Si la tragedia afgana comenzó con la sovietización, la caída de Najibullá y la retirada del ejército rojo no trajeron la paz, porque el gobierno que formaron Burhanudin Rabbani y el comandante Ahmed Massud fue al gusto de Irán. Uzbekistán y Tadjikistán, integrando además a las etnias menores del desierto de Bamiyán (baluchi, aimak, nouritsni y bahuri), pero dejó afuera nada menos que al pueblo pashtún.

Entonces Pakistán generó el Talibán desde sus seminarios coránicos, reiniciando la lucha hasta vencer y construir un poder que se vengó dejando afuera a todas las otras etnias. De todos modos, no logró doblegar a los pueblos del Valle del Panshir, ni a las guerrillas hazaras que se sostienen en los acantilados del Bamiyán con la ayuda de los imanes iraníes.

Ningún poder se sostendrá hasta que no integre a todas las etnias. Y eso sólo es posible si los países del círculo inmediato exterior logran los acuerdos que hasta ahora nunca alcanzaron.

El ajedrez maldito

El entendimiento no es fácil. Se parece a un ajedrez maldito donde mover cada pieza implica comprometer negativamente a las restantes.

El dictador pakistaní acepta la caída del talibán, pero de ningún modo puede aceptar que el poder quede en manos de la Alianza Norte. El gobierno de Rabbani y de Massud había sido anti pashtún y significó la consagración de la influencia de Irán y de Uzbekistán en el escenario de afgano. Además, en estos últimos años de guerra contra el Talibán desde su feudo en el Valle del Panshir, la Alianza Norte recibió el apoyo financiero y militar del archienemigo de Pakistán.

La India, gobernada por el ultranacionalista partido Baaratiya Janata del primer ministro Atal Vaipajee, apostó todas sus fichas a las milicias del célebre "León de Panshir", porque Islamabad utilizaba las bases de Al-Qaeda, prote-

gidas por el régimen del emir Mohammed Omar, para entrenar a los guerrilleros y terroristas musulmanes que luchan en el Himalaya contra el ejército
de Nueva Delhi para que la región de Cachemira se separe de la India y se
integre al Pakistán. Washington necesita que la Alianza Norte derrote en
tierra al Talibán y se haga cargo del poder, pero eso puede crear una situación
insostenible para su principal aliado en este conflicto. Sabe que cada bomba
sobre Kabul o Kandahar hace temblar al régimen de Islamabad. No puede
hacer que el apoyo que le está brindando a duras penas Pervez Musharraf
derive en un triunfo de las fuerzas afganas enemigas de Pakistán. Si cayera el
Talibán pero al precio de un golpe de Estado en Islamabad, Washington
habría obtenido un triunfo pírrico generando en Asia Central un escenario
inmensamente peor al actual. Además, las milicias pashtunes pueden abandonar el poder y retirarse a las montañas, sin que eso signifique la victoria de
quienes las combaten. La victoria llegará si en sus guaridas montañesas quedan absolutamente aisladas y, por ende, sin poder de fuego para continuar
luchando. Pero para que eso ocurra, todos los países del círculo inmediato
exterior tienen que acordar respaldo al nuevo régimen de Kabul; lo que sólo
será posible si la etnia pashtún tiene representación en la futura estructura
del poder. Para calmar a Musharraf, Washington dice que el ala moderada
del Talibán estará en el futuro gobierno, pero el Kremlin tiene razón cuando
afirma que no hay moderados en el fanático régimen afgano. Moscú nunca
aceptará en Kabul vestigios de la banda que armó y entrenó a los terroristas
del comandante Bassayev que mataron soldados rusos en Chechenia,
Ingushetia y Daguestán. Tampoco lo aceptará el presidente tadjiko Emomali
Rakhmonov, ni su colega uzbeko Islam Karimov. De todos modos, con Talibán
o sin ellos, el futuro régimen debe representar también a los pashtún. Esa es
la instancia en la que el rey Zahir puede resultar imprescindible. Él pertenece
a la etnia que tiene su corazón en Peshawar y sus 40 años de reinado lograron
hacer convivir el rígido código Pukhtunwali con una ley civil moderna, y
compatibilizar la autoridad natural que emana de los Consejos Tribales con
un Parlamento surgido del voto universal. En la trama del doble laberinto
afgano, todos los caminos conducen a Roma. Allí quedó el rey atrapado en el
exilio cuando su primo Daud lo derrocó. Desde allí observó a su país convertirse en un ajedrez maldito. Y hasta allí irá a buscarlo la historia para que
regrese con ella al palacio de Kabul.

El hombre que no debía morir

Retrato del comandante Abdul Haq realizado en noviembre del 2001, durante la guerra contra Al-Qaeda y el talibán. Haq era, además de un héroe de la lucha contra los soviéticos, la pieza clave para un gobierno pos-talibán. Pero Al-Qaeda lo tenía más claro que británicos y norteamericanos. De todos modos, el objetivo que buscaba cuando fue emboscado y ejecutado por los hombres de Osama Bin Laden, finalmente se cumplió: Un gobierno pos-talibán que no excluyera a los pashtunes. El propio Hamid Karzai, quien encabeza el régimen constituido tras la guerra, pertenece a esa etnia.

Gatillaron sobre su cuerpo una ráfaga de Kalashnikov. No hacía falta; estaba muerto. Tal vez lo hicieron porque sabían que era su arma favorita. Aquella que le salvó la vida cuando los soldados soviéticos venían a rematarlo después que un obús le arrancó la pierna.

Fue con un AK-47 que siguió disparando desde el suelo, con medio cuerpo destrozado y, arrastrándose, logró salir de aquel infierno. Por eso lo quería tanto. Pero no tenía uno la noche en que lo emboscaron.

El puñado de viejos mujaidines que cabalgaba con él apenas llevaba algunos rifles y ningún lanzaproyectiles antitanque RPG. Y no pudieron defenderse cuando los rodearon saliendo de Hisark.

Quería llegar hasta Loger para hacer lo mismo que en Jalalabad: convencer a los pashtunes de que se rebelaran contra el talibán. Convencerlos para convocar una Shura y que ese consejo de ancianos exhortara al talibán a entregar las ciudades a los jefes tribales pashtunes. Estaba convencido de que lo que quedara del régimen cedería a cambio de un salvoconducto.

La meta final era Kandahar. Allí quería generar una rebelión pacífica que termine con la milicia que su misma etnia había engendrado. Pero cuando lo rodearon comprendió que nunca llegaría a Kandahar. Lo supo al ver que eran árabes, chechenos y pakistaníes; eran hombres de Al-Qaeda que lo buscaban desde que salió de Peshawar y cruzó el desfiladero del Khybur para llegar a Jalalabad. Tal vez los mismos hombres que un año antes asesinaron a su mujer y su pequeño hijo en el exilio de Pakistán.

Esa noche lo emboscaron en plena cabalgata; lo derribaron de un culatazo; lo patearon en el suelo y luego lo estrangularon.

No hacía falta rematarlo. Tal vez lo hicieron sólo para incrustar en su cuerpo las balas del arma que más quería. Y el comandante Abdul Haq recibió una ráfaga de Kalashnikov.

Diagnóstico correcto

No debieron dejarlo solo. Si quienes planifican la guerra desde Washington y Florida hubieran sabido quién era, lo habrían protegido mejor. Pero nadie lo entendió cuando fue a exponer su plan a la embajada británica en Islamabad. Por eso dejó Peshawar con un puñado de veteranos mujaidines mal armados y atravesó a caballo el desfiladero del Khybur.

Había intentado convencer a los diplomáticos ingleses de que se podía sacar al talibán de Kabul, Jalalabad y Kandahar generando pacíficas rebeliones de las tribus pashtún. Les dijo que era importante hacerlo, porque si la Alianza del Norte se adueñaba de las grandes ciudades, luego sería muy difícil negociar con ella la inclusión de pashtunes en un gobierno pos-talibán de base amplia. Pero los ingleses se limitaron a tomar nota del recorrido que haría dentro de Afganistán con su puñado de viejos mujaidines y transmitirlo a los norteamericanos para que le brindaran protección aérea. Poco menos que absurdo pensar que los cazabombarderos podrían protegerlo de las emboscadas que le tendería su peor enemigo.

No sabían quién era Abdul Haq. No conocían la leyenda que forjó con sus hazañas en la lucha contra los soviéticos; ni el inmenso respeto que todos los afganos le profesaban.

Todos amaban al comandante Haq. Todos conocían sus proezas en el campo de batalla. Los pashtunes lo veneraban mientras que ningún líder uzbeko, tadjiko o hazara se atrevía a decir nada en su contra. Lo respetaban porque fue el único combatiente que nunca levantó su fusil contra otro afgano. Y en un gesto sanmartiniano, renunció al cargo de jefe de la policía de Kabul que ocupaba desde la retirada soviética y se autoexilió en Peshawar cuando Afganistán comenzó a despedazarse a sí misma.

Por eso no creía en la Alianza del Norte. Desde su cargo y su estatura moral, había intentando conciliar al presidente Burhanudin Rabbani y al poderoso Bulmudin Hekmatyar, procurando impedir que convirtieran a Kabul en un campo de batalla. Pero no pudo hacerlo, y cuando todos comenzaron a luchar contra todos, prefirió dejar Afganistán.

Era pashtún pero pensaba el país en términos de nación afgana. Por la misma razón no regresó del exilio cuando el talibán puso fin a la anarquía feroz en que terminó el gobierno de Rabbani. El régimen del mullah Omar imponía la supremacía pashtún sobre las demás etnias, en lugar de construir un gobierno para la nación afgana. En todo caso lo comprendía como una venganza contra los jefes uzbekos y tadjikos que habían intentado segregar del poder a la etnia mayoritaria, y hasta les reconocía haber impuesto el orden. Había elegido el ostracismo en Peshawar porque Afganistán le dolía. Pero la historia lo obligó a convertirse de nuevo en un protagonista activo. Fue cuando el talibán comenzó a convertirse en una dictadura estrambótica. Para el comandante Haq, nada en la tradición afgana justificaba esas leyes descabelladas que, en nombre de la sharia (ley coránica), comenzaba a promulgar el emir. Según Abdul Haq, nada en la cultura pashtún justificaba convertir a la mujer en una sombra fantasmagórica sin derecho a la atención médica, al estudio, al trabajo y a caminar libremente por las calles. Para él, la correcta aplicación de los códigos pashtunes nada tenía que ver con la prohibición del cine, la televisión y la música. Toda su vida usó barba, pero nunca se cruzó por su mente prohibir que los hombres se afeitaran.

Desde su destierro en Peshawar, el comandante Haq comenzó a exhortar a los pashtunes afganos a rebelarse contra el giro delirante que había dado el régimen. Pero lo más importante era su diagnóstico sobre el mal que sufría el talibán. Según él, la causa de la degeneración fanática fueron los "extranjeros". Afganistán estaba siendo gobernada por un grupo de aventureros millonarios que compraron con su dinero el poder de fuego de la milicia gobernante.

Abdul Haq denunciaba concretamente a Al-Qaeda. Decía que el saudita Bin Laden con sus laderos egipcios, Ayman Zawahiri y Mohamed Atef, y los centuriones árabes, chechenos y pakistaníes que integraban su ejército privado, eran amos y señores en el emirato que crearon a su antojo para tener sus bases y laboratorios.

Para el comandante desterrado, el mullah Omar era tan títere de esa pandilla de extranjeros como lo fueron Babrak Karmal y Najibullha de los rusos. Estaba convencido de que fue Al-Qaeda la que intoxicó las neuronas del talibán con la versión ultrafanática del Corán wahabita que exportaron de Arabia Saudita. Lo que Osama no había logrado en su país lo consiguió en Afganistán: el poder. Lo mismo querían Atef y Zawahiri, que tuvieron que huir de Egipto condenados a muerte por el asesinato de Anuar el-Sadat.

Para el héroe mutilado de la lucha contra los soviéticos, ese grupo de millonarios extranjeros obnubilaron al régimen talibán con el islamismo extremista y lo sometieron a su antojo por ser dueño de las armas con que redujeron a su feudo en el valle del Panshir a las fuerzas pro-Rabbani del legendario Ahmed Massud.

Por eso Al-Qaeda lo odiaba. Porque el comandante Haq era el único líder pashtún que la denunciaba como una fuerza de ocupación, que había convertido Afganistán en una fortaleza para lanzar desde allí su guerra sobre el Cáucaso, Irán, Cachemira, la Península Arábiga y los Estados Unidos.

El venerado combatiente contra las fuerzas de Moscú, exhortaba a los pashtunes a despertar y revelarse contra los ricos extranjeros y su delirante régimen títere. Por eso Al-Qaeda asesinó a su mujer y su hijo en Peshawar. Porque sólo Abdul Haq podía rebelar la etnia pashtún contra el talibán.

Logro post-mortem

Los diplomáticos británicos no entendieron del todo su plan. Él les pidió que lo ayudaran a llegar hasta Jalalabad y luego a Kandahar. Les explicó la importancia de convocar a una shura para que ese consejo de ancianos reclamara al talibán que depusiera las armas antes de que los bombardeos norteamericanos dejaran todo el país en manos de la Alianza del Norte. Les advirtió que si esa fuerza se adueñaba de todas las ciudades, dejaría nuevamente fuera del gobierno a la mayoritaria etnia pashtún y se repetiría la caótica historia que le allanó el camino al talibán. Les habló del peligro de que jefes tadjikos como Islamil Jan y Mohamed Fahim volvieran a enfrentarse con los uzbekos del general Rashid Dostum, o que uzbekos y tadjikos cerraran filas para segregar a los hazaras por sus rasgos mongoles, su religión chiíta y su afinidad con Irán, reiniciando los choques contra los milicianos del Hezbe Wahdat, la fuerza que lidera el hazara Karim Jalili.

Por eso era vital que los mismos pashtunes expulsaran al talibán de las ciudades que aún no había ocupado la Alianza. Eso equilibraría la relación de fuerzas, facilitando los planes de la ONU, de Pakistán y de Occidente de formar un gobierno de base amplia. Pero los diplomáticos británicos no supieron medir la dimensión de su liderazgo y se limitaron a pedir a Washington que le diera cobertura aérea a su periplo.

Pues bien, la cobertura aérea no pudo evitar la emboscada que le tendió Al-Qaeda a la salida de Hisark. Y el comandante Haq murió sin ver que, semanas más tarde, su prédica lograría que la shura de los ancianos pashtunes liberara Jalalabad y rebelara contra el emir Omar las tribus de Kandahar. Murió ahorcado por su peor enemigo, que para descargar todo el odio que le tenía, acribilló el cadáver con su arma favorita: un Kalashnikov.

Del desierto a la jungla

Postal del inicio de la operación militar norteamericana contra las guerrillas fundamentalistas islámicas del sur de Filipinas, publicada en febrero del 2002.

La llamada "Operación Balikatán", que al momento de publicarse este libro seguía llevándose a cabo, fue el segundo paso de la "guerra contra el terrorismo" lanzada por George W. Bush, tras haber logrado el control del escenario afgano, aunque sus repercusiones pudieron mantenerse en un perfil muy bajo.

La poca resistencia internacional a esta ofensiva posiblemente se deba, al menos en parte, al desprecio mundial que generó la organización insurgente Abu Sayyef con sus secuestros masivos de turistas extranjeros. La postal muestra el paisaje del conflicto filipino y la posible intención norteamericana de superar el trauma que causó la derrota en la guerra de Vietnam.

Es una jungla. Cerrada y húmeda, como la que se extiende en las orillas del Mecong. Una selva de esas donde los hombres se mimetizan con las plantas y los pantanos, haciéndose invisibles y, por ende, invencibles.

Tal vez avanzan demasiado rápido, sin deparar precisamente en eso. Nada menos que en eso. Avanzan empujados por el triunfalismo conquistado en montañas y desiertos. Victorias rápidas y fáciles que los hacen sentir invulnerables. Y soñar con redimir aquella derrota.

Tal vez avancen motivados por la inmensidad de la derrota que antes los paralizó. Aunque piensen que la razón es otra. Aunque se repitan hasta el cansancio que el objetivo es aniquilar el terrorismo, quizá lo que buscan es superar un trauma. El humillante trauma que encontraron en Vietnam, donde los pantanos y la jungla y las aguas del río Mecong se convirtieron en una trampa mortal. Esa trampa que atrapó a los marines hasta envilecerlos en una guerra ciega y feroz de la que salieron derrotados.

¿Y si volvieran por eso? ¿Si no fuera la imagen de las Torres Gemelas ardiendo como antorchas en el cielo de New York hasta hundirse en el vientre de Manhattan la que los llevó de nuevo al sudeste asiático? ¿Si en realidad fuera la necesidad de superar el trauma de Vietnam?

El hecho es que están desembarcando en las islas que abandonaron en el '46. Entonces, terminaba un período colonial que comenzó en 1898, venciendo a España igual que en Cuba y Puerto Rico. Pero hoy no hay españoles en las Filipinas. Tampoco están los japoneses a los que echó MacArthur cumpliendo su promesa de retorno en la Segunda Guerra Mundial. Hoy hay una guerrilla fanática que los espera agazapada en una selva espesa, impenetrable, donde los hombres se confunden con las plantas y los pantanos.

Vencerla será como vencer al fantasma del vietcong.

Derribando mitos

Todo fue tan fácil en Asia Central. Vencieron rápidamente, contra lo que decían todos los pronósticos. Sienten que enterraron el mito de las montañas donde se perdieron los ejércitos del Gengis Khan, del gran Alejandro, de la reina Victoria y del poderío soviético.

El mito del mujaidín doblegando fuerzas imperiales en la cordillera del Hindu Kush, quedó malherido con la imagen de los temibles guerreros del turbante negro huyendo como ratas de las bombas que cayeron sobre Afganistán. Pero no sólo el derrumbe talibán y el descalabro de Al-Qaeda en su principal bastión agigantó la confianza militar norteamericana. Fue también el silencio que se adueñó de las ciudades pakistaníes. Ese silencio abrupto que volvió ridículas las masivas demostraciones de fervor guerrero que advertían sobre las consecuencias que tendría para Occidente una ofensiva de Estados Unidos en suelo afgano. Las calles de Queta y Peshawar habían mostrado el ardor de una decisión beligerante. El mundo musulmán estallaría si el cruzado occidental se aventuraba en sus tierras. Pero el cruzado se aventuró, desoyendo incluso la amenaza de combatir durante el mes sagrado del Ramadán, y vio el silencio petrificante que volvió muda la geografía que va desde Rawalpindi hasta Karachi. Toda aquella gesticulación amenazante comenzó a esfumarse cuando los bombardeos le abrieron a la Alianza del Norte las puertas de Mazar e-Sharif; Kabul, Jalalabad y Kandahar.

Otra victoria fácil a pesar del agresivo lenguaje de los gestos. Como en los Balcanes, donde las poses desafiantes de Milosevic gritando que Kosovo era la cuna de la nacionalidad serbia y que cualquiera mordería el polvo de la derrota si osara poner su bota en esas tierras, se diluyeron cuando las bombas hicieron temblar los edificios de Belgrado. O Irak, donde Saddam Hussein anunciaba "la madre de todas las batallas" y terminó mostrando al padre de todos los desbandes.

Haber barrido a los iraquíes de Kuwait con sólo un puñado de norteamericanos muertos, y haber liberado a los albaneses kosovares con el récord de ninguna baja en combate, animó a los Estados Unidos a zambullirse en el escenario afgano sin dejarse amedrentar por la leyenda ni la gesticulación amenazante.

La debacle del talibán y el descalabro de Al-Qaeda en su feudo montañoso, posiblemente los convenció de que ya pueden enfrentar al peor de sus traumas: el fantasma del guerrillero que se mimetiza con las junglas del sudeste asiático.

Amos de la espada

Desembarcaron en Zamboanga. Son los comandos de elite mejor entrenados de los Boinas Verdes. Con armas ultramodernas, los acompañan efectivos Navy Seal's, adiestrados especialmente en lucha contrainsurgente. Allí, en Zamboanga, puerto de la más sureña de las 7.100 islas que integran el archipiélago filipino, comienza la Operación Balikatán (hombro con hombro). Junto a los militares locales, se proponen limpiar Mindanao de guerrilleros musulmanes. El mayor desafío los espera en Basilán y Jolo, las selváticas islas donde tiene sus bastiones Abu Sayyef. El nombre significa "amos de la espada". Es una guerrilla pequeña y despiadada que se dio a conocer en los

'90 decapitando enemigos. Y los enemigos de Abu Sayyef son los cristianos. No hace falta que sean soldados. Basta con que pertenezcan a la cultura religiosa que llegó con Magallanes en el siglo XVI, para que sus cabezas sean arrancadas de cuajo si caen en manos de esta guerrilla. Aunque luego descubrieron el negocio del secuestro extorsivo y comenzaron a sumar los millones que cobran como rescate. El primer gran golpe fue hace dos años. El comandante Robot navegó hasta la isla malaya de Sipadán y capturó a 21 turistas occidentales que pasaron del paraíso al infierno en un abrir y cerrar de ojos. Kadhafi se ofreció a pagar por la liberación, y lo hizo. Para muchos fue un gesto magnánimo, pero para otros el coronel libio encontró la forma de financiar aliados disfrazando la operación de gesto humanitario. El hecho es que así comenzó a hacerse fuerte la guerrilla que fundó, en 1989, Abubakar Janjalani, quien junto a sus lugartenientes Wahab Akbar y Amil Jumaani, aprendió a combatir en la Brigada Islámica Internacional que luchó contra los soviéticos en la lejana y árida Afganistán.

Allí conocieron a Osama Bin Laden y con su bendición y el apoyo de Al-Qaeda regresaron a Filipinas para "liberar" Mindanao, Jolo y Basilán de los gobiernos cristianos con sede en Manila.

Buena parte de la población musulmana del sur del archipiélago los apoya. Ellos acusaron de traición al Frente de Moro de la Liberación, guerrilla que tras décadas de heroica lucha contra el dictador Ferdinand Marcos, comenzó a negociar con el gobierno de Corazón Aquino y, finalmente, firmó la paz a cambio de la autonomía que le ofreció el presidente Fidel Ramos. Para Janjalani fue una doble traición, porque Ramos había sido el general del régimen marquista que más combatió a la insurgencia sureña, y porque la autonomía concedida por Manila está lejos del objetivo final: que Mindanao vuelva a ser el sultanato que fue hasta que los españoles se apoderaron de todo y le quitaron las tierras a los Musulmanes para repartirlas entre los cristianos que llegaron desde Luzón, Mindoro y las demás islas del Norte.

Aquellas antiguas y brutales injusticias explican el apoyo con que cuenta Abu Sayyef a pesar de su salvajismo. Y por eso una parte del Frente Moro abandonó los acuerdos de paz y retomó la lucha.

Cuentan con el apoyo de Al-Qaeda para sembrar también la insurrección en Indonesia, Malasia y Singapur. El objetivo es crear una confederación islámica integrista.

Para intentar evitarlo desembarcaron en Zamboanga los Boinas Verdes y los Navy Seal's. Para intentar evitarlo y para enfrentar el fantasma del Vietcong.

Materia pendiente

La llegada de ese puñado de comandos de elite a Filipinas es una jugada de alto riesgo, tanto en términos militares como políticos.

La presidenta que autorizó la Operación Balikatán podría enfrentar una crisis que ponga en riesgo a su débil gobierno.

Gloria Macapagal Arroyo será la hija de un prócer, pero desembarcó en el poder ejecutivo cuando el presidente Joseph Estrada fue obligado a renunciar por corrupción.

Además, ni la Constitución ni los tratados bilaterales con Washington contemplan una intervención directa. Ni siquiera la Iglesia Católica, de muy fuerte peso en la política local, está de acuerdo, a pesar de que Abu Sayyef había planeado asesinar al Papa durante su visita a Manila en 1995.

Ocurre que los filipinos, más que recordar la ayuda recibida para liberarse de los españoles, recuerdan el colonialismo norteamericano que se extendió hasta el '46. Esa presencia imperial que se resistía a retirarse del todo, prolongándose muchas décadas más a través de las bases militares Clark y Suvic. Por eso este sorpresivo regreso es políticamente insostenible. Por mucho que la mayoría de los filipinos repudie la ferocidad de las guerrillas del sur, pocos están dispuestos a recibir con los brazos abiertos a los soldados estadounidenses.

Pero en el Pentágono no están pensando en la política. Los obnubila la hegemonía militar mundial que tiene una materia pendiente en las selvas del sudeste asiático.

En uno de esos rincones espesos y profundos, los Vietcong se mimetizaron con la jungla y los pantanos que se extienden a lo largo del Mecong, hasta volverse invisibles. Las emboscadas fueron diezmando a los marines y Vietnam se convirtió en la trampa mortal de la que salieron derrotados.

Durante 30 años los persiguió ese fantasma. Y no alcanzan las victorias en desiertos y montañas. Por más rápidas, fáciles y fulminantes que hayan sido, no alcanzan. Porque el trauma los espera agazapado en todas las selvas que se parecen a las que rodean Saigón.

El fantasma perturbador

Al momento de publicarse este retrato de Osama Bin Laden, el líder de Al Qaeda permanece desaparecido, lo que lo convierte en un espectro con capacidad de desestabilización.

Puede estar sepultado en uno de los miles de túneles que recorren como venas la cordillera del Hindu Kush. O puede estar oculto en alguno de los tantos búnkeres que hizo construir en esas áridas mesetas afganas.

También puede haber huido a Peshawar ¿Quién podría encontrarlo en esa o cualquier otra de las intrincadas ciudades pakistaníes? Pero no es posible descartar que su fuga haya sido hacia el norte, atravesando el Valle del Panshir para cruzar Uzbekistán y Turkmenistán hasta embarcarse en el Mar Caspio y llegar a Chechenia, donde las montañas y los guerreros independentistas del comandante Yamil Basayev lo protegerían para pagarle toda la ayuda que les dio en su guerra contra Rusia.

Aunque el mismo favor recibiría de los mujaidines cachemires, a los que armó hasta los dientes para que pudieran luchar contra la India y están en condiciones de esconderlo en sus guaridas de las alturas del Himalaya.

El viaje pudo ser más largo. Su poder económico y los contactos de la red Al Qaeda tal vez lo llevaron hasta Mindanao, Jolo, Basilán, o cualquiera de las islas del sur del archipiélago filipino. Allí hay guerrillas musulmanas de todos los colores, pero sobre todo está Abu Sayyef, el grupo ultrafundamentalista creado por Abubakar Janjalani, quien aprendió a combatir cuando formó parte de la Brigada Islámica Internacional que luchó contra los soviéticos en Afganistán.

También las junglas insulares del Pacífico podrían ser el escondite perfecto, a pesar de los marines norteamericanos que desembarcaron en el marco de la Operación Balikatán.

En rigor, son miles los puntos del planeta donde puede estar oculto.

Aunque es imposible descartar que haya quedado sepultado en las montañas afganas.

Vivo o muerto, mientras no aparezca, Osama Bin Laden es lo que necesita ser: un fantasma perturbador, la amenaza invisible que quita el sueño a los Estados Unidos.

La victoria y la derrota

Por ahora su triunfo, quizás pequeño, quizás inmenso, es no aparecer. Si un bombardeo terminó con su vida en una de las bases de Al Qaeda en Afganistán, lo más estratégicamente acertado que pudieron hacer sus hombres es la desaparición del cadáver.

Eso lo convierte en una incógnita de peso abrumador. Desde que no da señales de vida, pero tampoco de muerte, obliga a sus enemigos a ser cazafantasmas.

Hasta aquí, el costado victorioso de una guerra que, para él, tiene mucho de derrota. Al fin de cuentas, Osama Bin Laden había llegado a adueñarse de un país y, para lograrlo, contó con el apoyo de los Estados Unidos.

No es fácil concluir rápidamente en que fue un error de Washington apuntalar su posición. En el marco de la Guerra Fría, la prioridad norteamericana era expulsar a los soviéticos de ese punto estratégico del Asia Central. Con ese fin, colaboró enviando armas y dinero a las guerrillas que luchaban contra los regímenes sostenidos desde Moscú. Pero esas fuerzas antisoviéticas estaban profundamente divididas y lideradas por personajes corruptos que utilizaban los fondos recibidos no sólo para luchar, sino para enriquecerse en sus feudos.

Entonces apareció el rico mujaidín árabe. Era miembro de una familia de origen yemenita, que multiplicó su fortuna al monopolizar el negocio de la construcción en Arabia Saudita.

Al obtener la concesión para construir y mantener los lugares sagrados en Ryad, La Meca y Medina, la empresa familiar acrecentó su poderío económico a niveles siderales.

Osama Bin Laden era rico y preparado en el terreno económico, por lo tanto un tipo ideal para manejar los fondos de la ayuda internacional a la causa antisoviética afgana. Pero a la CIA le faltó averiguar que había sido expulsado del reino saudita por complotar contra el régimen, organizando grupos mucho más integristas que la de por sí oscurantista monarquía peninsular.

Posiblemente estaba resentido porque su fortuna no le abría las puertas del poder político en su país, restringido sólo a los miembros de la familia real. El hecho es que Osama Bin Laden era un enemigo declarado del rey Fahd, a quien acusaba de rendir el Corán ante Occidente al permitir que Estados Unidos tenga bases militares en el país, lo cual, según la visión fundamentalista, se constituye en una violación al Islam.

Sin embargo, Washington permitió que se convierta en el tesorero de las guerrillas afganas, posición desde la cual acrecentó su influencia sobre los grupos armados y estableció relaciones con los productores de opio y los narcotraficantes locales.

Estar en un punto estratégico para controlar el tráfico de armas y de opio multiplicó su fortuna y su poder. De todos modos, el fin de la dominación soviética lo dejó mal parado.

Ocurre que el derrocamiento de Mohamed Najibullá, el último dictador títere de Moscú en Kabul, implicó la creación de un gobierno de tadjikos, uzbekos y hazaras que dejó afuera a los pashtunes, a pesar de ser la mayoría. Los vínculos más sólidos que mantenía Bin Laden eran con esta etnia por ser sunita, como él. Por eso trabajó con los servicios secretos de Pakistán en la formación del talibán, la milicia integrada por los seminaristas pashtunes egresados de las madrazas (escuelas coránicas).

Esta nueva guerra unificó sus intereses con los de Pakistán, debido a que la etnia marginada del poder en Afganistán tiene una fuerte presencia en la sociedad pakistaní. Por eso Pervez Musharraf, el dictador de Islamabad, y Osama Bin Laden quedaron asociados en la guerra que el talibán lanzó contra el anárquico gobierno de Burjanudin Rabbani y Ahmed Massud. Y el desenlace del conflicto convirtió al millonario saudita en el poder detrás del trono.

Él era el dueño de las armas y, por ende, el dueño del ejército que controlaba el 90 por ciento del territorio afgano. Por eso el país centroasiático se convirtió en la fortaleza de Al Qaeda.

Desde allí apoyó a los independentistas chechenos que luchaban contra Rusia, a los cachemires separatistas que peleaban contra la India, y a los musulmanes que están en guerra con Manila por perseguir el objetivo de crear un sultanato en las islas del sur de Filipinas.

Fue también desde su fortaleza afgana que Bin Laden pudo planificar y llevar a cabo los atentados contra las embajadas norteamericanas de Nairobi y Dar el-Salam, y el ataque contra el buque militar que los Estados Unidos tenían anclado en el puerto yemenita de Adén.

Cuando los aviones se estrellaron contra las torres gemelas y el Pentágono, Washington pensó de inmediato en Osama Bin Laden, quien desde hacía un par de años encabezaba la lista de enemigos de los Estados Unidos. A renglón seguido, la India y Rusia, acérrimos enemigos de Al Qaeda por los conflictos de Cachemira y Chechenia, sumaron sus voces a las de los halcones de la administración republicana para demandar una ofensiva total sobre Afganistán.

Al desatarse la guerra, la carta que le quedaba al archienemigo de los norteamericanos era la desestabilización del régimen pakistaní. Bin Laden desplegó toda su influencia para generar levantamientos en las ciudades pashtunes de Queta y Peshawar, con el objetivo de que fuera derrocado el general Musharraf por haber traicionado al talibán cediendo a las presiones de la Casa Blanca.

Si Pakistán, con su poderío atómico, hubiese caído en manos de los fundamentalistas, Bush se hubiera encontrado frente a un problema inconmensurable. Pero el dictador de Islamabad logró mantenerse en su cargo y las rebeliones fueron finalmente sofocadas.

La guerra aún no terminó, pero el régimen del talibán ya fue aplastado y la red del magnate saudita perdió su posición privilegiada en el país que había logrado convertir en su propia fortaleza.

Desaparecido en acción

Washington está ganando, pero aún no puede cantar victoria. No podrá hacerlo mientras Osama Bin Laden siga siendo un fantasma.

Su organización terrorista puede estar debilitada, pero el espectro que surgió de las áridas mesetas afganas alentó a las organizaciones musulmanas que adhieren a la versión extremista del Corán que él pasó a representar. El llamado Islam del Desierto, que siguiendo la prédica de Bin Tanwer propone una religiosidad cerrada, intolerante y decididamente enfrentada al cristianismo, el judaísmo y la cultura occidental.

Ese movimiento mantiene en jaque a la monarquía saudita, obligándola a sostener económicamente al clero fundamentalista y a las organizaciones extremistas palestinas para no perder la poca popularidad que le queda, al tiempo que hace equilibrios para que tal política no termine de derrumbar las tambaleantes relaciones entre Ryad y Washington.

Puede estar sepultado en la cordillera del Hindu Kush o escondido en cualquier rincón del planeta. Lo cierto es que mientras no aparezca vivo o muerto, Osama Bin Laden es el fantasma perturbador del sueño americano.

Capítulo III

Mientras Hamid Qarzay se consolidaba al frente de un gobierno de transición que, en forma medianamente exitosa, incluyó todas las etnias de Afganistán logrando una relativa -aunque no segura ni definitiva- estabilidad, la administración republicana iniciaba su marcha hacia la reformulación total de las reglas imperantes en el tablero mundial, colocando al régimen de Saddam Hussein en la mira. Las postales y retratos de este capítulo describen el escenario iraquí, la enigmática posición de Colin Powell y el debate que los planes contra el dictador de Bagdad generaron tanto en los Estados Unidos como en el escenario mundial.

Incluye un retrato del rey Fahd por el protagonismo de Arabia Saudita en la realidad surgida de los atentados del 11-S y por los obvios intereses estratégicos que el petróleo implica en el área del Golfo Pérsico.

El monóculo de Mr. Bush

*En febrero del 2002, mientras Washington daba sus prime-
ros pasos en los planes para atacar a Saddam Hussein y colo-
caba en el blanco a Irán y Corea del Norte, Europa lanzaba
su primer cuestionamiento duro contra la administración republicana.*

Llegó a ser monumental, imponente, la única obra del hombre que se ve
desde la luna, pero nunca logró totalmente cumplir con su objetivo: hacer
que China sea invulnerable a los ataques de los bárbaros centroasiáticos.
Era el fruto de una obsesión; y de los razonamientos obsesivos nunca surgen
las mejores estrategias defensivas. Por eso cuando las rebeliones campesinas
expulsaron a los mongoles descendientes del Gengis Kahn que habían sometido a los chinos durante más de un siglo, la flamante dinastía Ming terminó
de construir la Gran Muralla. Imponente, monumental pero cientos de veces más vulnerada por los ejércitos del Asia Central. Lo mismo le pasó a
Francia con la Línea Maginot.
Las obsesiones son hijas de las paranoias, o las paranoias de las obsesiones.
Como fuere, está claro que no sirven para diseñar estrategias.
Debieran saberlo los Estados Unidos. La Guerra Fría los obsesionó hasta
volverlos paranoicos. Por todos lados veían comunistas y, desde tal obnubila-

125

ción, la CIA y el Pentágono diseñaron estrategias defensivas que provocaron estragos. Apañaron dictaduras tenebrosas como la de Mobutu Sese Seko en el Congo; fueron cómplices de golpes como el de Pinochet; empujaron a Cuba a los brazos soviéticos; hicieron caer a demócratas como Jacobo Arbenz apoyando a criminales guatemaltecos como el coronel Castillo Armas; por proteger el despotismo ilustrado de Reza Pahlevi colaboraron con el terremoto islámico que convirtió a Persia en un estado integrista; sufrieron en su propio territorio desviaciones totalitarias como el macarthismo y criminalizaron a su propio ejército en la Península Indochina. Todo por dejar la política en manos del fanatismo paranoico que en cualquier rebelión o conflicto veía conjuras comunistas.

Más que un error, es un rasgo de imbecilidad imperial. En todo caso, lo que está claro son los riesgos de nefastas consecuencias. Hasta mediados de los años setenta, la obsesión paranoica anticomunista motorizó la expansión de la influencia soviética más que contenerla y aislarla.

Sin embargo, el pensamiento reduccionista regresó a la Casa Blanca y entró al Despacho Oval de la mano de George W. Bush. Pero sus groseras simplificaciones tienen un agravante: Europa ya no necesita la protección norteamericana como en los tiempos de la Confrontación Este-Oeste. Por lo tanto, la obsesión actual por encontrar conjuras terroristas en todas las situaciones conflictivas, está vaciando de contenido a la OTAN y comienza a distanciar a Washington de sus aliados naturales.

La otra voz

Llegó buscando un enemigo y dejando a la vista su ansiedad por encontrarlo. Como esos boxeadores peso pesado que necesitan en el ring un contrincante y, si no lo tienen, sus managers se lo fabrican escogiendo a dedo algún armatoste fofo que pueda soportar un par de rounds. Por eso le mojó la oreja a China haciendo que los aviones espías EP-3 zumbaran en los cielos asiáticos, hasta producir el incidente que terminó con un caza chino estrellándose en el mar y la nave norteamericana aterrizando de emergencia en la isla de Hanián. Pero Jan Zemin no se prestó al juego y dejó a Bush sin la confrontación que buscaba para justificar un rearme formidable.

Entonces llegaron los aviones que se estrellaron contra las Torres Gemelas provocando un genocidio. De ahí en más, el Pentágono y la CIA empezaron a ver terrorismo por todos lados, lo mismo que, décadas atrás, McNammara o Joseph McCarthy veían comunistas.

Es cierto que una banda de millonarios con ideología feudal y anhelos retardatarios no puede nunca representar a los oprimidos del mundo. Pero también es cierto, como dice Europa cada vez que habla con acento francés, que la política internacional de una potencia no puede reducirse al combate contra el terrorismo. Eso implica eludir la responsabilidad de asumir las groseras desigualdades de un proceso globalizador que hasta ahora, como afirma Milos Forman, implicó "salir del zoológico para entrar en la selva". O, lo que es peor, intentar consolidar el "darwinismo global" y de frustrar la propuesta socialdemócrata que plantea el Viejo Continente cuando Lionel Jospin habla de promover la economía de mercado sin caer en la sociedad de mercado. Está claro que el terrorismo puede representar más ambiciones que opresiones, y que es importante combatirlo. Pero también está claro que no puede convertirse en el tema dominante del debate en un mundo tan plagado de trágicos desequilibrios.

Por eso fue tan importante el discurso de Hubert Vedrine criticando duramente el "simplismo" de Bush y el "unilateralismo" que promueve. El canciller francés dejó en claro también que la visión europea de la globalización es distinta porque ésta "puede tener un efecto positivo si es controlada, regulada y humanizada". Y no representa sólo la opinión del socialdemócrata Jospin, sino fundamentalmente la del conservador Jacques Chirac. Es más, la del grueso de una Europa que, por el momento, sólo se atreve a pronunciar estos duros cuestionamientos a Washington en francés.

Pero el presidente norteamericano no entiende la lengua de Voltaire y Malraux, manteniéndose empeñado en fabricar contrincantes que justifiquen políticas de armamentismo y confrontación como las de la Guerra Fría.

En la misma bolsa

George W. Bush sólo entiende el idioma estratégico de "think tanks" como la Brookings Institution, que recomiendan campañas terrestres para derrocar a los regímenes iraquí y norcoreano, o el que usa Donald Rumsfeld cuando trata de convencerlo de algo tan poco probable como la colaboración de Irán con Al-Qaeda, cuando lo visible fue el apoyo de Teherán a las milicias hazaras de Afganistán que lucharon contra las fuerzas de Bin Laden y el Talibán.

Poner a esos tres países en el mismo blanco, hablando de un "eje del mal" que recuerda el pacto que unió al Tercer Reich con Italia y Japón, implica una simplificación reduccionista poco menos que grosera.

Está claro que Saddam Hussein lidera a sangre y fuego un régimen criminal y despreciable. Pero no está claro que Bush hijo haya resuelto el dilema que en un momento paralizó a Bush padre. Cuando el general Norman Szchuarzkof recibió la orden de frenar su ofensiva en las puertas de Bagdad, después de haber barrido al ejército iraquí de Kuwait, fue porque todo indicaba que la caída de Saddam hubiera conducido a la desintegración del país en tres porciones: al norte la etnia kurda creando un Estado con capital en Sulaimaniya y la decisión de combatir a Turquía para sumar territorios al anhelado Kurdistán; en el centro los sunitas casi encerrados en Bagdad, y al sur los chiítas que lucharían por la emancipación de las tribus chiítas de la región de Dahram, actualmente parte de Arabia Saudita. O sea que George Herbert Bush entendió la dimensión del problema que la desintegración de Irak causaría a sus aliados de Ankara y Ryad, decidiendo que ese paso no podía darse sin la certeza de un gobierno post Saddam que mantenga la unidad del país.

Por supuesto que dicha decisión implicó traicionar a los kurdos del norte y a los chiítas del sur, a quienes sólo retribuyó brindándoles protección aérea para impedir que el régimen vuelva a exterminarlos con armas químicas. El hecho es que el hijo aún no resolvió el dilema del padre, pero ya pide que le traigan en una bandeja la cabeza del "carnicero de Bagdad", lo que también sería una tropelía sin haberle dado antes la oportunidad de permitir los controles sobre producción de armas de destrucción masiva que hace un par de años Hussein le impidió a los inspectores de Naciones Unidas.

El caso iraní es totalmente diferente. En Teherán no hay una sola cabeza, sino dos. Una es la del gobierno del presidente Mohammed Jatami, legitimado por el pueblo en numerosas e impecables elecciones, que lucha por reformas democratizadoras que construyan una sociedad más libre y cercana a Occidente; y la otra representada por la máxima autoridad religiosa, el ayatolla Alí Khamenei, que intenta permanentemente estrangular esas reformas aperturistas para mantener al país sumergido en un oscurantismo medieval. Si en lugar de ayudar a Jatami se declara una guerra que lo coloca en el mismo blanco que su archienemigo Khamenei, podría cometerse una torpeza de consecuencias espantosas.

Tampoco resulta razonable una aventura militar en Corea del Norte justo en el momento en que Pyongyang da señales de acercamiento a Seúl.

Es cierto que el régimen norcoreano encarna un estalinismo salvaje y que su fracaso económico implica el peligro de un Estado lumpen dispuesto a vender al mejor postor la única tecnología que desarrolló en estas décadas: armamentos de destrucción masiva. Pero también es cierto que el colapso del sistema de planificación centralizada le da chances a la política de acercamiento que propone el sensato y brillante líder surcoreano Kim Dae Yang. El sistema que sostiene al dictador norcoreano Kim Jong II es anacrónico y calamitoso. De todos modos, parece estar en una fase terminal y la única vinculación probada que tiene con el terrorismo es haber dado asilo a extremistas del Ejército Rojo del Japón, lo cual puede justificar repudios, presiones y sanciones, pero no guerras.

La sangre en el ojo

La visión reduccionista avanza a paso redoblado, pero Europa comenzó a decir lo suyo, aunque por el momento sólo se atreve a pronunciarse en francés. Al fin de cuentas, Gran Bretaña eligió desde hace tiempo la sumisión total a la "hija patria" y Alemania todavía no se atreve a asumir protagonismos díscolos en el escenario internacional. En cambio Francia tiene la sangre en el ojo que le dejó Washington en 1956, cuando la obligó a retroceder en la guerra contra Egipto por el Canal de Suez. La "grandeur" de una nación se sintió humillada y el general De Gaulle convocó al equipo de científicos que encabezaba Rocard para iniciar el proyecto de arsenal nuclear que, de ahí en más, le permitiría una mayor independencia en el escenario mundial.
Por eso fue Hubert Vedrine quien denunció el peligroso "simplismo" de colocarlo todo bajo el concepto de "terrorismo". De las obsesiones paranoicas surgen más estragos que buenas estrategias.
Como la Gran Muralla que terminó de construir la dinastía Ming. Monumental, imponente y visible desde la luna, pero inútil si se trata de volver a China invulnerable.

El dueño del temor

Promediando el 2002, la administración republicana avanzaba en su plan de ataque a Irak al tiempo que evaluaba la posibilidad de urdir un complot para derrocar a Saddam Hussein sin necesidad de una guerra.

Esta postal describe el complejo esquema de seguridad que construyó el líder iraquí para proteger su régimen de posibles conspiraciones. Una inmensa red de delaciones que incluye a los propios familiares del dictador.

Para él, gobernar es el arte de aplastar conspiraciones. Cuando apenas se insinúan o incluso antes de que existan, su puño feroz se descarga y aniquila. Sabe que su cabeza está siempre en la mira, por eso tiene siempre en su mira miles de cabezas a las que vuela la tapa de los sesos en el instante mismo en que piensan traicionarlo, y a veces antes de que lo hagan.

Para Saddam Hussein, estar en el poder es la condición indispensable para seguir vivo. O sea que vivir sólo es posible matando. Por eso hizo del ejército y del Partido Baath dos inmensos aparatos en los que todos se delatan entre sí.

Sobrevivir en cada cargo equivale a sobrevivir, y eso es algo que sólo se logra delatando.

Para garantizar esa cadena de delaciones está la Mukhabarat, el poderoso servicio secreto encargado de infiltrar cada célula de la sociedad para descubrir confabulaciones. Esa legión de espías, que tiene su cuartel general en el distrito de Mansour, en las afueras de Bagdad, siempre tiene miles de infiltrados en el gobierno, en el ejército y en el partido oficialista para detectar cada complot y exterminar a los conspiradores.

Pero como la desconfianza de Saddam es infinita, existe también el Directorio Número 4, dirigido por el ultra fiel general Abdul Azíz Al Qurtam y encargado de infiltrar a la mismísima Mukhabarat para prevenir sorpresivas disidencias.

Sobre ese océano de espías espiando a los que espían navega el poder en Irak. Nadie está libre de la red de delaciones. Ni siquiera la familia de Saddam. Bien lo sabe su hermanastro, Wathan Ibrahim Hassan, que se esfumó ni bien fue destituido del cargo de ministro del Interior; o su primo Alí Majid, que desapareció del mapa cuando le quitaron el rango de ministro de Defensa; o su otro hermanastro, Barzan Ibrahim al Takriti, que no quiso regresar a Bagdad cuando le informaron en Ginebra que ya no sería el embajador iraquí ante la ONU.

Ser familiares no es garantía de nada. Por ignorarlo terminaron acribillados a balazos los hermanos Hussein Kamel Hassan, responsable de la construcción de los arsenales químicos y bacteriológicos del régimen, y Saddam Kamel, jefe de la poderosa Guardia Republicana. Estaban casados con Raghad y Rana, las hijas de Saddam. Con ellas huyeron a Jordania cuando sus cuñados, Uday y Qusay, pasaron a manejar los aparatos de seguridad del padre. Cuando regresaron creyendo en las promesas de perdón, Uday los esperaba con un helicóptero en la frontera. A Raghad y Rana las hicieron seguir en los Mercedes Benz que las traían desde Ammán, pero los hermanos Kamel fueron cargados en el helicóptero y baleados junto a su padre y otros familiares. Por eso nunca regresó del exilio el comandante Ezedine Mohamed Hassan, casado con Hala, la tercera hija.

Uday y Qusay son lo suficientemente crueles para traicionar sus promesas de perdón. Sin embargo, no están en el centro mismo del poder. A ese lugar sólo lo ocupa Saddam.

Lo rodean tres círculos concéntricos. El primero y más amplio es la base árabe sunita sobre la que se asienta el régimen, dejando afuera a los musulmanes chiítas del sur y a los kurdos del norte. El segundo círculo es el de la tribu Dulaimi, con más de un millón de miembros, dentro de la que está el Clan de Takrit, la ciudad situada a 150 kilómetros de Bagdad y junto a la cual se encuentra la aldea de Al Ouja, donde nació el dictador. Este es el tercer círculo de fidelidad y a él pertenecen los familiares de Saddam.

Pero todos ellos están bajo la lupa delatora del Partido Baath, que a su vez está infiltrado por el ejército, que al mismo tiempo está infiltrado por el Mukhabarat, que no está libre de las infiltraciones del Directorio Número 4.

De todos modos, el líder iraquí no logra relajarse. Sabe que está en la mira de la Casa Blanca, y que George Walker Bush no es igual a George Herbert Bush.

Cuando Bush padre desató la "Tormenta del Desierto" con que el general Norman Schwarzkopf barrió al ejército iraquí de Kuwait y colocó a las fuerzas aliadas en las puertas de Bagdad, no había logrado resolver la ecuación regional que planteaba la caída del régimen. Lo más probable parecía la separación de los kurdos, cuyo estado alentaría a la conformación del anhelado Kurdistán a costa de Turquía, miembro de la OTAN y base de los ataques aéreos a Bagdad; y la creación de un estado chiíta fundamentalista en el sur, que jaquearía la integridad territorial de otro aliado de Washington, Arabia Saudita, cuya región del Dahram tiene mayoría chiíta.

Por eso terminó optando por dejar a Saddam en el poder.

Bush hijo tampoco resolvió el dilema, pero ya ha demostrado ser lo suficientemente temerario y demagógico como para lanzarse en aventuras militares sin final asegurado.

Además, está acosado por los derrumbes de un capitalismo fraudulento íntimamente ligado a su filosofía empresarial y económica, lo que excita su ansiedad de guerras espectaculares para cazar forajidos. Y Saddam sabe que para los forajidos como él nada es peor que un demagogo temerario en la Casa Blanca. Pero también sabe que para acabar con su régimen, es necesario urdir un complot, y aplastar confabulaciones es su juego favorito.

Lo demostró en el '96, haciendo fracasar una operación de gran escala diseñada por la CIA y el MI6, la inteligencia exterior británica.

El golpe pretendía llevar al poder al célebre disidente Iyad Mohammed Alawi, quien desde Londres dirigía el opositor Acuerdo Nacional Iraquí. Pero las bases de esta fuerza en Jordania estaban infiltradas por dobles agentes que entregaron a Bagdad a cientos de conspiradores que fueron inmediatamente ejecutados.

El espionaje también hizo colapsar el plan para que el opositor Consejo Nacional Iraquí, liderado por el banquero Ahmed Chalabi, armara un ejército de disidentes kurdos.

Clinton tenía claro que organizar complots internos para derrocarlo era jugar al juego que mejor juega Saddam. Por eso cuando en febrero del '98 tomó la decisión de terminar con su régimen, apostó a la operación Trueno del Desierto.

Por enésima vez, el líder iraquí había cerrado las puertas a los inspectores de la ONU que, con Richard Butler a la cabeza, buscaban garantías de que Irak no estuviera produciendo o almacenando armamentos químicos y biológicos. Fue entonces cuando el jefe de la administración demócrata decidió lanzar una operación que destruyera por completo su aparato militar.

Los estrategas del cuartel central que el ejército norteamericano tiene en Tampa (Florida) habían planificado hasta el último detalle, llegando a la conclusión de que el ataque duraría cuatro días y dejaría 1.500 muertos iraquíes.

Los portaaviones HMS Invincible, Nimitz, Independence y Washington ya flotaban en el Golfo Pérsico cuando el canciller Mohamed Sadi al-Shahaf se comprometió ante Kofi Annan a que su país permitiría las inspecciones.

Posiblemente, el incumplimiento de Bagdad con aquella promesa anule esta estrategia diplomática para una próxima vez. Además, Saddam sabe que Bush no es Clinton y, por lo tanto, difícilmente detenga una maquinaria militar una vez que fue puesta en marcha. Pero también sabe que para cazarlo no alcanzan los bombardeos aéreos, sino que es necesaria una vasta operación por tierra. Y que para lanzarla Bush no cuenta con el respaldo que tuvo su padre a la hora de liberar Kuwait, lo que implicaría, además de un costo político, un inmenso peso económico sobre el ya sobredimensionado déficit que creó la administración republicana.

Quizá por eso piensa que, a la hora de las opciones, Washington volverá a intentar la del complot. Y Saddam se siente seguro en el medio de los círculos concéntricos que lo rodean. Confía en su legión de espías espiando a los que espían. Para eso convirtió a la sociedad iraquí en una inmensa red de delaciones, donde hasta pensar en una confabulación implica arriesgar el pellejo.

Al fin de cuentas, para Saddam, gobernar es el arte de aplastar conspiraciones.

Bagdad en la mira

Al comenzar agosto del 2002, parecía difícil imaginar que el secretario de Estado norteamericano estuviera de acuerdo con los planes de la Casa Blanca para atacar al régimen de Saddam Hussein.
Este nuevo retrato de Colin Powell lo muestra ya con un perfil desdibujado y en la disyuntiva de agudizar sus tensiones con el resto de la administración Bush o plegarse a la posición del dominante sector de los halcones.

Posiblemente sienta vértigo al imaginar una ofensiva en gran escala sobre Irak. Saddam es un pésimo estratega, pero los informes de inteligencia dicen que escondería todo su poder militar en Bagdad. Si lo hace, un triunfo norteamericano tendría el precio de la destrucción total de la ciudad donde vive el grueso de los cinco millones de iraquíes.

Para que algo así se justifique, debiera ser precedido por una tropelía como fue la invasión a Kuwait o el exterminio de la minoría kurda con armas químicas. Pero el líder iraquí no puede ser tan idiota como para dejarle a Bush la pelota picando en la puerta del arco. Sus derrotas le enseñaron algo, por eso le ofreció a la ONU el reinicio de las inspecciones de armamentos.

Esta vez no hará ninguna grosería que justifique mínimamente un ataque norteamericano. Y Bush no tiene legitimidad internacional para lanzar otra guerra en el Golfo Pérsico.

Por eso es posible que Colin Powell sienta vértigo al imaginar una ofensiva en gran escala sobre Irak. Al él le tocaría justificar ante el mundo un conflicto de ese tipo.

Además, como militar, sabe que Bagdad puede convertirse en una ratonera para las tropas terrestres.

Saddam demostró ser un pésimo estratega en la guerra contra Irán. Cuando se lanzó al conflicto invadiendo territorios en litigio sobre el estuario del río Shat el-Arab, calculó que las fuerzas persas capitularían en un par de semanas. Los iraníes recién salían de la confrontación interna que terminó con el despótico régimen del shá Reza Pahlevy. Ni siquiera tenían fuerza aérea para competir con los modernos cazabombarderos Mig con que contaba la poderosa Irak.

Sin embargo, vencer a los mujaidines del ayatolla Khomeini le llevó ocho años, dejó el país en la ruina y costó más de un millón de muertos. Es más, si finalmente pudo vencer, fue porque lo rescataron de la derrota soviéticos, norteamericanos, europeos, sauditas y kuwaitíes.

De todos modos, fue poco lo que aprendió de aquel desastre. Lo demostró al invadir el emirato vecino, lanzándose luego en forma temeraria a "la madre de todas las batallas".

Amén de la abrumadora superioridad del enemigo, la colección de errores estratégicos iraquíes fue tan grande que sorprendió al mismísimo Colin Powell.

El mal paso

Pero el general negro que planificó la "Tormenta del Desierto" cometió luego sus propios errores. Tal vez el más grave fue convertirse en secretario de Estado de George W. Bush.

Hasta ahí su carrera fue impecable. Cada paso que dio lo hizo acumular prestigio. Desde que se convirtió en el único teniente coronel que accedió al elitista White House Fellow Program sin haber pasado por West Point, nunca dio un paso en falso. Fue impecable su labor como asesor del secretario Caspar Weimberger y por eso se convirtió en el consejero de seguridad de Ronald Reagan.

Su cautela y su precisión siguieron abriéndole puertas en los tiempos de la administración de George Bush padre, quien terminó por convertirlo en el primer comandante negro de la Junta del Estado Mayor Conjunto de las Fuerzas Armadas.

No fueron tiempos fáciles los que se les vinieron encima. Prácticamente debutó en el cargo planificando la invasión a Panamá para cazar a Noriega. Entonces puso por primera vez en práctica lo que sería su doctrina: masivos despliegues para lograr el objetivo en forma rápida, aplastante y con la menor cantidad de bajas propias posibles.

Para lograrlo, reforzó el Comando Sur con divisiones de cazabombarderos y envió las Delta Forces. Y recién cuando los generales Carl Stiner y Maxwell Thurman le dijeron que no había riesgo alguno, lanzó el ataque sobre los pésimamente entrenados "Batallones de la Dignidad" con que el líder panameño presumía de imbatible.

Fue un triunfo fácil con un exagerado precio en víctimas civiles. No obstante, cuando la Casa Blanca le encargó la liberación de Kuwait, las dudas se adueñaron de Colin Powell haciendo que se limitara a recomendar un dispositivo de contención para evitar que los iraquíes se lancen sobre Arabia Saudita, apostando a que el embargo económico obligaría a Saddam a dar marcha atrás con su invasión.

Estaba equivocado y lo demostró el resultado de la estrategia que él mismo diseñó cuando Bush padre se decidió por el ataque; además de la falta de efecto que el bloqueo tuvo posteriormente sobre el régimen iraquí.

Vencer al ejército de Saddam en la Península Arábiga fue bastante fácil. Pero el líder iraquí algo aprendió de sus derrotas y los informes de inteligencia así lo demuestran al señalar que, en una nueva guerra, los norteamericanos no encontrarían resistencia alguna en los desiertos.

No habrá tanques en las carreteras ni soldados atrincherados entre los médanos. Todo el poderío militar se esconderá en los búnkers de Bagdad.

Si eso ocurre, no habrá más alternativa que reducir a escombros la capital iraquí. Pero eso es algo que no puede hacerse sin hechos que lo justifiquen. Y esta vez Saddam no cometerá ninguna de las atrocidades que cometió en el pasado.

Colin Powell lo sabe. También sabe que Hussein, muy posiblemente, haya continuado con la producción y almacenamiento de armas químicas y bacteriológicas. Si lo hizo, bien dispuesto estaría a vender parte de esos arsenales a organizaciones terroristas, o a quien fuera que ofreciera una buena suma que terminaría invariablemente en sus bolsillos y no en las arcas del Estado. Nadie que conozca a Saddam Hussein supondría lo contrario.

Por lo tanto, es cierto que para la seguridad de los Estados Unidos el actual régimen iraquí representa un peligro en sí mismo. En rigor, es peligroso para toda la región y para Europa. Por eso debió caer junto con su ejército cuando el general Norman Szhuarzkopf llegó con sus tanques hasta las costas del Éufrates.

El dictador iraquí había cometido una torpeza de dimensiones siderales al invadir Kuwait. Al retirarse del emirato vecino, ordenó uno de los crímenes ecológicos más visibles para los ojos del mundo: derramó ríos de petróleo sobre las aguas del Golfo y quemó cientos de yacimientos.

A esa altura, ya eran conocidos sus ataques con armas químicas a las aldeas iraníes y las operaciones de exterminio contra kurdos y chiítas de Irak.

Aquella guerra debió marcar el final de su régimen. Pero Bush padre cometió el error de dejarlo en el poder, y Bush hijo no tiene legitimidad internacional para sacarlo.

Mala imagen

No es común que alguien deje el gobierno norteamericano sin que lo echen, pero eso es lo que debiera hacer Colin Powell.

La administración Bush tiene una imagen espantosa. El de Donald Rumsfeld es el agresivo rostro de una política exterior prepotente y errática. El grosero unilateralismo que pusieron en práctica multiplicó los sentimientos antinorteamericanos por todos los rincones del planeta. Y el general Powell es el canciller de semejante enchastre. Él es el militar, pero Rumsfeld y Dick Cheney son los guerreros y quienes, hasta ahora, han tenido más peso en las decisiones presidenciales.

¿Para qué ser el canciller de un gobierno cuya proyección internacional está marcada por el secretario de Defensa, el vicepresidente y el antipático titular del Tesoro? Si su prestigio es mayor que el del presidente, ¿por qué quedarse en una administración que lo relegó a un sombrío y desdibujado tercer plano?

Si aún tiene aspiraciones presidenciales, Colin Powell debiera huir despavorido de ese equipo de matones imperiales que dañó como nadie la imagen de los Estados Unidos. Salvo que se haya vuelto un pusilánime, o que sea cómplice de ese unilateralismo que le dio la espalda a Latinoamérica en plena crisis económica, abandonó el Oriente Medio a sus propias bestialidades y ofendió a Europa tratándola a los empujones.

El gobierno de George W. Bush no tiene legitimidad internacional ni siquiera para enfrentar a un forajido de la calaña de Saddam Hussein. Bien lo sabe el general que inexplicablemente sigue al frente de la Secretaría de Estado. Por eso debe sentir vértigo de sólo pensar en una guerra contra Irak. Más aún cuando imagina los desiertos vacíos y Bagdad convertida en una trampa mortal.

Contra viento y marea

*Esta postal muestra el confuso paisaje de la administración
republicana al comenzar septiembre del 2002. Colin Powell
todavía representaba una posición diferenciada dentro del
gabinete respecto a una ofensiva contra el régimen iraquí y el
escenario internacional mostraba claras resistencias hacia una
acción de ese tipo. Pero semanas después, la intervención de
Bush en la ONU y el anuncio de la "doctrina del ataque
preventivo" comenzaron a modificar el panorama.*

La Casa Blanca está a mitad de camino entre el Pentágono y el Departamento de Estado. Pero desde el 11 de septiembre, la vieja mansión de la Avenida Pensylvannia al 1600 desafió la geografía urbana para colocarse más cerca del inmenso edificio situado al otro lado del río Potomac, donde funciona el Departamento de Defensa.

Allí se encuentra Donald Rumsfeld, cuyo gesto eternamente adusto constituye el rostro agresivo de la administración republicana. La contracara de lo que representa Colin Powell, el moderado secretario de Estado cuyo perfil en el gobierno quedó totalmente desdibujado desde que George W. Bush eligió apoyarse en los duros de su equipo.

Es curioso que el militar del gabinete sea mucho menos guerrero que ese grupo de halcones civiles donde, junto a Rumsfeld, militan el vicepresidente Dick Cheney y la consejera de Seguridad Nacional Condoleza Rice. Ellos están convencidos de lanzar a los Estados Unidos contra el Irak de Saddam Hussein, aun sin el consentimiento del Consejo de Seguridad de la ONU y con los aliados europeos y árabes en contra de una operación de ese tipo.

Guardando un silencio que ha comenzado a escucharse, desde el Departamento de Estado, el general Powell, en soledad absoluta, dejó trascender en los últimos días la posibilidad de su renuncia (que fue parte de la especulación de esta columna tiempo atrás).

El canciller sabe que Saddam Hussein ha continuado acumulando armas de destrucción masiva. Entiende también que, desde que la lunática secta budista Aunn Shimrikío (Verdad Suprema), lanzó gas sarín en el subterráneo de Tokio, las armas químicas son la tentación de las organizaciones terroristas y el régimen de Bagdad bien puede facilitarles los instrumentos para un atentado devastador.

Pero tiene en claro que el actual gobierno norteamericano ha perdido legitimidad internacional para actuar como sheriff planetario. Y está seguro que no fue por su culpa que se fueron acumulando errores y groserías de política exterior que acrecentaron los sentimientos antinorteamericanos en todos los rincones del planeta. Por eso sostiene que no están dadas las condiciones para la guerra en Irak por la que claman Rumsfeld y Cheney.

Los halcones de la administración republicana se sienten como Winston Churchill advirtiendo el error de Chamberlain y Daladier al creer en las promesas de Hitler. Sienten que Saddam cumplirá lo prometido igual que el dictador alemán: con la "blitzkrieg" (guerra relámpago). Pero están lejos de advertir la sideral distancia entre Franklin Roosevelt y George W. Bush.

Por otra parte, ellos son, precisamente, los responsables de una política lo suficientemente temeraria, prepotente y demagógica como para haber logrado el extraño record de aislar internacionalmente a la principal potencia mundial.

En el razonamiento de Colin Powell, no está totalmente descartada una operación para derribar a Saddam del poder. Pero una acción de ese tipo está condicionada a previos éxitos diplomáticos que reposicionen la proyección norteamericana en el mundo. Y el primero de esos éxitos debe darse en el Oriente Medio.

A contramano

Para el secretario de Estado, Washington no puede actuar sin consenso internacional, y está claro que Bush no lo tiene.

Desde intelectuales occidentalistas como Salman Rushdie hasta próceres vivientes como Nelson Mandela, pasando por el canciller alemán Gerhard Shröeder y el presidente francés Jacques Chirac han señalado que una operación militar contra Irak debe tener el consentimiento del Consejo de Seguridad. A lo que se suma una monolítica posición de los países musulmanes advirtiendo a Washington que sus regímenes tambalearían en olas desestabilizadoras si Bush se lanza a la cacería de Saddam.

El razonamiento árabe acepta lo peligroso que significa la posesión de armas de destrucción masiva en manos de un personaje de la calaña del "carnicero de Bagdad", que además no cumple con las resoluciones de la ONU. Pero señalan que también Israel posee ese tipo de armas y nadie la presiona para que se desprenda de tales arsenales, a pesar de que también viola las resoluciones de Naciones Unidas. Powell entiende la diferencia, dado que Israel nunca utilizó armas químicas contra otros pueblos; mientras que Saddam Hussein las lanzó contra las aldeas iraníes durante la primera guerra del Golfo, y luego contra las porciones kurda y chiíta de su propio pueblo. Por otra parte, el estado judío nunca entregaría ese tipo de armamentos a bandas terroristas, cosa que el dictador iraquí sí haría.

De todos modos, el secretario norteamericano de Estado comprende la posición árabe en la medida en que Bush nunca presionó a Ariel Sharon para que levante los asentamientos de colonos en Gaza y Cisjordania, y actúe decididamente a favor de la creación de un Estado palestino independiente. Cuando lo haga (si es que alguna vez lo hace) encontraría otra actitud en países árabes como Egipto, Jordania y Arabia Saudita.

Es cierto que a los emiratos petroleros del Golfo Pérsico les conviene la continuidad del actual statu quo, porque con Saddam en el poder, Irak es un país paria y bloqueado que no puede volcar la totalidad de su producción petrolera en el mercado, lo que mantiene altos los precios internacionales del crudo, favoreciendo a esos regímenes despóticos. Mientras que, si el régimen es derrocado en Bagdad, Irak normalizaría su relación con el mundo regresando a los mercados del crudo, lo que bajaría los precios debilitando las arcas vecinas.

Esta razón no es muy respetable, pero tiene validez en la medida en que Saddam Hussein no vuelva a lanzar su ejército contra un país vecino y, para doblegarla, hace falta una razón más fuerte que la que Bush está ofreciendo. Hasta el aliado musulmán que más colaboró con Estados Unidos en la guerra contra Al-Qaeda y el Talibán en el escenario afgano advirtió que no respaldará, en las actuales circunstancias, un ataque contra Irak. La explicación del general pakistaní Pervez Musharraf es la misma que la del presidente egipcio Hosni Mubarak: demasiado les cuesta mantener una tambaleante estabilidad en sus respectivos pueblos como para tener que lidiar con una nueva guerra entre la potencia occidental y un estado musulmán.

Tú también, Scowcroft

Colin Powell comprende este escenario, pero no el tandem Cheney-Rumsfeld. Para los halcones, si sauditas y kuwaitíes no prestan sus bases, la ofensiva podría lanzarse desde el mismísimo norte iraquí, donde los kurdos liderados por Jalal Talabani disfrutan de la autonomía respecto a Bagdad que permitió la protección aérea norteamericana, y de buena gana aportarían a consolidarla o apuntalar la independencia total colaborando con una embestida contra el régimen iraquí.

Posiblemente, el general Powell entiende que tal estrategia sería negativa para Turquía, país miembro de la OTAN que tiene su propio problema kurdo. Pero lo fundamental es la convicción de que la actual administración republicana no tiene consenso internacional y, por ende, cualquier acto unilateral sería un nuevo gesto de prepotencia imperial que ofendería incluso a los europeos.

Lo notable es que Bush ni siquiera tiene un sólido respaldo interno. Su ministro disidente es nada menos que el más prestigioso de su equipo gubernamental. A lo que se suma la reprobación de quien fue un valioso colaborador de la presidencia de su padre: Brent Scowcroft, el hombre que trabajó durante años en estudios gubernamentales altamente secretos, fue viceconsejero de Seguridad Nacional de Henry Kissinger; consejero de Seguridad de Gerald Ford y también de Bush padre.

Si su calidad de experto está fuera de dudas, también lo está su vocación por el perfil bajo. Por eso resulta particularmente significativo que Brent Scowcroft, a quien Bob Woodward describió como "un mormón que evitaba el escenario social de Washington", haya decidido salir de sus amadas sombras para advertir a Bush que su gobierno no está en condiciones políticas de lanzar una guerra en el Golfo Pérsico.

Esto también debiera ser tenido en cuenta por el presidente norteamericano a la hora de decidir para qué lado empujar la Casa Blanca entre los dos edificios de los que se encuentra equidistante: el Pentágono y la Secretaría de Estado.

Cada cual en su juego

Bush no tiene legitimidad internacional para actuar de sheriff planetario, sin embargo en octubre del 2002 las resistencias a su plan de guerra en Irak comenzaron a atenuarse.
Un mes más tarde, Bush logró dos triunfos contundentes: en las elecciones legislativas el Partido Republicano conquistó la mayoría en ambas cámaras, y el Consejo de Seguridad de la ONU aprobó una resolución que le despejó el camino para desarmar a Saddam Hussein.

Cada uno juega su propio juego, entre temeroso, imperial y mezquino. Se miran de reojo, desconfían, discuten y se enfrentan. Pero hay algo que todos recuerdan, que no pueden olvidar. Aquel día de marzo del '95, en la estación Tsukiji del subterráneo de Tokio. Aquella marea humana que bajaba por las escaleras mecánicas, recorría los interminables pasillos y descendía de los trenes. Aquel aire sin aroma que penetraba por la piel y las vías respiratorias. Aquellos diez segundos que tardaba en bloquear el sistema nervioso y provocar paro cardíaco.

Shoko Asahara era el líder espiritual de Aun Shimrikío (Verdad Suprema), la secta budista que había decidido adelantar el Apocalipsis. Tenía el dinero que Masami Tsuchiya necesitaba para crear en su laboratorio el arma que cumpliera el designio. Y reprodujo lo que inventaron los científicos nazis.

Cuando el gas sarín, veinte veces más letal que el cianuro, llenó el ambiente de la estación Tsukiji del subterráneo de Tokio, muchos estadistas comprendieron que las grandes devastaciones ya no serían necesariamente producidas por inmensas guerras entre estados, sino por lunáticos jefes de extrañas organizaciones con dinero para producir armas químicas y bacteriológicas.

Por eso podrán mirarse de reojo, discutir y hasta enfrentarse, pero comparten un mismo miedo atroz: las del siglo XXI pueden ser guerras privatizadas, en las que poderosos individuos adquieran la capacidad de provocar genocidios en los países opulentos.

Si algo faltaba para justificar el pánico era la imagen de los aviones incrustándose en las torres gemelas y convirtiéndolas en inmensas antorchas que se hundieron en el vientre de Manhattan.

Desde entonces, los líderes de las potencias discuten jugando su propio juego, entre temeroso, imperial y mezquino, pero hay algo que saben todos: sería muy extraño que los jefes del terrorismo no hayan tomado nota de la forma con que Shoko Asahara intentó adelantar el Apocalipsis.

Cálculos y reacciones

Rusia reaccionó primero enérgicamente en contra de una guerra preventiva contra Irak. Desde que Viktor Chernomirdin se convirtió en hombre fuerte del gobierno de Boris Yeltsin, Moscú concretó importantes negocios con el régimen de Saddam Hussein. Vladimir Putin y su canciller, Igor Ivanov, temen que si Washington instala en Bagdad un gobierno pro-norteamericano peligrarán los jugosos contratos que los iraquíes firmaron con los rusos. Por eso la reacción inmediata fue de rechazo a los planes bélicos de Bush. Pero a renglón seguido comenzaron a bajar el tono, calculando que un conflicto en Bagdad sería una buena pantalla para cubrir la operación en gran escala que el Kremlin planifica lanzar en la caucásica Georgia.

El presidente georgiano Eduard Shevardnadze contaba hasta ahora con el rechazo norteamericano a cualquier ofensiva militar rusa contra su pequeño país. El hecho de haber sido el ministro de Exteriores de Mijail Gorbachov que diseñó la "despolitización de la política internacional soviética" para iniciar el acercamiento a los Estados Unidos que terminó con la Guerra Fría, le permitió estrechar vínculos primero con George Shultz, el secretario de Estado de Ronald Reagan, y luego con James Baker, el canciller de Bush padre, lo que le ayudó a llegar a la presidencia georgiana siendo un mimado de la Casa Blanca.

Por eso Washington siempre frenó a Moscú en sus tironeos con el estado caucásico. Las tensiones comenzaron desde que Shevardnadze llegó al palacio de gobierno en Tiflis y comenzó a lidiar con las milicias de la República Rusa de Osetia del Sur que luchaban por anexar a los osetios cuyo territorio está bajo soberanía georgiana. A ese problema se sumó el de las guaridas que establecieron los guerrilleros chechenos del comandante Jamil Basayev dentro del territorio georgiano. Desde allí lanzaron los ataques que llevaron a Vladimir Putin a plantear un ultimátum: o Georgia aniquila a los guerrilleros chechenos o lo hará el ejército ruso dentro de Georgia.

La Casa Blanca le había advertido al Kremlin contra una operación de este tipo. Pero el momento se presenta propicio para un canje de permisos para atacar.

De aquí en más, los enojos y las advertencias podrían pasar a ser meras gesticulaciones de escenario. Además, cuando todo el mundo fije su atención en una guerra contra Saddam, pasarán a un inadvertido segundo plano los bombardeos que lanzará Rusia sobre Chechenia, Ingushetia, Daguestán y Georgia. Sobre cómo mantendrá Moscú los negocios acordados con Hussein...bueno, ya habrá tiempo de negociar con Washington.

Otras piezas del tablero

También Jacques Chirac bajó el tono de sus pataleos contra los planes bélicos de Bush. El desplante del presidente francés no respondía estrictamente a prolijas consideraciones internacionales. Después de todo, Francia no es precisamente un país que acepte la opinión del mundo cuando de decisiones militares se trata. Actuó contra las presiones internacionales en Argelia y, en las últimas décadas, lo hizo guerreando contra los musulmanes en la pequeña república africana del Chad y aplastando a sangre y fuego el justificado independentismo de Nueva Caledonia. Es más, cuando la ONU avalaba la moratoria de ensayos nucleares a la que había adherido el gobierno de Bill Clinton, París continuó realizando detonaciones submarinas en el Atolón de Mururóa, y hasta le hundió un barco a Greenpeace que había llegado a Tahití en trayectoria pacifista.

La inicial confrontación de Chirac con Bush respondió a una necesidad política y otra económica. La política, tiene que ver con la tradición francesa de resistir a las presiones norteamericanas cuando de cuestiones militares se trata, desde que en 1956 Washington obligara al general De Gaulle a poner fin a la guerra que franceses y británicos lanzaron contra Egipto porque Gamal Abdel Nasser había nacionalizado el Canal de Suez. La económica responde a los contratos que la petrolera francesa ELF firmó con Saddam Hussein. Sólo un régimen internacionalmente aislado y marginal podía otorgar a galos y japoneses concesiones como las que les otorgó Bagdad.

Resulta obvio que si los norteamericanos logran cambiar el poder en Irak, serán las empresas de los Estados Unidos las que obtendrán los nuevos contratos. Pero el tono de voz de Chirac fue cambiando en la medida en que llegaban a París señales estadounidenses que tranquilizan al directorio de ELF.

Al que no le llegaron señales tranquilizadoras es a Gerhard Schröeder. Más bien recibió gestos de abierta hostilidad por sus encendidos discursos contra una nueva guerra en el Golfo Pérsico. El canciller alemán no tiene que dar explicaciones sobre su decisión de no comprometer tropas nacionales en una operación diseñada a la medida de las necesidades de Bush, pero indudablemente la dureza de sus cuestionamientos implicaron la sobreactuación que requería la campaña electoral para lograr lo que logró: vencer al conservador bávaro Edmund Stoiber para mantener su gobierno de coalición con los verdes de Joshka Fischer.

También juegan su propio juego los pocos que aceptaron pasivamente desde el principio apoyar la nueva ofensiva de Bush y sus halcones. El español José María Aznar, entre otras cosas, porque todo lo que se haga bajo el rótulo de lucha contra el terrorismo cubre su renovada arremetida contra la ETA, que en este momento pasa por la ilegalización de Batasuna; mientras que Gran Bretaña, signada por el euroescepticismo que dejó Margaret Thatcher, se está convirtiendo en un país políticamente semi-europeo. Por eso necesitan compensar la debilidad que les implica pertenecer a medias a la Unión convirtiéndose en el principal aliado de los Estados Unidos en el viejo continente.

Las apuestas de Bush

Por supuesto que Bush es el que más apuestas tiene en este juego que él mismo comenzó. Muchas tienen que ver con la política interna. Otras son tan obvias como los intereses petroleros y estratégicos en términos políticos y militares que se juegan en el Golfo Pérsico, incrementados por el trámite de divorcio que Washington parece haber iniciado respecto a Arabia Saudita desde los ataques del 11-S. Pero hay una que tiene raíces profundas en el modo de vida americano.

El terrorismo colocó a los Estados Unidos frente al peligro de hacer que sus ciudadanos pierdan libertades públicas; el riesgo de que una sociedad abierta comience a cerrarse en defensa propia y de que un Estado creado para preservar la autonomía individual de repente empiece a adquirir rasgos totalitarios.

George W. Bush llegó al gobierno resucitando el proyecto reaganiano de un escudo espacial que preserve al país de una posible lluvia de misiles intercontinentales, pero los ataques en Washington y Nueva York introdujeron la convicción de que el máximo peligro es un ataque desde adentro. A la hora de enfrentar tal desafío, el riesgo es que los norteamericanos pasen a vivir bajo un estado policíaco. Y la sola idea les resulta insoportable. La misma disyuntiva les planteó la guerra que declaró Reagan contra el narcotráfico. La solución fue llevar el conflicto a los países donde se producen las drogas, para no vivirlo en el escenario donde se consumen.

Por eso la doctrina de los ataques preventivos, que no inventó Condoleza Rice ni Donald Rumsfeld, sino Israel durante el gobierno de Ehud Barak, resulta atractiva para muchos norteamericanos. Porque les permite confiar en que el Estado podrá protegerlos sin cerrar una sociedad abierta y sin perder las libertades individuales que conforman la esencia misma de los valores estadounidenses.

El novelista neoyorquino Paul Auster dijo que esos valores constituyen el espíritu de la democracia americana, pero señaló también que George W. Bush no los representa. El mundo dejó en claro que el actual inquilino de la Casa Blanca no tiene legitimidad internacional para actuar de sheriff planetario.

De todos modos, el camino para su ofensiva comienza a despejarse, en parte porque cada uno está jugando su propio juego. Pero también porque aunque se miren de reojo, desconfíen entre sí, discutan y hasta se enfrenten, hay algo que todos recuerdan, que no pueden olvidar: aquel día de marzo del '95, en la estación Tsukiji del subterráneo de Tokio.

Tribulaciones, lamentos y ocaso

Retrato del rey Fahd publicado en setiembre del 2002, que resume la historia y la estrategia de Arabia Saudita, país clave para comprender la decisión norteamericana de enfrentar al régimen iraquí.
Enfermo y desnudo de poder, el viejo monarca saudita sabe que Bush quiere derrocar a Saddam para que las petroleras de los Estados Unidos desembarquen en Irak.

Está cansado y tal vez su mente pasó definitivamente a retiro. Quién sabe lo que realmente piensa cuando su mirada escapa por los gigantescos ventanales del palacio para recorrer las cúpulas y los minaretes de la eterna Riyad. De todos modos, no importa demasiado, porque el país ya no está pensando en él. Ese país que se parece tanto a una empresa familiar, observa la legión de parientes que ocupan el "directorio" y conspiran entre sí disputando espacios de poder.

El viejo rey Fahd, con sus 81 años y el cuerpo paralizado por un ataque de apoplejía, ya no es parte de ese inescrupuloso juego. Sigue sentado en el trono de su padre Abdulaziz y tal vez no abdique hasta morir, pero el gobierno está desde hace siete años en las manos de su medio hermano.

Fahd ya nunca gobernará. Lo que no quiere decir que no siga preocupándole la suerte del reino que crearon sus antepasados. Sobre todo ahora, cuando sobrevuelan el Golfo y los desiertos densos nubarrones de guerra. Una guerra que parece inevitable, porque a Bush no le interesa que Saddam Hussein desmantele sus presuntos arsenales, sino que salga del poder con las manos en alto o quede sepultado en los escombros de su régimen.

Si al viejo rey aún le quedan ganas de pensar, percibirá que no hay posibilidad de un desenlace favorable para Arabia Saudita. Odia al dictador iraquí. Sabe que si hubiera consolidado la ocupación de Kuwait, los tanques de la Guardia Republicana habrían recibido desde Bagdad la orden de avanzar hacia el sur, invadiendo el resto de la Península Arábiga. Pero lo mejor para su familia es que Saddam no sea derrocado y que mantenga su posición desafiante. De ese modo, Irak seguiría aislado y sin poder volcar la totalidad de su producción petrolera en los mercados, lo que mantendría altos los precios internacionales del crudo y, por ende, los ingresos a las arcas sauditas. En cambio, si el régimen iraquí se derrumba en una guerra, Washington colocaría en Bagdad un gobierno que ponga fin a los contratos que Saddam firmó con las petroleras francesas y japonesas para que desembarquen las compañías norteamericanas. Y si eso ocurre, Estados Unidos ya no privilegiaría su alianza estratégica con la familia Saud.

Desde el 11 de septiembre del 2001, la Casa Blanca desconfía del país que es a la vez una empresa familiar. El doble juego sobre el que basó sus equilibrios estratégicos la dinastía saudita podría estar llegando a su fin.

Lo comenzó el rey Abdulaziz bin Al Saud, quien en 1902 se apoderaba de Riyad, reestablecía la soberanía sobre el Néyed y fundaba el reino de Arabia Saudita proclamando los rígidos principios religiosos wahabitas, a la vez que se asociaba con los norteamericanos en la compañía binacional Aramco para descubrir y explotar yacimientos petrolíferos.

Al morir Abdulaziz, hereda el trono Saud, el primero de sus 42 hijos varones, que funda la OPEP y profundiza el estado fundamentalista, aunque en 1962 abolió la esclavitud para mejorar la imagen ante Occidente. A esa altura de la historia los complots entre parientes ya eran un vicio familiar que crecía al compás de la multiplicación de yacimientos, y Saud tuvo que abdicar a favor de su hermano Faisal.

La política fue la misma: los principios del wahabismo imponiendo rigor religioso a la sociedad, mientras el clan real despilfarraba fortunas en los casinos de Montecarlo y abría suculentas cuentas bancarias en América y Europa.

Punto de inflexión

Maestro del doble juego, Faisal enfrentaba con la OPEP a las potencias industrializadas y colaboraba con las guerras contra Israel, pero se las arreglaba para mantener la alianza estratégica con Washington.

Así lo hizo hasta ese día de marzo del '75, cuando su sobrino, el emir Faysal ben Musaed ben Azíz, lo asesinó mientras rezaba sus plegarias. Entonces el trono pasó a manos de su hermano, Khalib Ben Adbulaziz.

Ya había grupos fundamentalistas que, como la secta que ocupó por la fuerza la Gran Mezquita de La Meca en 1979, repudiaban la doble filosofía de la Casa Real, cuando Khalil murió dejando el poder a su hermano Fahd. Pero el nuevo monarca continuó imponiendo los rigores del wahabismo al pueblo, mientras el derroche y los excesos seguían marcando la vida en los palacios. En todo caso, su apuesta para calmar el frente interno fue abrir los grifos de petrodólares para regar las arcas de los movimientos integristas del país y de todo el Oriente Medio. Pensó que con eso apaciguaba a los fanáticos y se daba aire para mantener la sociedad con Estados Unidos, país al que permitió usar las bases de Dahram para lanzar los bombardeos sobre Irak y la operación para liberar Kuwait.

En el marco de esa política había ordenado a su hermano Sultán que formara las milicias que combatirían contra los soviéticos junto a los mujaidines afganos. Y Sultán eligió al rico Osama Bin Laden, cuya familia había obtenido la concesión para mantener los monumentos sagrados con sus empresas constructoras, para que se encargue de la conformación y adiestramiento de ese cuerpo expedicionario.

El viejo doble juego de la casa real saudita funcionó a la perfección, hasta que las secretas y millonarias ayudas con que Fahd quiso comprar a las organizaciones ultrareligiosas desembocaron en una encrucijada: los fundamentalistas comenzaron a presionar a la monarquía para que rompa sus lazos con Occidente, al tiempo que usaban el dinero del rey para financiar actividades contra los Estados Unidos.

Los ataques al Pentágono y el World Trade Center marcaron el punto de inflexión. Desde entonces, Washington dejó de confiar en los sauditas y Bush, miembro de una familia ligada a los intereses petroleros, decidió que la única forma de controlar el crudo del Golfo Pérsico era haciendo desembarcar a las compañías estadounidenses en la región.

El impresentable Saddam Hussein es la excusa para que Irak se convierta en el socio que reemplace al reino wahabita.

Bien lo sabe el viejo rey y los hermanos que esperan el momento de ocupar el trono. Abdullah bin Abdulaziz al Saud, que gobierna como regente desde el ataque de apoplejía, comprende que el tablero político ha cambiado y que de poco le sirve haber ganado finalmente la confianza occidental para heredar la corona, ya que el estado que preside parece estar en trámite de divorcio con Washington.

También lo entiende Sultán, enfrentado con Abdullah por considerar que el trono pertenece a los sudairis, o sea los hijos que Abdulaziz tuvo con Hasa al Sudairi, de los que Fahd es el mayor. Si quiere conservar el cargo de Ministro de Defensa, deberá planificar nuevos sistemas de alianzas porque es posible que Arabia Saudita pierda la protección militar americana.

Nayef y Salmán, también hermanos de padre y madre con Fahd, estarán preocupados con el futuro cercano. Eterno ministro del Interior el primero y respetado gobernador de Riyad el segundo, entienden que ya no es tiempo de pensar en las futuras sucesiones sino de presionar a Saud, nieto de Abdulaziz y canciller, para que teja nuevos acuerdos internacionales que garanticen la estabilidad del reino.

Tal vez en todos ellos piense el viejo rey, aunque ninguno de ellos esté pensando en él, porque la apoplejía lo dejó desnudo de poder. O tal vez no piense en nada y simplemente deje escapar su mirada por los ventanales del palacio, para recorrer las cúpulas y los minaretes de la eterna Riyad.

Capítulo IV

El Oriente Medio, con el conflicto árabe-israelí como protagonista, es un factor clave en la ofensiva que el fundamentalismo lanza con los atentados antinorteamericanos y la contraofensiva con que responde Washington.

Por eso este capítulo parte de las frustradas negociaciones de paz realizadas bajo el mandato de Bill Clinton; incluye retratos de líderes como Ehud Barak, Shimon Peres, Yasser Arafat y Ariel Sharon; además de una postal sobre Siria (país clave en el conflicto) y el plan pacificador (hasta el momento sin implementar) del príncipe regente saudita.

Se decidió incluir también retratos de Yitzhak Rabin y Hussein de Jordania (que formaron parte de Crónicas de Fin de Siglo*) por tratarse de inmensos estadistas cuyas muertes agravaron las posibilidades de una solución negociada.*

Santa ciudad

Postal de la cumbre de Camp David realizada en julio del 2000, entre el entonces primer ministro israelí Ehud Barak y el líder palestino Yasser Arafat, con la mediación de quien presidía la Casa Blanca, Bill Clinton.

El fracaso de aquella negociación determinó el derrumbe del gobierno laborista israelí y la llegada al poder del Likud con Ariel Sharon a la cabeza.

El sol en Camp David no cae como en Jerusalén. Atraviesa intensas arboledas y se desparrama entre sombras hasta reposar manso, casi débil, sobre un césped profundamente verde.

En Jerusalén llega crudo, desnudo de ramas y hojas, para rebotar en la piedra amarilla de los muros. Es un sol que aprieta los párpados y lo domina todo, como en el desierto que se extiende alrededor de la ciudad. Esa ciudad tan expuesta a la luz y a la vez tan sumergida en la oscuridad. Tal vez porque el resplandor amarillo de las piedras aprieta los párpados impidiendo ver el futuro.

Quizá por eso Bill Clinton llevó a esos dos líderes a la sombra de Camp David. Soñando con que en el verdor de Maryland, con la frondosidad de los montes Catoctin, bajo un techo de árboles y sobre una alfombra de tulipanes y pasto, se ampliarían las pupilas permitiendo vislumbrar futuros distintos a los que hasta ahora los obsesionaron. Pero Jerusalén encandila con su refulgir amarillo, y los ojos de Ehud Barak y Yasser Arafat siguieron apretados como en el Oriente Medio.

Por eso esta cumbre resultó tan extraña, tan distinta, y a la vez tan cierta. Mortificante, pero cierta.

El inédito esfuerzo

Generalmente, las reuniones cumbres son para retratar fotogénicos apretones de mano enmarcados en cordiales sonrisas.

Los líderes llegan a tal instancia después de que sus técnicos, diplomáticos y estrategas lo arreglaron todo. Llegan a coronar con firmas, abrazos y declaraciones los tortuosos caminos que sus negociadores ya recorrieron. Monitorean los recorridos desde sus gubernamentales despachos y después corren a posar para los noticieros y las tapas de los diarios. Pero en Camp David, las cámaras se quedaron sin abrazos ni sonrisas ni históricas declaraciones. Bajo el sol atenuado por los árboles, sólo encontraron gestos duros, cabezas gachas, palabras medidas y miradas taciturnas. Encontraron a tres hombres encerrados en diálogos interminables. Mezquinos de optimismo, por momentos sumergidos en la desesperación. Encontraron horas que pasaban llenando días, que a su vez pasaban hasta poblar semanas. Con tres hombres atrapados en la obligación de un acuerdo y con pocos instrumentos para alcanzarlo. Encontraron discusiones que se prolongaban hasta el amanecer. Negociadores extenuados de hablar sobre mapas, empachados de café, mal dormidos y casi siempre convencidos de que todo resultaría en vano.

Tal vez Clinton pensó que para encontrar la paz de Jerusalén hay que alejarse mucho de Jerusalén. Pero los dos hombres que llevó a Camp David llegaron atrapados en la ciudad santa. Posiblemente nunca puedan salir de ella. Por lo tanto, es posible que la paz nunca pueda entrar en ella.

Sagrada capitalidad

En Tokio, siete poderosos estadistas de siete potencias industriales demoraron sus deliberaciones porque no llegaba el octavo. El presidente de los Estados Unidos quería aterrizar en Japón con un logro histórico en las manos. Quería abrir la Cumbre del Grupo de los Ocho anunciando el nacimiento del Estado palestino con el consenso israelí y la bendición de Norteamérica. Por eso demoró su partida esperando un acuerdo. Pero tuvo que conformarse con abordar el Air Force One después de que Arafat y Barak le prometieron que se quedarían en Maryland, discutiendo y buscando hasta lograr un pacto con el que lo recibirían a su regreso. En rigor, los encerró en Camp David; en esos mismos chalets que ocuparon Menahem Begin y Anuar el Sadat cuando Carter logró ponerlos de acuerdo sobre la Península del Sinaí. Pero si bien ese desierto representaba casi el noventa por ciento de los territorios que Israel ocupó en la guerra de 1967, no es Jerusalén. Y Jerusalén, como dice Bastenier, es la ciudad tres veces santa y dos veces prometida, porque el Dios único de los monoteístas se la prometió a judíos y musulmanes para que edifiquen en ella su capital eterna.

¿Cómo negociar sobre la promesa de un Dios? ¿Cómo discutir en la dimensión metafísica de las verdades reveladas? ¿Cómo conceder sin traicionar una identidad mitológica fundada sobre sagradas escrituras? ¿Qué Dios es el verdadero y cuál el falso?

¿El que anunciará el arribo del Mesías y el final de los tiempos cuando se reconstruya el último templo del rey Salomón? ¿O el que mandó al arcángel Gabriel a revelar su mensaje a Mahoma en el monte donde hoy se levanta la mezquita de Al Aqsa?

Vaya misterio de la teología. El curioso designio sagrado sobre la capitalidad de un Estado. Difícil de resolver en la tierra lo que desciende en pronunciamientos emitidos en las alturas. ¿En el séptimo cielo donde el profeta de los versos coránicos contempló la verdad beatífica? ¿O en el espacio donde Jehová creó la luz que iluminaba al rey David?

Ocurre que pronunciarse sobre la capital de un Estado es una cuestión política. Por lo tanto abre debates políticos que requieren soluciones políticas.

En eso están Yasser Arafat y Ehud Barak. Debatiendo una revelación politizada, o politizando una verdad revelada.

Todos los demás acuerdos, por difíciles que sean, resultan alcanzables. La cuestión de los refugiados palestinos, y la de las fronteras del país que está naciendo, y la de los colonos judíos de Cisjordania y Gaza. Pero cuando el debate llega a Jerusalén, las posibilidades de acuerdo se desvanecen. Porque ser dos de los dirigentes más laicos del Oriente Medio no les alcanza. Y el diálogo se pierde en la trama laberíntica que tejen las callejuelas de lo que los árabes llaman "Al Kuds" (la Santa). Esa ciudad tan expuesta a la luz del sol y a la vez tan sumergida en la oscuridad.

Cumbre sobre cumbre

Jiang Zemin recibió con un abrazo a Vladimir Putin. Se encerraron a deliberar en un palacio pekinés y poco después llegaron el apretón de manos con sonrisas y firmas para las cámaras. La cumbre fue como el normal de las cumbres. Con todo cocinado de antemano por los negociadores de ambos países. Y el pronunciamiento final insinuó un gran alumbramiento. Esos pactos que prometen influir en el tablero internacional. Nada menos que un acercamiento entre Rusia y China. Dos gigantes geográficos, de gran peso político y arsenales atiborrados de ojivas con megatones, buscando aliarse para contrapesar la hegemonía norteamericana. Dos potencias que se llevaron mal la mayor parte del tiempo en que compartieron la misma ideología; que disputaron sus hegemonías combatiendo indirectamente a través de países como Vietnam y Camboya, y que hasta tuvieron batallas con muertos y heridos como las que se produjeron en la frontera delimitada por el Río Amor, repudiaron juntas el intento de Washington de construir un escudo antimisiles y prometieron pararse en el mismo lado de la balanza para contrapesar el desequilibrio que favorece a los Estados Unidos.

Sin embargo, tamaña cumbre pasó casi desapercibida en la prensa internacional. El mayor espacio en diarios y noticieros fue para la extraña cumbre israelí-palestina.

¿Por qué el encuentro entre dos gigantes, cuya alianza puede replantear el tablero mundial, interesó menos que el de dos líderes cuyos acuerdos o diferencias sólo pueden influir en el Oriente Medio? ¿Por qué la cumbre entre un país pequeño y otro que aún no es tal, despertó más interés que la reunión entre dos potencias nucleares?

Posiblemente, porque con la cumbre Barak-Arafat, Washington tiene mucho por ganar, mientras que la de China y Rusia fue para atacar sus políticas hegemónicas.

Aunque también es posible que el mayor interés se explique en la curiosidad que despierta la búsqueda de un acuerdo que parece imposible. La curiosidad que sigue los pasos erráticos de dos hombres acosados por la historia y por las complejas tramas políticas de sus respectivos gobiernos. Con un primer ministro israelí cuyo progresismo laicista está limitado por los partidos religiosos como el Shas, que responden a las cerradas convicciones de los haredin, esos barbados seguidores del rito hasídico que inició Shem Tob en la Europa del siglo XVIII. Y Jerusalén se le vuelve tan santa, indivisible y capital eterna como para que no pueda discutir nada sobre su futuro. Igual que Yasser Arafat, debilitado frente a la intransigencia de Hammas, organización integrista para la cual renunciar a que el Este de la sagrada ciudad sea la capital del Estado naciente equivale a traicionar las batallas que Saladino libró contra los cruzados en el siglo XII para defender el Islam.

Parece más fácil que rusos y chinos puedan recrear un mundo bipolar, antes que Barak y Arafat logren un acuerdo que resulte potable a sus respectivos frentes internos. Por más que Clinton demore su partida a Tokio, los empache de café y los haga pasar noches en vela buscando una solución.

Ocurre que solucionar sobre mapas políticos los desacuerdos que plantean las escrituras sagradas se parece a un objetivo inalcanzable. Porque un mismo Dios prometió a dos pueblos la misma ciudad; o porque dos dioses prometieron lo mismo a sus respectivos pueblos. Entonces, bajo las arboledas intensas de Camp David, el diálogo se bifurca en monólogos. Y los ojos se cierran encandilados por ese sol que cae crudo, desnudo de ramas y hojas, sobre la increíble Jerusalén.

El poder de las piedras

Postal de la nueva intifada que estalla cuando el entonces líder opositor Ariel Sharon visita desafiante la Explanada de las Mezquitas, iniciando la espiral de violencia que debilitó al gobierno de Ehud Barak y a las negociaciones de paz.
En ella se resume la historia del movimiento sionista y las características del ejército israelí. Aparece además un primer retrato de Sharon, quien se convertiría luego en el primer ministro que endureció la posición del Estado judío frente a Yasser Arafat y lanzó salvajes ataques para responder a cada masacre perpetrada por los terroristas de Hammas y Jihad Islámica.

Nació con una obsesión: defender a los judíos. Que ya no sean vulnerables, que no sean blanco fácil de los pogromos, ni de las deportaciones, ni de los asaltos de aniquilamiento. Pero esa obsesión fundacional es precisamente su talón de Aquiles, porque ciertos desafíos lo criminalizan. Y ya no le sirve ganar batallas militares, porque está perdiendo guerras políticas.

El ejército israelí se derrota a sí mismo en la medida en que cumple su designio. El que se instaló en la mente de quien lo concibió. Porque su origen es incluso anterior al del Estado judío. Ese Estado que nació para que un pueblo deje de ser vulnerable.

Esa fue la convicción a la que llegó Tehodor Herzl cuando concibió el sionismo. El siglo XIX terminaba con un juicio que convirtió a ese periodista de Budapest en ideólogo de un movimiento apuntado a conseguir un territorio en el que una nación pudiera tener lo que nunca tuvo desde la diáspora a la que lo empujó el emperador Tito en el año 70 de la era cristiana.

Cubriendo el juicio al capitán Alfred Dreyfus para el diario *Die Neue Freie*, comprendió que los judíos corrían en Europa un peligro aún mayor del que significaban todos los ataques que ya había sufrido.

Coincidiendo con Emile Zola en su libro *Yo Acuso*, Herzl entendió que Francia juzgaba a Dreyfus no por el delito de traición que a todas luces no había cometido, sino porque era un judío escalando en la jerarquía militar. Entendió que nunca podrían tener armas para defenderse en esa Europa donde el antisemitismo crecía. Por eso escribió *El Estado judío*, impulsando la búsqueda de un lugar en el mundo para un pueblo que sufría los pogromos en Ucrania, Bielorrusia, Rusia, Polonia, Alemania y otros rincones europeos.

Esa parodia de juicio contra un capitán judío, le hizo ver a Herzl que lo peor todavía no había pasado. Por eso planteó el objetivo de crear un Estado. Fundamentalmente para que tengan el ejército que nunca tuvieron. El ejército era, en realidad, la obsesión inicial del sionismo. Esa fuerza militar que les diera la protección que nunca tuvieron. Pero para poder armarse y defenderse, necesitaban un país. No importaba tanto dónde. Por eso los sionistas se dividieron en territorialistas y antiterritorialistas. Para unos, cualquier rincón del planeta era válido con tal que les permitiese salir de la indefensión. Para los otros, tenía que ser en la tierra prometida. Aquella donde existió el antiguo reino de David y de Herodes. Pero en ambos casos, la obsesión fundacional era construir el ejército. Y el estado nació y tuvo su brazo militar. Y fue lo suficientemente poderoso como para vencer a los nuevos atacantes. En el Oriente Medio, el pueblo judío llegó a ser inexpugnable, porque su ejército logró ser invencible. Resistió triunfante las guerras del '48, y del '67, y del '73. Fue vencedor siempre que le tocó enfrentar otros ejércitos. No importaba cuántos fueran. Siempre vencía. Hasta que apareció un ejército que dejó de lado los fusiles y los tanques, para agarrar las piedras. Ese ejército de adolescentes y niños que le impide ganar batallas militares sin perder guerras políticas. Porque guerreando contra las piedras, los soldados israelíes se criminalizan. Se reducen a brutales policías, represores salvajes que asesinan para cumplir su designio: evitar que los judíos sean vulnerables.

Odio sobre odio

El odio liberó al odio y una escalada de desprecio se adueñó del campo de batalla. Difícilmente puedan hacer algo Ehud Barak y Yasser Arafat. Si la violencia decae, no será por las cumbres que impulsa Washington, ni los esfuerzos negociadores de Rusia, Europa y la ONU. Al rencor provocado por una ofensa religiosa sólo puede calmarlo una venganza en el mismo terreno: el de la religión. Tal vez por eso la furia palestina se atenuó tras la destrucción de la tumba de Josué. Esa furia estalló con la imagen de Ariel Sharon y una patota de guardaespaldas visitando la Explanada de las Mezquitas. Un hecho inadmisible, digno de un provocador de baja estofa. Nada menos que Sharon en el corazón islámico de Jerusalén. Nada menos que ese general. El mismo que diseñó en 1982 la Operación Paz en Galilea y que condujo al ejército israelí en la invasión del Líbano hasta ocupar la mismísima Beirut para atacar la sede de la OLP, obligándola a radicarse en Túnez.

Todos los cálculos de Sharon fueron erróneos y tuvieron consecuencias terribles para la propia Israel. Es el responsable de las masacres que los palestinos sufrieron en los campos de refugiados de Burj al-Barajne, Sabra y Shatila. Responsable incluso de las matanzas que contra los palestinos cometieron otras fuerzas, como la milicia cristiana de los maronitas, el Partido Socialista Progresista Druso de David Jumblait y la milicia chiíta Amal de Najib Berri. Y sus atropellos fueron también los culpables del odio anti-israelí de la comunidad chiíta libanesa, que en un principio, por su enfrentamiento con los refugiados palestinos instalados en los suburbios de Beirut, habían visto con buenos ojos la incursión del ejército judío.

Los estropicios de Ariel Sharon condujeron a Israel al desastre que implicó la ocupación del sur del Líbano para contener la sed de venganza que había sembrado en el país de los cedros. Sin embargo, aún actúa en la política israelí. Es más, desde que Netanyahu fue defenestrado, ocupa el liderazgo de la principal fuerza derechista: el Likud. Y sus impulsos de matón lo llevaron hasta la Explanada de las Mezquitas en el momento menos indicado para el raquítico proceso de paz.

La ofensa fue la chispa que encendió la furia de una nueva intifada. Esa ola de violencia que ni Barak ni Arafat pueden contener, pero que tal vez haya encontrado su punto de inflexión con el ataque a la Tumba de Josué. Una ofensa religiosa para vengar la ofensa de Sharon. Porque Josué es un patriarca clave en la historia antigua del pueblo judío.

Para muchos historiadores, el templo cercano a la ciudad cisjordana de Nablus en realidad no es la tumba del patriarca. De todos modos, ha sido siempre un punto de peregrinación hebrea y el sitio donde se encuentra una de las más importantes escuelas jasídicas. Por eso es posible que su destrucción vaya calmando lentamente la ola de furia que provocó la ofensa de Sharon.

La piedra en el talón

El general siempre genera las guerras que el ejército israelí no puede ganar. Puede vencer a ejércitos, pero no a guerrillas ni rebeliones populares. Del sur del Líbano tuvo que retirarse sin vencer a Hizbholla, y a renglón seguido le tocó enfrentar la lluvia de piedras que le hace perder la guerra política que se libra a nivel internacional. Y pierde porque la intifada lo convierte en criminal cuando el peligro se acerca al pueblo judío y activa su obsesión fundacional. Entonces apunta y dispara por todas las veces que no pudo hacerlo en Rusia y en Ucrania y en Bielorrusia y en Polonia y en Alemania y en todos los rincones europeos donde las comarcas judías vivieron siglos de indefensión frente a los pogromos y las deportaciones.

Dispara, mata y le hace perder batallas a Israel. El estado que nació en la convicción de un hombre que descubrió la vulnerabilidad de su pueblo y soñó un ejército que lo defienda.

El amo de la derrota

Retrato de Shimon Peres que se presenta a la vez como una postal de la política de Israel en agosto del 2000, mostrando en retrospectiva el avance de la derecha religiosa conquistando espacios de poder en un Estado que había nacido laico y progresista.
En aquel momento, Peres había perdido la elección por la presidencia, tras haber sido derrotado por Benjamín Netanyahu en el comicio para elegir primer ministro.
Luego sería el influyente canciller del gobierno laborista que presidió Ehud Barak y, tras la derrota de éste, un desdibujado ministro del gobierno del Likud encabezado por Ariel Sharon.

Parece que la derrota se ensañó con él. De un tiempo a esta parte la lleva puesta a todos lados. Pero no es por él, sino por lo que representa. Es una Israel la que está siendo derrotada. Quizá la que soñó Ben Gurión. Aquel fundador socialista que se atrevía a dejar el espacio religioso del nuevo Estado en manos de los ortodoxos porque, como explica Serge Shememann, desde su convicción progresista confiaba en que la sociedad seglar y colectivista avanzaría hasta hacer desaparecer a los judíos de la shtetl, dejando sólo el recuerdo de sus sacones y rulos cayendo bajo los sombreros negros.

169

El caso es que las derrotas de esa Israel ocurren en su persona. Lo golpean injustamente. Intentan demolerlo. Hasta comenzaron a borrar la sonrisa de esa cara que, por la dimensión de su boca, parece condenada a sonreír.

Si alguien merecía la presidencia, ése era Shimon Peres. Por el esfuerzo pionero que llevó de Europa a la "tierra prometida"; por el coraje que demostró en los campos de batalla; por la experiencia acumulada en todos los cargos que ocupó; por la austeridad y la honestidad que exhibió en cada uno de esos cargos; por su aporte a la construcción del poderío militar y nuclear del pequeño Estado que llegó a ser invulnerable, y por haber comenzado a cambiar la historia como canciller de Yitzhak Rabin al haber sido el ideólogo de las negociaciones secretas de Oslo. Pero en la votación de la Knesset, lo venció un político gris, de bajo vuelo intelectual. Un eterno parlamentario nacido en Irán, sin más experiencia gubernamental que haber sido el intendente de Kiryat Malaji, pequeña comarca de inmigrantes, además de ministro de turismo y vicepremier en los últimos gabinetes del Likud.

El opaco Moshé Katzav le arrebató la presidencia porque sus intrascendentes discursos siempre citan la Torá y prometen respaldo eterno a los colonos que decidieron vivir armados hasta los dientes en las entrañas de Cisjordania.

El mérito de perder

La derrota no siempre castiga errores. A veces aparece como una extraña mueca de la historia para señalar aciertos. Ése debe ser el caso de Shimon Peres. Un político inmenso condenado a perder frente a "politiquejos". Como Benjamín Netanyahu, que sin más trayectoria que la del agitador bravucón que con sus exaltadas acusaciones de traición empujó el dedo de Yigal Amil sobre el gatillo que perforó a Rabin en Tel Aviv, venció al artífice de un diálogo que aplaudió el mundo y premió el Comité Nobel, en la primera elección directa de un primer ministro.

¿Por qué siempre le dan la espalda los votos? ¿Por ser demasiado blando? ¿Por conceder más de lo que aconseja la seguridad de Israel? Absurdo. A las negociaciones siempre las encaró desde la convicción de que los árabes debían aceptar las consecuencias de las guerras que ellos mismos lanzaron contra Israel. Alguna vez escribió que "es muy fácil cascar huevos y hacer tortilla, pero imposible reconvertir la tortilla en huevos", para explicarle a sus vecinos que las guerras del '48 y del '67 crearon una tortilla cuya división puede negociarse, pero que nunca puede volver a convertirse en huevos. Con ese enfoque asesoró a Ehud Barak para la negociación de Camp David. La idea aparentemente paradójica de conceder imponiendo concesiones; entendiendo y haciendo entender que Israel necesita profundidad estratégica, pero los palestinos necesitan los mismos territorios que aseguran la profundidad estratégica de Israel.

¿Acaso no transitó por esa fórmula la negociación entre Menajen Beguin y Anuar el-Sadat? ¿Acaso el acuerdo con Egipto, hasta hoy sólido y vigente, no fue posible por la devolución del Sinaí a cambio de su desmilitarización?

A Shimon Peres lo derrotan quienes aún no entienden lo que él pudo entender: ser inexpugnable para los ejércitos árabes ya no garantiza la seguridad de Israel. El sur del Líbano le dio la razón. El ejército judío es infinitamente superior a los otros ejércitos, pero no puede vencer guerrillas, ni condenarse a torturar y reprimir en el marco de eternas intifadas.

A Shimon Peres lo derrotaron quienes desprecian la idea de "fronteras blandas" que desarrolló en su libro *Medio Oriente Hora Cero*, en la que parte de la concepción de "soberanía en la jurisprudencia" que planteó Hugo Grocio en el siglo XVII, para llegar a la conclusión de que el muro que el sultán Suleimán construyó sobre los fundamentos de la muralla del rey Herodes, no debe impedir a nadie llegar a cualquier lugar de Jerusalén, para que siempre se escuche la oración del rabino, del almuédano musulmán y del coro cristiano.

A Shimon Peres lo derrotó la derrota de una Israel laica y progresista, frente a otra que crece desde oscuras y beligerantes ideas religiosas.

Tal vez el error de los que procuran un Estado moderno y multiétnico como el que comenzó a construir el pionero azkenazi, es no librar la batalla contra esos rabinos ortodoxos que en el '48 rechazaban el sionismo y sin embargo hoy manejan el estado y se nutren de él.

Tal vez el error fue pensar que la unidad y el entendimiento entre la Israel laica y la confesional eran posibles. Y por eso Ehud Barak malgastó su triunfo electoral intentando una coalición imposible con los fundamentalistas del Partido Religioso Nacional, el Partido Bealya (de los inmigrantes rusos) y el Shas, ese movimiento sefaradí que se convirtió en la tercera fuerza del país. Barak se siente traicionado porque el Shas, que nunca fue sionista, tradicionalmente se mantuvo en posiciones pacifistas. En cambio ahora bombardea sistemáticamente las negociaciones y muestra adicción por el soborno al canjear apoyo parlamentario por dinero para mantener las yeshivas, esas escuelas donde se forman los ultraortodoxos.

El error fue no entender que se trata de un partido fundamentalista, o sea esencialmente demagógico, lo que implica, hoy por hoy, canalizar el fanatismo de los colonos.

Quizá si hubiese vislumbrado la dimensión del enfrentamiento entre la visión laica y la confesional, los laboristas no hubieran intentado esta coalición que los condena al fracaso. Quizá debieron librar la gran batalla, conformando una alianza con el Meretz, los comunistas del Jadash, el partido laico Shinui y las pequeñas fuerzas árabe-israelíes, apostando a lo que intelectuales como Efraim Davidi describen como "un país civil", o sea la "res-pública" que implica la contracara de un "país comunitario".

La guerra y la paz

"Somos un pueblo en constante agonía", dijo Hartman, tras describir "una sociedad remanente que todavía se pregunta si podrá asumir la libertad en una nación plural".

Ismar Schorsch, desde el Seminario Teológico de Nueva York, intenta responder explicando que "es la primera vez en muchos siglos que los judíos ejercen el poder, teniendo por lo tanto que resolver la adaptación religiosa de la existencia de un Estado, ya que todos sus modelos políticos provienen de acuerdos comunales y no nacionales".

El hecho es que la visión de los fundamentalistas ortodoxos, que a través de los tiempos fomentaron el aislacionismo como forma de defensa contra la asimilación, están conquistando el escenario político. Pero, ¿cuándo comenzó a perder terreno el proyecto occidental de una sociedad moderna y multiétnica? Posiblemente en 1977, cuando la derecha laica del Likud recurrió, para quebrar el largo monopolio laborista, a una coalición integrada por las fuerzas religiosas. Desde entonces, el fundamentalismo no dejó de crecer en la órbita del poder político. Aunque las batallas abiertas contra el laicismo fundacional comenzaron cuando Israel se convirtió en una potencia. Económicamente vigorosa y militarmente invulnerable, perdió el miedo a sus eternos fantasmas. Y en la medida en que perdía el miedo, perdía también su capacidad de entendimiento mediante el "debate respetuoso", uno de los pilares de la tradición judaica.

Sin enemigos externos en condición de doblegarla, Israel comenzó a pelear consigo misma. A dividirse entre democracia y teocracia, entre azkenazí y sefaradí o entre concesión e intransigencia.

En *La guerra de los rabinos*, Shememann sostiene que "cuando existían el gueto, el antisemitismo institucional o la guerra contra los árabes, las estrategias de supervivencia trazadas a través de los milenios impusieron la cohesión. Pero el nuevo Estado logró poder y prosperidad antes de resolver sencillamente lo que era, y las antiguas estrategias naufragaron cuando la unidad dejó de ser un requisito existencial".

¿Cómo pensar que se equivoca, cuando la realidad muestra que la paz con los árabes divide lo que la guerra contra los árabes unía? Ningún judío mató a un estadista israelí cuando se luchaba contra la naturaleza en el Neguev mientras se combatía contra los tanques sirios, egipcios y jordanos. El magnicidio llegó con el Neguev florecido, la Alta Galilea industrializada y los ejércitos árabes quietitos detrás de las fronteras que trazó la Guerra de los Seis Días.

El hecho es que en las batallas internas de este país enfrentado a sí mismo, los fundamentalistas parecen avanzar a paso redoblado. Y sus victorias pueden leerse en la derrota que se ensañó con Shimon Peres. Ésa que, de un tiempo a esta parte, siempre lleva puesta a todos lados. Aunque lo importante es comprender que la derrota no siempre castiga errores. Porque a veces aparece como una extraña mueca de la historia para señalar los aciertos de un político imponente.

El genio sin lámpara

*Retratos de Ehud Barak y Ariel Sharon en julio del 2000,
tras la elección en la que el primer ministro laborista perdió
el cargo frente al intransigente líder del Likud.
El resultado del comicio, consecuencia del rechazo de Arafat
a las concesiones que ofreció Barak en la cumbre de Camp
David, fue determinante para la espiral de violencia en la
que se sumergieron posteriormente palestinos e israelíes.*

No podía perder contra Sharon. Lo descartaba de plano aunque lo gritaran a coro las encuestas. Al fin de cuentas, construyó su historia afrontando misiones imposibles. Y siempre consiguió su objetivo. Arriesgándolo todo; apostando fuerte, jugándose el pellejo y haciendo funcionar su cerebro como una computadora infalible a la hora de diseñar estrategias para ejecutar las más complejas y temerarias operaciones.

No podía vencerlo una mente elemental como la de Ariel Sharon. Él era un comando de elite; un cuadro de la inteligencia militar preparado para afrontar situaciones de riesgo en las que las posibilidades de salir con vida eran siempre mínimas. Sin embargo nunca falló, por eso su uniforme se fue poblando de condecoraciones.

En cambio el general Ariel Sharon era un guerrero valiente y obstinado, pero incapaz de dominar sus odios en el campo de batalla. Aunque las encuestas anunciaran lo contrario, a la hora de las urnas Israel apostaría su seguridad y su futuro a la inteligencia más aguda y más sutil. Y en ese rubro, nadie se equipara a Ehud Barak.

Por eso confiaba a pesar de todo. Porque Israel suele buscar en sus líderes la conjunción del héroe y el genio militar. Como David, que afrontó valientemente una lucha desigual y logró el triunfo recurriendo al ingenio. Osadía y lucidez es lo que espera el pueblo judío de sus estadistas. Osadía y lucidez fueron precisamente sus armas.

Nunca le importó lo difícil que pudiera parecer la misión que le encomendaran. Es más, siempre parecían imposibles. Como aquella operación en Cisjordania, bajo la nariz del enemigo. ¿Cómo llegar hasta el corazón del área controlada por los milicianos palestinos? ¿Cómo secuestrar a un jeque custodiado por una legión de combatientes coránicos entrenados en la lucha suicida? Ehud Barak lo hizo. Recorriendo una aldea árabe disfrazado de mujer; burlando guardaespaldas y enjambres de guerrilleros; sorprendiendo a su presa y regresando sano, salvo y victorioso a su cuartel. Era el mejor comando de elite de uno de los ejércitos más profesionales del mundo. El que siempre dijo "misión cumplida" a los generales que le encomendaban las operaciones de alto riesgo y mínima probabilidad de éxito. Por eso se convirtió en el soldado más condecorado de toda la historia de Israel.

Si pudo vencer en condecoraciones al mismísimo Moshé Dayán, ¿cómo iba a ser doblegado en las urnas por Sharon? Dayán lucía como condecoración el parche en el ojo que perdió haciendo volar un nido de metrallas. Se arrastró bajo las balas hasta el escondrijo del enemigo. No mandó a uno de sus hombres, fue él mismo, y metió la granada por la ventana sabiéndose expuesto a la explosión. Una esquirla le dejó en la cara la más valiosa de las condecoraciones: el parche negro que todos los militares del mundo respetaron con admiración. Sin embargo, Ehud Barak lo superó en reconocimiento. Con menos fama internacional, porque él era un cuadro de la inteligencia militar. El carácter ultrasecreto de todas sus misiones lo condenaba al anonimato. Pero cuando salió del ejército y se conocieron sus hazañas, toda Israel pudo contar las medallas ganadas. El número resulta imponente. Inalcanzable sólo por el coraje. Inaccesible sólo mediante la inteligencia. La cifra es el resultado de la suma de valentía y brillo intelectual.

Esa suma lograría también el resultado buscado en las urnas. Barak confiaba ciegamente en eso. Si había sobrevivido a tantas misiones detrás de las líneas enemigas; si había burlado a los agentes sirios, los milicianos libaneses y los cuadros terroristas mejor adiestrados de Hamás y Jihad Islámica, no perdería una elección frente a un general torpe y desaforado. Esa derrota no tenía lógica para una mente como la de Barak. Sin embargo, después del escrutinio, no pudo decirle a su partido "misión cumplida".

La desmesura

La gordura lo obliga a caminar con la cadencia de una foca. Todo en él tiene los signos de la desmesura. Su voz atronadora disparando palabras fuertes y beligerantes; su mirada desafiante y con el impacto de una declaración de guerra; su gesticular grandilocuente con el mensaje mímico de la amenaza. Poco y nada se parece Ariel Sharon a aquel soldado rubio y ágil que arriesgaba el pellejo en los combates más encarnizados.

Eso sí hay que reconocerle: era valiente y osado. Lo demostró en la guerra del '48, cuando avanzó hacia las posiciones egipcias bajó una lluvia de balas. El proyectil de un Kalashnikov le abrió un surco en la sien y su sangre regó las piedras del desierto, pero vació el cargador de su fusil cubriendo a sus camaradas. Y regresó del Sinaí con los méritos para escalar en la jerarquía del ejército.

Lo suyo era la guerra. El grito tartamudo de las ametralladoras y la estampida seca de los morteros fueron su canción de cuna. Pasó la infancia con más armas que juguetes. Vio combatir a su padre y a su madre. En sus oídos, las palabras árabe y enemigo sonaban igual. Por eso el odio siempre se impuso en su cabeza opacando al estratega. Quedó claro en el '53, cuando dirigió el batallón al que le tocó perseguir comandos palestinos que habían perpetrado un ataque dentro de Israel. Incursionó con sus hombres en Transjordania. Se abrió paso a sangre y fuego entre divisiones del ejército jordano, y alcanzó a sus enemigos en Qibya. Después de vencer en el combate, dio la orden de dinamitar la aldea. Entre los escombros había 63 cadáveres. Algunos eran de mujeres y niños.

Dice Ariel Sharon en sus memorias que había anunciado por altavoces sus planes y que esperó el tiempo suficiente para que todos abandonaran el pueblo. Afirma que las víctimas fueron quienes no lo oyeron por estar escondidos en los sótanos. Sea como fuere, la batalla ya estaba ganada y no había razón para dinamitarlo todo. Pero el joven capitán pensaba con el odio y convertía victorias militares en derrotas políticas para Israel.

En la guerra del Yom Kipur logró mejorar su imagen. El triunfalismo por la espectacular victoria de junio del '67 parecía naufragar en 1973. El Estado Judío estaba jaqueado y fueron las fuerzas comandadas por Sharon las que comenzaron la revertir lo que parecía una derrota inevitable, al lograr romper las líneas egipcias llegando hasta el Canal de Suez. Pero al comenzar la década siguiente, en el escenario libanés volvió a mostrar que sus odios viscerales obnubilan su capacidad táctica y estratégica. Como ministro de defensa, diseñó la operación "Paz en Galilea" y llevó sus tanques hasta el corazón de Beirut para aplastar la cabeza de la OLP. No logró atrapar a Yasser Arafat, que con su aparato político-militar se instaló en Túnez, y al permitir que el ejército maronita masacrara a los palestinos en los campos de refugiados de Sabra y Chatila, apareció ante la opinión pública mundial como el genocida responsable de un brutal crimen israelí. Otra derrota política para el Estado Judío. Los árabes se habían exterminado entre ellos, como en el "septiembre negro" de Jordania, pero el general israelí lo había permitido y el mundo se fijó más en ese crimen que en las masacres entre árabes.

Además, los rencores que despertaron sus torpezas hizo que hasta los chiítas, que primero aplaudieron la incursión israelí, se terminaran volviendo en contra. Y el ejército judío quedó empantanado en el Líbano.

No fue la última vez que los atropellos de Sharon tuvieron consecuencias terribles para la propia Israel. Cuando rodeado de dos mil soldados se encaminó hacia la explanada de las Mezquitas, quería provocar el caos que hiciera fracasar las concesiones de Barak para un acuerdo de paz con Arafat. Lo logró, pero al desmesurado precio de una nueva intifada, con medio millar de muertos y otra derrota política para Israel.

El genio

La inteligencia de Barak es única en su tipo. Puede resolver ecuaciones astrofísicas como los mejores científicos de Cambridge; puede sentarse frente a un piano y ejecutar una pieza de Rachmaninov con el virtuosismo de los buenos concertistas y puede realizar las misiones más peligrosas en territorio enemigo. Pero no pudo desentrañar el enigma de Arafat. Su fórmula para resolver la complicada ecuación del poder palestino llegó a un resultado erróneo.

La osadía siempre fue su carta triunfal. Se animó a sacar al ejército del pantano libanés en que lo había metido Ariel Sharon, y con la misma estrategia de imponer a Israel lo que parece imposible, jugó fuerte ofreciendo a los palestinos una parte de Jerusalén. Pero echando por tierra sus cálculos, Arafat dijo que no. Y ya nadie lo consideró infalible.

Por eso el candidato de la izquierda debió ser Shimon Peres. Tenía más chances de ganar; lo gritaban las encuestas. Pero Barak no creía en las encuestas. No aceptaba nada que anunciase una derrota. La descartaba de plano. Al fin de cuentas, construyó su historia afrontando misiones imposibles. Y siempre consiguió su objetivo. Arriesgándolo todo, jugándose el pellejo y haciendo funcionar su cerebro como una computadora infalible. Por eso no podía vencerlo una mente torpe y elemental como la que finalmente lo venció.

El dilema de Arafat

Diciembre del 2001, con Yasser Arafat sitiado por los tanques israelíes que envió Sharon a su residencia de Rammallah, situación que se repitió, casi en idénticos términos, sobre finales del 2002.
La frustrada negociación de Camp David ronda el paisaje que describe esta postal, porque el líder palestino parecía sufrir las consecuencias de su rechazo a la oferta recibida con la mediación de Bill Clinton.

Es difícil saber qué piensa, qué siente. Con los tanques a sólo cien metros de la residencia presidencial; con Rammallah repleta de soldados israelíes, es difícil saber si está acosado o si su encierro es parte de un plan que se cumple según sus propios cálculos.

Siempre es difícil saber si Yasser Arafat es prisionero de las circunstancias o es el artífice de las situaciones que parecen aprisionarlo.

Allí, en la residencia rodeada de tanques enemigos, escuchando a Sharon proclamarlo un cadáver político, un capítulo cerrado, un cero a la izquierda, se parece a un líder doblegado. Un estratega al que le fallaron los cálculos y desembocó en un callejón sin salida. O un estadista con menos poder que las organizaciones fundamentalistas que libran su propia guerra contra el Estado judío, y que lo convirtieron en un títere destinado a actuar en negociaciones que nunca desembocan en acuerdos.

En todo caso, parece atrapado por una situación que él mismo creó, como víctima o como victimario. Posiblemente, a estas horas repletas de tanques se pregunte si hizo bien en decir "no" aquella vez en Camp David; mientras el mundo se pregunta si aquel "no" salió de su propia convicción o de su condición de rehén de Hammas y Jihad Islámica. Lo cierto es que su negativa le abrió la puerta del poder a Sharon, mientras condenaba a la derrota al afán negociador de la izquierda israelí.

Ehud Barak era un primer ministro débil. La única carta que le quedaba era ofrecer en Camp David una concesión que Arafat no pudiera rechazar. Bill Clinton jugaría a su favor, porque quería dejar la Casa Blanca con un gran acuerdo que reviviera el diálogo de paz en Oriente Medio. Parecían tres palomas que buscaban desesperadamente recuperar un escenario del que se habían adueñado los halcones. Y el líder israelí apostó fuerte, ofreciendo al jefe palestino una porción de Jerusalén.

La magnitud de la oferta podía medirse y resultaba inmensa si se tiene en cuenta que se trata de la siempre proclamada "capital única, indivisible y eterna del pueblo judío".

El premier israelí apostó a la histórica concesión como única forma de cerrar el paso a la marcha que Ariel Sharon inició hacia el poder cuando se encaminó rodeado de matones hacia la Explanada de las Mezquitas. Sabía que ese gesto resultaría una profanación para los palestinos y que estallaría una nueva intifada. Sabía que en ese marco crecería la influencia de las organizaciones armadas que no quieren el diálogo porque lo que buscan es una guerra total para borrar del mapa a Israel. Sabía que la espiral de violencia debilitaría el diálogo de paz y precipitaría el colapso del gobierno laborista. Por eso la segunda cumbre de Camp David era la última oportunidad para generar un hecho que detuviera la confrontación violenta y recreara las condiciones para un nacimiento concertado del Estado Palestino.

Barak se jugó al todo o nada, y Arafat lo dejó con un puñado de nada al rechazar la oferta con aquel "no" cerrado, contundente y en gran medida incomprensible.

Ese rechazo convirtió a Ehud Barak en una sombra encaminada a la derrota electoral, y al esfuerzo negociador de la izquierda israelí en un gigantesco fracaso.

Ese "no" cerrado y contundente le regaló a Sharon el gobierno de Israel, y el argumento para aplastar con tanques la mesa de negociaciones.

Sharon en su salsa

Ariel Sharon está haciendo lo único que podía esperarse que haga Ariel Sharon: hablar con la voz de los cañones.

Después de todo, forjó su leyenda combatiendo a los egipcios en la Península del Sinaí, y persiguiendo implacablemente guerrilleros palestinos en Cisjordania.

Nunca dejó de ser el general que ordenó la invasión del Líbano, logró desplazar a Moshé Dayán del puesto de principal enemigo de Arafat y nunca dejó de vociferar su desprecio al líder palestino.

Siempre creyó, como Voltaire, que "Dios está del lado de los batallones más fuertes". Su dios guerrero es el mismo que, según Eurípides, "detesta a los que vacilan". Y para él negociar es conceder, y conceder es vacilar en un campo de batalla.

Hasta el intransigente Netanyahu aparecía en sus discursos como una paloma tembleque y claudicante. Y como jefe del Likud en la oposición, su lectura sobre la negociación de paz fue única e invariable: negociar con Arafat es un acto ingenuo y pusilánime, porque el líder palestino es un adicto a la mentira, que siempre borra con el codo lo que escribe con la mano.

Por eso aquel "no" de Camp David derrotó al sector israelí que consideraba al presidente de la Autonomía como el único interlocutor posible y convirtió en discurso dominante al razonamiento según el cual a los palestinos hay que imponerles todo, incluido un Estado independiente, porque la intención final, proclamada u oculta, es aniquilar al Estado judío.

Pues bien, hete aquí la consecuencia: Ariel Sharon cumpliendo a la perfección y a sus anchas el rol de Ariel Sharon. El general que habla con la voz de los cañones.

Las mil caras de Yasser

Si bien reconocía que el engaño es detestable, Maquiavelo afirmaba que su empleo en la guerra es totalmente legítimo y, por ende, el que vence a su enemigo por medio del engaño "merece tantas alabanzas como el que lo logra por la fuerza".

¿Es este principio maquiavélico la base de la estrategia de Arafat?

El líder palestino había logrado convencer a la izquierda israelí, a Clinton y a los gobiernos europeos. Hasta el rechazo de Camp David, el Partido Laborista y el Meeretz pensaban que el presidente de la Autonomía realmente no podía evitar que Hammas y Jihad Islámica realizaran atentados suicidas y que la única posibilidad para Israel era fortalecerlo al precio de concesiones. Al fin de cuentas, expandir los asentamientos de colonos judíos en lugar de retirarlos de Gaza y Cisjordania es una aspiración israelí insostenible y violatoria de los principios pacificadores establecidos en Oslo.

Pero cuando Arafat firmó la defunción del gobierno laborista, la izquierda israelí quedó con la mente en blanco y decidió rendirse electoralmente porque su único plan había fracasado.

¿Cuál es el verdadero Arafat? ¿El que reclamó a los palestinos detener los actos de violencia, o el que tres días después exhortó a nuevos atentados suicidas?

Tal vez sea los dos, porque ésa es su estrategia. O tal vez sea los dos porque la complejidad de la situación que enfrenta lo obliga a un equilibrio plagado de contradicciones.

El dilema del jefe palestino sería encarnar eternamente una condición antagónica: por un lado mantenerse como el socio de la paz para los israelíes, y por otro como el líder de un movimiento de resistencia antiisraelí. En rigor, es el único presidente del mundo sostenido en dos pilares que se contradicen y repelen entre sí, y su equilibrio complejo y absurdo se mantiene en la medida en que no exagera ninguno de los dos roles.

Pero en las rudas y elementales convicciones de Ariel Sharon las cosas son más simples. Para el primer ministro, su Estado afronta una situación bélica y, en tales circunstancias, adhiere plenamente al principio de Von Clausewitz, según el cual "la guerra es un acto de violencia cuyo objeto es obligar al enemigo a realizar nuestra voluntad".

Este razonamiento esquemático y simplista lo convierte en enemigo de las negociaciones y, por ende, le hace el juego a Hammas y Jihad Islámica, lo que deriva también en horrorosas contradicciones.

Por ejemplo, cada vez que puso como condición al diálogo la ausencia de atentados durante determinados lapsos de tiempo, no hacía más que otorgar a los fundamentalistas palestinos un virtual poder de veto sobre dicho diálogo. En otras palabras, decirles a los enemigos de la negociación que la misma depende de la ausencia de atentados, equivale a invitarlos a realizar atentados para alcanzar su proclamado objetivo: frustrar la negociación.

En síntesis, la política de Sharon genera los brutales ataques que dice repudiar. Y tal vez lo hace conscientemente, con el objetivo de llevar la situación hacia el único ámbito en el que se siente cómodo: el campo de batalla. Por eso le exige a la Autoridad Palestina lo que los gobiernos israelíes tampoco pueden hacer: desarmar a sus propios extremistas.

Esa impotencia quedó en claro cuando Ygal Amil asesinó a Yitzhak Rabin, o cuando el colono Baruch Goldstein entró en una mezquita y provocó una masacre con su ametralladora.

El hecho es que fue el propio Arafat quien sacó del gobierno israelí a un estadista para colocar un general.

¿Fue un error de cálculo? ¿Sobreactuó su rol de héroe providencial palestino haciendo peligrar su rol de interlocutor del Estado judío?

Tal vez él mismo se haga estas preguntas ahora que está acorralado en Rammallah. Pero es difícil saber qué piensa y qué siente.

Siempre es difícil saber si Yasser Arafat es prisionero de las circunstancias o es el artífice de las situaciones que parecen aprisionarlo.

El poder después del poder

Postal del régimen sirio al llegar al poder Bashir al Assad en junio del 2000, tras la muerte de su padre Hafez al Assad, uno de los principales protagonistas de las últimas cuatro décadas en el Oriente Medio.
En los primeros años de su gobierno, fue muy poco lo que hizo (o pudo hacer) para corregir el rumbo trazado por su padre. De todos modos, Siria moderó su perfil beligerante.

Latinoamérica al menos tuvo el pudor de expresar en el realismo mágico la dimensión absurda de sus despotismos.

Para profundizar en su historia y señalar sus defectos, no le alcanzaba la teoría política, por eso tuvo que recurrir a la literatura. Para entenderse y corregirse, no servían los manuales ni las disecciones de la sociología. Y se buscó en la imaginación frondosa de los escritores. Por eso se encontró a sí misma en la ficción de la novela, y no en los razonamientos de la politología. Pero el Oriente Medio no parece aún dispuesto a buscar la racionalidad reconociéndose en la profundidad del absurdo. Esa dimensión donde lo descabellado adopta poses de solemnidad y se presenta ante el mundo como si fuera lo más normal del mundo. El escenario que impone la obligación de creer en lo increíble. Entonces la lógica sede su lugar al azar y el futuro pasa a depender de un hombre. Siempre de un hombre y nunca de un sistema. Como la Siria que creó Hafez al-Assad. Ese país donde resulta imposible saber si la realidad tiene algo que ver con lo visible. Porque lo visible son lágrimas, muchas lágrimas, un océano de lágrimas. Las necesarias para despedir a un santo, un ser magnánimo y salvador, constructor del bienestar y la felicidad. Un ser único e irremplazable. Sólo por un líder así pueden llorar como lloraron los parlamentarios y los ministros y los generales y los soldados y los campesinos y los oficinistas y todos los sirios que pasaron frente a una cámara de televisión durante los funerales. Pero ¿cómo creer en esas lágrimas, si sobre ellas navegaba hacia su tumba en Qardahah el féretro del León de Damasco?

El conflicto perpetuo

La victoria final de un creador de miedos es provocar miedo aún después de muerto. Y hasta el momento, Assad lo está logrando. Nadie se atrevió a no llorarlo. Nadie se atrevió a discutirle a su cadáver la designación de su hijo como heredero del poder. Posiblemente nadie se atreva a creer que está muerto sólo por el hecho de que se murió.

Es que siempre fue un maestro en el arte de conspirar y de hacerse temer. Por eso, desde joven, en la tribu Al-Matawira del clan alawita al que pertenecía, lo llamaban "wahish" (el salvaje), y por esas dotes de guerrero implacable es que logró, a pesar de ser chiíta, ingresar a la academia militar de Homs (el West Point del Medio Oriente).

Tenía todo lo que hay que tener para ser temido: la estatura de un gigante y la habilidad temeraria que lo hizo ganar trofeos de acrobacia aérea piloteando cazabombarderos Mig.

Esos trofeos lo hicieron llegar a general (mariscal del aire, como prefería ser llamado), y le abrieron las puertas del Partido Baath, esa expresión del socialismo árabe que impulsó en 1947 un puñado de republicanos nacionalistas que se reunía en el café Al Rachid, en el corazón de Damasco.

De ahí en más todo fue conspirar, traicionar y aplastar a quien se cruzara en su camino. Y se convirtió en un líder invencible, porque logró lo que sólo logran los líderes invencibles: derrotar a la derrota. Esa fue su gran habilidad. Construir poder desde sus fracasos. Eso es vencer la lógica y edificar el absurdo.

Hafez al-Assad fue el Ministro de Defensa que planificó los ataques sirios contra Israel en 1967. Por eso la aplastante victoria judía en la Guerra de los Seis Días debió aplastarlo con la conquista de las Alturas del Golán. Sin embargo no lo hizo, y tres años más tarde, cuando el gobierno sirio quiso cumplir los acuerdos que tenía con la OLP enviando su ejército a defender a los palestinos que estaban siendo masacrados en Jordania, él traicionó a Yasser Arafat y dejó que diez mil palestinos fueran aniquilados mientras enviaba su ejército a Damasco para dar el golpe de Estado que lo llevó al poder. Altura de la que debió caer tres años más tarde, con la derrota en la Guerra del Yom Kipur. Porque fue Hafez al-Assad quien convenció al egipcio Anuar el Sadat de lanzarse nuevamente sobre los israelíes. Comenzaron ganando, pero finalmente fueron de nuevo doblegados. De todos modos, volvió a derrotar a la derrota, porque mientras Sadat se encaminaba hacia la paz, Camp David mediante, y moría acribillado por las balas nacional-fundamentalistas, el "León de Damasco" se convertía en la imagen viva de la intransigencia, el eje del arabismo decidido a no ceder ante la invulnerabilidad judía. Y esa imagen fue a la vez su cárcel y su reino. Su cárcel, porque el ejército sirio nunca podría lograr lo que logró la guerrilla del Hizballá en el sur del Líbano: hacer retroceder al ejército israelí. Y su reino, porque ese estado de conflictividad perpetua fue la mejor justificación de su poder.

Assad no podía hacer la paz con el Estado judío. En la paz, el estadista gobierna para el desarrollo de la economía, el bienestar de su pueblo y la construcción de un modelo de sociedad. Y nada de eso sabía hacer Hafez al-Assad. Él sabía imponer el miedo, conspirar, manejar legiones de agentes de inteligencia, acrecentar la influencia de los cuarteles y dominar sobre las divisiones de una nación fragmentada en clanes.

Sin enfrentamientos, su poder se esfumaba.

La república monárquica

Nada más parecido a una monarquía despótica, desigualitaria y corroída por el nepotismo que la "república socialista" que construyó Hafez al-Assad. Nada más alejado del rótulo de "progresista" del Partido Baath, que ese régimen ultrapersonalista que controlaba los diarios que llamaban al líder "el dios viviente" y plagaba las ciudades de estatuas bañadas en oro de hasta diez metros de altura.

¿Cómo creer en los burdos resultados de esos plebiscitos en los que obtenía el 99, 98 por ciento de los votos? Si tanto lo amaba su pueblo, ¿por qué tenía cinco servicios de inteligencia? ¿Quién puede opinar libremente en una sociedad plagada por la delación?

Cualquier vecino, cualquier compañero de estudio o de trabajo podía ser un "mukhabarat" (agente secreto del Estado). Y cada "mukhabarat" es la explicación más clara de los votos y las lágrimas por Assad. Lo demás fue el nepotismo exacerbado, la corrupción sin límites y el frenesí nacionalista en un escenario alejado de toda lógica. Esa dimensión de la política que sólo es posible sobre el reinado del miedo. El miedo que impone un silencio hermético frente a las luchas despiadadas en la esfera del poder. Como las que sostuvo con su hermano Rifat, tenebroso creador de inconmensurables maquinarias represivas que ocupó la vicepresidencia. El ejecutor de la orden presidencial de aplastar la rebelión antilaicista de la "Hermandad de los Musulmanes", reduciendo a ruinas la ciudad de Hamma con la artillería que dejó más de 20 mil muertos. Rifat hubiera heredado el poder en Siria, pero cayó en desgracia cuando intentó derrocar a su hermano y terminó exiliado, después de que el ejército bombardeara su feudo militarizado en la región costera de Latakia.

Todo era tan absurdo en la Siria de Assad que, aún en el exilio, Rifat continuó por varios años siendo el vicepresidente. Compraba palacetes en Marbella y la Costa Azul con la fortuna que amasó traficando armas y narcóticos mientras era parte del poder en Damasco, y se pavoneaba por Europa con un ejército de matones que secuestraban, robaban y asesinaban por doquier.

Hafez no echó del poder a su hermano Rifat por esa pasión terrorista que lo convirtió en el principal mentor del coche-bomba y que hizo de Damasco la guarida de celebridades del crimen como el kurdo Abdalla Ocalán o Carlos (el Chacal). Tampoco lo echó por enriquecerse obscenamente traficando armamentos, robando de las arcas del Estado y asociándose con mafias narcotraficantes. Lo echó y bombardeó su casa matando en ella a sicarios, guardaespaldas, jardineros y mucamas porque el bueno de Rifat intentó derrocarlo cuando sufrió un infarto.

Por eso Hafez al-Assad decidió que su hijo asumiría el poder cuando la leucemia, la diabetes y su débil corazón terminaran con su vida. Pero Basel, su primogénito y delfín, murió al chocar con el Audi deportivo que siempre conducía a más de cien kilómetros por hora. Entonces tuvo que llamar a Bashir, el hijo oftalmólogo que siempre quiso recetar anteojos en una clínica de Londres, pero tendrá que conformarse con ser presidente de la "República Arabe de Siria" y escribir los próximos capítulos de la historia del Oriente Medio.

Futuro incierto

Bajo la atenta mirada de un cadáver, los legisladores corrigieron rápidamente la Constitución para bajar el límite presidencial de 40 a 34 años, la edad de Bashir. Y para que ningún Mukhabarat corra hasta el panteón de Qardahah a denunciar una traición, los dirigentes del Baath lo nombraron candidato para el referéndum en el cual el pueblo convertirá las lágrimas por el padre en votos por el hijo.

Así de creíble y racional es el régimen sirio. No existe el sistema. Existe el hombre. El que está muerto y así seguirá, y el que está vivo y gobernará. Todo depende de su suerte y de lo que se atreva a hacer. Es posible que también él sienta miedo ante el cadáver de su padre. Entonces continuarán el nepotismo, la corrupción, las divisiones tribales, el aparato represivo, el conflicto perpetuo con Israel y el estancamiento económico de una sociedad pobre y desigualitaria. Pero también es posible que busque elevar el nivel de vida de su pueblo apostando al desarrollo económico, que no pasa por la militarización y el enfrentamiento, sino por la paz y la regionalización.

Si lo hace, escribirá su propio capítulo en la historia. Un capítulo donde el Oriente Medio esté dispuesto a buscar la racionalidad reconociéndose en la profundidad del absurdo, para que ya no haya féretros navegando hacia sus tumbas sobre océanos de lágrimas.

Esclavos del rencor

La polémica política de "eliminaciones selectivas" practicada por Israel, es el antecedente de los "ataques preventivos" que propone el gobierno norteamericano.
Este paisaje del conflicto palestino-israelí publicado en setiembre del 2001, busca en la historia del Estado judío la raíz de ciertas doctrinas de seguridad.
Como telón de fondo, la Conferencia sobre Racismo que se desarrolló en Durban y en la que el intento de pensar al sionismo como ideología racista restó tiempo a otros debates urgentes.

El teléfono sonó segundos antes de que un misil Hellfire entrara por la ventana y lo decapitara. Abú Alí Mustafá discutía con tres miembros de su estado mayor y de golpe se detuvo para atender. Nunca pensó que la llamada era precisamente para confirmar su ubicación en el edificio que el Frente Popular de Liberación Palestina (FPLP) tiene en el centro de Ramallah. Todavía no había colgado el tubo cuando el helicóptero que volaba sobre el desierto cisjordano lanzó el proyectil de 70 milímetros teleguiado por láser que instantes después entró por la ventana. Cuando los tres oficiales se recuperaron de la explosión, vieron sobre la silla el cuerpo sin cabeza de su jefe. El McDonnell Douglas AH-64 Apache ya había aterrizado en su base anunciando la "misión cumplida".

Israel había llevado a cabo otra de sus "eliminaciones selectivas", inauguradas en 1988 cuando hizo balear en Túnez al jefe olepeísta Khalil al-Wahir. Los agentes del Mossad dijeron que habían detectado un plan de Mustafá para lanzar una ola de atentados en Jerusalén, y le ganaron de mano.

El mundo árabe, Europa y Washington pusieron el grito en el cielo, pero en el gobierno israelí hasta el moderado Shimon Peres defendió esa política de crímenes certeros diciendo que era preferible a los ataques que cobran víctimas civiles. De todos modos, esta vez el blanco no fue un terrorista de Jihad como "el ingeniero", que voló en pedazos en una calle de Gaza al atender su teléfono celular, que estalló activado por radar desde un avión que volaba en los confines de la estratósfera; esta vez el blanco fue el jefe del FPLP, la organización que junto a Al Fatah integra la cúpula de la OLP.

Abú Alí Mustafá había llegado al liderazgo del FPLP el año pasado, cuando desplazó a su fundador, el marxista George Habash, para adecuar la organización a estos tiempos de fervor fundamentalista que se adueñó del escenario palestino en los últimos años. Habash fue el terrorista antisionista de la Guerra Fría. La historia de su protagonismo nace de la religión y termina en ella. En Ammán todavía recuerdan al médico cristiano greco-ortodoxo que junto a monjas de la congregación de Hermanas de Nazaret curaba niños en su clínica de la capital jordana. Lo recuerdan durmiendo incómodo en el camastro de su consultorio presidido por un inmenso crucifijo. Y se acuerdan de su misteriosa desaparición, a principios del '60. Sus pacientes no podían creer que fuese el doctor Habash el jefe de los fedayn que detonaron en las oficinas de El-Al en Atenas una bomba que mató a un chico de 12 años; y que balearon en el aeropuerto de Munich a decenas de pasajeros y azafatas; y que incineraron a siete ancianos que rezaban en la sinagoga de Hamburgo. No podía ser el mismo George Habash que curaba niños un Ammán quien hizo estallar en pleno vuelo el avión de Swissair que partió de Zurich y cayó envuelto en llamas sobre los bosques de Doettingen; el mismo que incendiaba almacenes en Londres, ordenaba la matanza de Fiumicino y secuestraba aviones de TWA por la venta de cazabombarderos Phantom a Israel.

"El médico que nació ángel y el odio convirtió en demonio", según Oriana Fallaci, creó la milicia maoísta que recibía fusiles AK-47 de Moscú y explosivo plástico Semtex de Checoslovaquia con el objetivo de borrar el Estado judío y convertir en Vietnam a todo el Oriente Medio.

La caída del comunismo soviético y el crecimiento del integrismo de Hammas y Jihad Islámica lo dejó solo.

Mustafá llevaba del marxismo al islamismo al FPLP cuando el misil del helicóptero Apache le voló la cabeza.

Israel defendió su nueva "eliminación selectiva" diciendo que el terrorismo árabe también la intenta con los dirigentes judíos, pero los agentes del Shin Beth frustran sus planes. La prueba es que lo hicieron en el pasado con los líderes árabes que intentaban la paz. Lo avala el recuerdo del rey Abdullah baleado frente a la mezquita de Al Aqsa, y Anuar el-Sadat acribillado en el palco de un desfile militar, Amin Gemayel despedazado en Beirut y las decenas de atentados contra Hussein de Jordania.

Israel se justifica, pero su último golpe resonó en la Conferencia sobre Racismo que se desarrolló en Durban, demostrando que a la hora de la guerra, el equipo de Ariel Sharon se olvida de la política.

Racismo y esclavitud

Al igual que las dos conferencias sobre racismo realizadas en Ginebra décadas anteriores, el intento de catalogar al sionismo de racista se adueñó en Sudáfrica de las discusiones, restando tiempo y difusión a otros debates urgentes.

De todos modos se logró algo importantísimo: establecer que la trata de negros, el colonialismo y la esclavitud son "crímenes contra la humanidad", colocando además a Europa y Estados Unidos frente a su pasado esclavista. La conferencia de Durban obligó a los europeos a enfrentar sus culpas del pasado, dividiéndolos entre los que quieren disculparse (Italia, Bélgica y Alemania) y los que proponen sólo lamentarlo (Holanda, España, Portugal y Gran Bretaña).

A esta altura de la historia, Bill Clinton fue el único que pidió perdón por cuatro siglos de siniestro comercio que tuvo como víctima principal a los pueblos africanos. Y en Durban se habló por primera vez de "compensaciones financieras".

Sería justo y necesario. Aunque más que indemnizaciones que resultarían fagocitadas por los despotismos corruptos que plagan el continente negro, lo que debiera hacer el Occidente desarrollado para compensar los estragos cometidos en el pasado, es obligarse a establecer políticas comerciales y de inversiones que ayuden al África a salir de su postración eterna. Pero el objetivo de condenar al sionismo sesgó el debate volviéndolo incompleto. Como dijo Alberto Montaner, nadie habló de los siete millones de africanos esclavizados por los sultanatos árabes durante dos siglos. Tampoco se habló del esclavismo que actualmente practican algunos países del continente negro como Malí, Mauritania y Sudán; ni de las guerras con vencedores esclavistas y vencidos esclavizados que se libran en ciertos rincones de Nigeria y del Sahara; ni de los niños esclavos de Benin; también debió hablarse del racismo exterminador de hutus y tutsis en Ruanda y Burundi, y de las mujeres reducidas a máquinas procreadoras en Afganistán.

En fin... fue mucho lo que quedó de lado por el tiempo dedicado al sionismo. India, Pakistán, Sri Lanka, Nepal y Bangladesh habrán suspirado aliviadas porque nadie condenó sus sistemas de castas; mientras que los gitanos del viejo mundo una vez más fueron olvidados. Pero Europa quedó frente a una de sus peores vergüenzas, y eso no es poco.

De todos modos, la pregunta quedó sin contestar: sionismo ¿es igual a racismo?

Dos causas justas

Cuando a fines del siglo XIX Theodor Herzl viajó de Hungría a París para escribir sobre el caso Dreyfus, no imaginaba que aquel juicio le revelaría la necesidad de conseguir un Estado para una Nación.

A todas luces inocente del acto de espionaje a favor de Alemania por el que lo juzgaban, el capitán Alfred Dreyfus era sólo culpable de ser judío y estar ascendiendo en la escala militar. Francia no quería oficiales judíos en su ejército y el periodista húngaro lo vio con toda claridad, al igual que Emile Zola y el grueso de la intelectualidad de izquierdas. Por eso escribió *El Estado judío* y fundó el movimiento sionista.

Adelantándose al Holocausto, Herzl descubrió que los pogroms sufridos por las comarcas judías en Rusia, Ucrania, Bielorrusia, Alemania y Polonia eran la consecuencia lógica para una minoría condenada a estar al margen de los gobiernos y los ejércitos. Por ende, la única forma de que su pueblo superara dos mil años de diáspora inerme y vulnerable, era crear un Estado judío defendido por un ejército judío. Ese Estado sería la consecuencia de milenios de indefensión y persecuciones. Y para eso trabajó el movimiento. Para volver a Sión, uno de los montes de Jerusalén.

Era y es un movimiento de liberación nacional, que consiguió su objetivo: la creación de un Estado para una Nación.

La resolución de Naciones Unidas de 1947 que creó Israel, promovía también el nacimiento en Palestina de un Estado árabe. Y no era una resolución racista. Por cierto es entendible la queja árabe de que el mundo debió conceder a los judíos un territorio en cualquier otro rincón del planeta que estuviera despoblado. Pero no es racista un pueblo por aceptar un estado en la tierra de su lejano origen.

El sionismo en sí mismo no es racista, aunque algunos sionistas lo son. No se puede acusar de racismo a un pueblo por defender su existencia. Del mismo modo que no se puede considerar que el objetivo de crear un Estado palestino sea terrorista, aunque lo sean organizaciones fundamentalistas como Hammas y Jihad Islámica.

Lo condenable de Israel es defender la existencia de asentamientos coloniales en Gaza y Cisjordania. Pero no todos los israelíes lo hacen. Durban debió repudiar esta brutal pretensión del gobierno guerrero de Ariel Sharon. Así como también debió condenar el fanatismo de los que obligaron a Yasser Arafat a rechazar las concesiones territoriales que Ehud Barak le ofreció en Camp David. Ellos también promovieron a Sharon, porque buscan una guerra total que termine aniquilando a Israel.

Está claro que las guerras del '67 y del '73 implican tragedias para el pueblo palestino, como también está claro que el pueblo atacado se defendería de los gobiernos y organizaciones árabes que se lanzaban al campo de batalla con la consigna de "echar los judíos al mar"

La mejor forma de detener las "limpiezas étnicas" del Oriente Medio es frenar la guerra condenando a quienes la promueven. Pero a todos. También a quienes prometen la vida eterna junto a Alá a los chicos que se cubren de explosivos para matar a otros chicos y a sus padres y abuelos en una pizzería o una plaza o un ómnibus de cualquier ciudad israelí.

No sólo violan derechos humanos quienes visten el uniforme de un ejército regular.

Ese inmenso escritor y pensador humanista que es Amos Oz definió mejor que todas las voces que se escucharon en Durban el conflicto de Oriente Medio: "La tragedia es que la guerra no enfrenta a una causa justa contra una causa injusta, sino a dos causas justas". Y lo peor es que en ambos bandos hay quienes luchan por causas injustas. Sobre ellos debieron concentrarse las condenas de la Conferencia sobre Racismo.

Mientras el mundo no focalice correctamente la tragedia, habrá un líder planificando atentados terroristas junto a la ventana de un despacho, un teléfono sonando sobre el escritorio y un helicóptero artillado lanzando misiles teledirigidos y regresando a su base para decir "misión cumplida".

Tenue resplandor

En marzo del 2002 una luz pareció vislumbrarse al final del oscuro y largo túnel del conflicto de Oriente Medio. El príncipe y regente saudita Abdullah lanzó una propuesta de paz sumamente equilibrada que generó, inmediatamente, reacciones positivas.

Sin embargo, al concluir el mismo año, la creciente violencia entre palestinos e israelíes y los planes de Bush para atacar a Irak la colocaron bajo un cono de sombras, a pesar de que la propuesta saudita contiene los elementos indispensables para una paz justa y duradera en la convulsionada región.

El desierto puede ser un laberinto. Sin paredes, ni corredores, ni desembocaduras a nuevos y retorcidos pasillos, de todos modos puede convertirse en una trampa infinita donde la salida resulte una ilusión inalcanzable.

Como aquel desierto que, en un cuento de Borges, utilizó un rey para vengarse de otro. Al visitar su reino, el anfitrión lo había sometido al infernal juego de un laberinto con paredes, corredores y desembocaduras a nuevos y retorcidos pasillos. Para vengarse, cuando él fue el anfitrión en su oasis situado en el centro de una inmensa extensión de arena y médanos, invitó al visitante a resolver el enigma de su laberinto. Entonces lo abandonó en el medio del desierto, del cual nunca pudo salir.

Encerrado en su palacio de Ryad, el príncipe Abdullah bin Abdullahziz al Saud parece descubrir en el mar de arena que lo rodea al laberinto infinito en el que se perderá su trono si no descubre pronto una salida.

Es el heredero del reino que fundó su ancestro Saud, pero ejerce la regencia. Y gobernar es encontrar salidas. Por eso se adueñó de la idea que Thomas Friedman deslizó conversando con él en uno de los mil salones del Palacio. Hablaban sobre la crisis en Oriente Medio, cuando el especialista norteamericano mencionó como alternativa el reconocimiento de todo el mundo árabe al Estado judío, a cambio de una retirada israelí a las fronteras previas a la guerra de 1967.

Tras un instante de silencio que podría medirse en siglos, el príncipe saudita preguntó a su interlocutor si había estado hojeando los papeles de su escritorio, y a renglón seguido justificó su sospecha diciendo que en ellos esbozaba un plan que proponía precisamente eso.

Posiblemente Abdullah mentía y en los papeles de su escritorio no había ningún plan de nada. Lo importante es que adoptaba la idea como propia y eso, en sí mismo, implicaba formularla como propuesta.

En un instante, durante esa charla, el heredero del trono percibió el tenue resplandor de una salida a la encrucijada en que se encuentra su reino. El fin de la era de los petrodólares con la caída de los precios internacionales del crudo, terminó con la suntuosa fiesta que vivió la Península Arábiga. El derrumbe del nivel de vida creó legiones de jóvenes desocupados y resentidos con la Casa Real por la ausencia de un desarrollo genuino que le permitiera al país mantener su status hasta hace poco sostenido por barriles de petróleo. Y en Arabia Saudita, quien se desencanta con la monarquía se abraza al resentimiento del magnate de la industria de la construcción que un día le declaró la guerra a la dinastía por negarle ésta el acceso a las cumbres del poder político a pesar de sus millones.

En síntesis, quienes ya no quieren a los herederos del trono que fundó Saud, adhieren a la prédica de Osama Bin Laden, que denuncia a la monarquía como vasalla del imperio occidental con capital en Washington. Y esa prédica se hace fuerte con las imágenes que la televisora qatarí Al-Jazzera muestra con las bombas y balas israelíes lloviendo sobre el pueblo palestino. Entonces se expande el pensamiento de Bin Tanwer, el creador del islamismo intolerante que predica la Jihad contra todo lo distinto al credo mahometano. Y coloca a la Casa Real en la disyuntiva de hacer abiertamente la Guerra Santa a Occidente, o sucumbir frente a la furia de los rebelados.

La encrucijada saudita se complica tras el 11 de septiembre, al descubrirse que el grueso de los implicados en las masacres de Nueva York y Washington eran súbditos del reino.

El viejo aliado norteamericano puso a Ryad bajo el estigma de la sospecha. A partir de entonces, las presiones de la Casa Blanca se hicieron insoportables, la soledad de la monarquía comenzó a volverse absoluta y el desierto arábigo se convirtió para el príncipe en una desolación infinita.

Sharon en su propia trampa

Cada uno está atrapado en su propio desierto y tal vez todos terminen percibiendo el tenue resplandor que vislumbró Abdullah cuando conversaba con Thomas Friedman.

Ariel Sharon comenzó a descubrir su inmensa soledad y a sentir la asfixia de la encrucijada a la que se encaminó convencido de que, con duras represalias militares, doblegaría a los grupos palestinos que envían mártires a perpetrar masacres en Israel.

Stalin decía que una sola muerte es una tragedia, pero un millón de muertes es una estadística. Ésta es la lógica monstruosa que se adueñó del Oriente Medio. La diferencia está en lo que esa estadística significa para un pueblo como el palestino, que como afirma James Benet siente que no tiene nada que perder, y lo que significa para la sociedad israelí, convencida de que puede perderlo todo.

El cálculo de Sharon falló. A cada masacre se respondió con brutales represalias que provocaron a su vez nuevas masacres, y así hasta dejar en claro que la estrategia del primer ministro implica una marcha inexorable hacia la estadística estaliniana.

Todo salió al revés de lo calculado por el mastodóntico líder del Likud. Confinar a Yasser Arafat en su residencia de Rammallah allanó el camino a los fanáticos que disfrutan tanto de masacrar judíos como de las represalias contra el propio pueblo palestino. Y condicionar el diálogo a siete días de calma invitó a los enemigos árabes de la paz a cometer salvajes atentados para lograr su principal objetivo: matar las posibilidades de paz.

En síntesis, su estrategia fracasó y así lo gritan desde sus páginas diarios como el Maariv y el Jediot Ahronot, pulgares que cuando se bajan hunden a cualquier gobierno.

Los tanques recorren las callejuelas de Rammallah, los proyectiles caen sobre los campos de refugiados de Tulkarem y los helicópteros artillados acribillan los edificios de la policía autónoma en Gaza; pero nada alcanza para cumplir la promesa de seguridad que el primer ministro hizo a su pueblo. Y junto con las fatales estadísticas, crece la soledad de Sharon.

Lo abandonaron los inmigrantes rusos del Partido Israel Betenu (nuestra casa); lo abandonó el radicalizado Tkumá (Renacer) y también el ultranacionalista Moledet (Patria), que lideraba Rehavam Zeevi, el ministro de turismo acribillado a balazos por el Frente Popular de Liberación Palestina.

Todos abandonan al jefe del gobierno israelí. El guerrerista Netanyahu acusándolo de inepto "para" hacer la guerra, y los laboristas que lo acusan de inepto "por" hacer la guerra. Pero en la creciente soledad que lo atrapa en el desierto del Neguev, tal vez vislumbre el mismo resplandor que percibió el príncipe saudita que está atrapado en su desierto peninsular.

Líderes árabes atrapados

Arafat se descubrió perdido en la inconmensurable aridez rocosa de Samaria y Judea. Por eso adhirió de inmediato a la propuesta de Ryad. Porque siente que la escalada bélica debilita su fuerza policial al hacerla blanco de las represalias israelíes, cediendo el protagonismo al Kasam el-Zedim, brazo armado de Hammas. Es posible que el líder palestino ya ni controle a la milicia Tanzim, de su propio partido, el Fatha, que ordena por cuenta propia los ataques realizados por la Brigada de los Mártires de Al-Aqsa. Y con su guardia de personal, la Fuerza 17, prácticamente diezmada por los demoledores golpes que le dio el ejército judío, el viejo jefe de la OLP ya no es militarmente el hombre fuerte de los palestinos. Por eso necesita un pronto regreso a la mesa de negociación. Si la vuelta al diálogo se sigue demorando, cuando finalmente llegue podría no ser él quien represente a la parte palestina.

Pero la propuesta saudita podría rescatarlo. Es difícil que prospere, pero no imposible desde el momento en que la aceptó otro de los líderes que buscan una salida a sus propios laberintos: Bashir al-Assad.

Si su padre viviera lo condenaría por adherir a un plan que implica el reconocimiento árabe a la existencia del Estado judío. Hafez al-Assad gobernó más de tres décadas montado sobre el odio a Israel. Pero el hijo que había preparado para que lo sucediera al frente de Siria se mató en un accidente en las afueras de Damasco. Por eso cuando el viejo halcón agonizaba, el régimen convocó a su hijo Bashir, quien se recibió de oculista en Inglaterra y sólo pretendía estar al frente de una clínica de Londres.

En fin... la historia lo colocó al frente del régimen sirio, rodeado por los duros militares que acompañaron a su padre.

Bashir al-Assad será el hijo del "León de Damasco", pero su formación británica le da una lógica según la cual Siria debe modernizar su economía y producir tecnología, para lo que resulta indispensable que el presupuesto del Estado no sea absorbido por el armamentismo permanente del ejército.

Es muy posible que Bashir sueñe con un orden de cosas donde la prioridad esté en el sistema educativo, la salud pública y el nivel de vida de la gente. Para llegar a ese orden hay que salir del eterno estado de guerra. Por eso aceptó la propuesta saudita, aunque implique reconocer al estado judío. Porque se parece a un resplandor en el horizonte del desierto de Alepo.

El camino difícil

El objetivo es tan difícil que la propuesta de paz aún no tiene letra chica. Los aspectos puntuales a resolver parecen imposibles. Tanto Siria como el Líbano necesitan que Israel acepte la repatriación de los refugiados. Ni Damasco ni Beirut quieren en sus territorios a los más de setecientos mil palestinos a los que siempre negaron la ciudadanía, aceptándolos sólo como eso: refugiados. Pero para los israelíes, el regreso de esa marea humana alteraría la demografía hasta el punto de disolver el carácter judío del Estado. También parece imposible imaginar a líderes radicalizados como el libio Muammar Khadafy y el iraquí Saddam Hussein firmando un tratado que admite la existencia de Israel, aunque esto signifique la devolución del Golán a los sirios y de Gaza y Cisjordania a los palestinos. De hecho, en medio siglo sólo Egipto, Jordania y la Autonomía Palestina reconocieron a Israel.

Pero Abdullah bin Abdullhaziz al-Saud necesita que la guerra entre israelíes y palestinos termine, porque ese conflicto exalta los ánimos de las legiones de jóvenes desencantados con la monarquía saudita porque terminó la suntuosa fiesta de los petrodólares. Necesita que el integrismo de Bin Laden deje de crecer en su reino y que Estados Unidos tenga un motivo para volver a acercarse a Ryad y socorrerla de la debacle económica.

El príncipe se descubrió perdido en un laberinto, como los que atraparon a Sharon, Arafat y Bashir al-Assad. Sabe que puede morir como aquel rey de la imaginación borgiana. Sin embargo, aunque tenue, vislumbra un resplandor en el horizonte de su desierto peninsular.

El lado duro de Rabin

Yitzhak Rabin era uno de los líderes imprescindibles para que el diálogo y la paz se impongan en el Oriente Medio, por eso cuando Yigal Amil lo asesinó en Tel Aviv, la vía negociadora perdió a un hombre clave y la sombra de la guerra se abrió paso velozmente.

Este retrato, que fue publicado en Crónicas de Fin de Siglo, *lo muestra a fines de 1992, en uno de sus momentos de mayor dureza, al ordenar la deportación a una tierra de nadie en el sur libanés de cuatrocientos palestinos que operaban en contra del diálogo de paz. La postal muestra también al Rabin estratega que diseñó el triunfo israelí en la Guerra de los Seis Días.*

Nunca olvidará aquella mañana de Junio del '67, cuando buscó al tanteo el teléfono que sonaba histérico bajo los mapas, planos y escuadras desparramados sobre su escritorio. Nunca olvidará la voz eufórica del jefe de la brigada Uzi Narkiss gritando en el auricular: "Comandante Rabin, el coronel Mordecai Gur acaba de informarme que sus tanques aplastaron los blindados y la artillería jordana, dejando cien metros de escombros entre las Puertas de los Leones y la de Mandelbaun".

Nunca olvidará que los tres estaban eufóricos, porque nacieron en Jerusalén y encabezaron las divisiones que en la guerra del '48 no pudieron retener la ciudad.

Ben Gurión se lo había reprochado. Pero aquella mañana de junio el teléfono sonaba histéricamente entre mapas, planos y escuadras y le anunciaba que "la Jerusalén del Rey David" estaba unificada bajo control israelí. Y Rabin nunca podrá olvidarlo. Tampoco olvidará los tanques Sherman barriendo a las tropas sirias desde las laderas de Tiberíades (Ciudad de Herodes) hasta las playas del mar de Galilea. Ni las columnas de humo negro que se levantaban desde las colinas de las Bienaventuranzas, donde Jesús predicó el Sermón de la Montaña, hasta los Cuernos de Hattin, donde Saladino derrotó y degolló a los cruzados.

En rigor, nunca olvidará los trazos que con su escuadra comenzó a esbozar en los mapas y planos de su escritorio, cuando se enteró que siete divisiones egipcias con novecientos tanques atravesaban el canal de Suez para avanzar hacia el norte por el desierto del Sinaí.

Hacía rápidamente sus cálculos estratégicos mientras trataba de discernir qué diablos planeaba Nasser. Tal vez interpretaba exageradamente las promesas de apoyo que recibía de Moscú, tal vez pensaba que Estados Unidos estaba demasiado enterrado en los pantanos de Indochina como para acudir en defensa de Israel.

Lo concreto es que se declaró el bloqueo de Elath después del cierre del golfo de Acaba.

Planificaba contraataques en el sur, en el norte y en el este, mientras escuchaba por Radio Damasco el llamado a la guerra santa para exterminar al Estado Judío. Y fue la certeza de sus cálculos estratégicos la que dejó trescientos kilómetros de chatarra soviética retorcida en el desierto.

El golpe fue fulminante y el camino del desbande egipcio por las arenas del Sinaí quedó regado de camiones volcados, tanques incendiados y cadáveres baleados hasta el desfiladero de Mitla, comienzo de otros seis kilómetros con el poder blindado de Nasser reducido a hojalata chamuscada y humeante.

Pero la contraofensiva israelí fue más allá. Llegó hasta las puertas del Mar Rojo, donde aplastó la base egipcia de Sharm el Sheij convirtiendo a los montes del estrecho de Tirán en un cementerio de aviones Mig y helicópteros artillados.

Fueron seis días que cuadruplicaron los territorios de Israel. Seis días que brillaron como medallas en el único ojo del general Moshe Dayan. Pero más que el ministro de defensa, el arquitecto de la fulminante victoria fue el Jefe del comando militar, Yitzhak Rabin. Él nunca olvidará cada una de las veinticuatro horas de cada uno de los seis días de aquel Junio del '67. No olvidará la artillería jordana reducida a escombros en la puerta de Mandelbaun, ni los tanques Sherman barriendo a las tropas sirias desde las laderas de Tiberíades hasta el mar de Galilea, ni los trescientos kilómetros de chatarra soviética retorcida en el desierto del Sinaí.

No lo olvida y quiere recordárselo al mundo y a sus vecinos árabes. Recordárselos, si es preciso, con la misma histeria de aquel teléfono que sonaba entre mapas, planos y escuadras.

Doce no son diez

No pronunció una palabra de más. No hizo ni un gesto, ni una mueca que revelara su ansiedad. Sólo estiró la mano con la carpeta para alcanzársela a Henry Kissinger y se limitó a pedirle que la lea, la lleve a El Cairo y regrese a Tel Aviv con una respuesta de Anuar el-Sadat.

Eran doce propuestas para negociar la devolución del Sinaí a cambio de un tratado de paz. Y el secretario norteamericano de estado regresó a Israel con una sonrisa eufórica. Sadat había aceptado sin chistar diez de las doce propuestas, y a Kissinger los dos puntos rechazados le parecían insignificantes, anecdóticos. Por eso llegó al aeropuerto David Ben Gurión convencido de que 1975 no terminaría sin un acuerdo egipcio israelí. Pero pasó sin escalas del optimismo al desconcierto cuando el primer ministro recibió las respuestas frunciendo el ceño y preguntándose: ¿Por qué nos desilusionó?

No le importaron las diez aprobaciones, le importaron los dos rechazos, por insignificantes y anecdóticos que pudieran parecerle a Kissinger.

Así es Yitzhak Rabin. No juega con cartas en la manga. Cuando apuesta, apuesta todo, y espera respuestas de la misma contundencia. No le gusta que le oculten cartas. No soporta que lo empujen más allá de lo que cree sensato. En su cabeza conviven el primer ministro y el estratega militar. El primer ministro es el que acepta negociar y el que entiende que, para evitar el aislamiento, es necesario hacer concesiones territoriales. Entiende que en esta nueva etapa, Israel debe pagar el precio de la seguridad con la chequera de los territorios que ocupó durante la Guerra de los Seis Días. Y desde el principio puso sobre la mesa todas sus cartas sin dejarse ninguna en la manga. No dejó el concepto "concesiones territoriales" para el final. Empezó hablando de concesiones territoriales. Pero cuando sintió que lo estaban empujando más allá de lo que cree sensato, apareció el estratega militar. Ése que sabe que ningún país árabe está en condiciones de iniciar una guerra contra Israel. El ejemplo en carne y hueso de lo que pensaba Theodore White, cuando dijo "que los israelíes son judíos que han jurado no volver a ser víctimas, y su ejército es una manifestación de esa voluntad". El que en 48 horas movilizó al diez por ciento de 2.300.000 israelíes, y seis días después estacionó sus tropas a cuatro horas de El Cairo, dos de Amman y una de Damasco.

Y el estratega se acuerda del líder sirio Hafez al-Assad tratando de convertir a Jordania en una Vietnam del Norte desde donde lanzar la ofensiva final contra Israel. Se acuerda de las baterías que disparaban desde las alturas del Golán contra el Kibutz de Dan. La granja colectiva más septentrional del estado judío, hasta el '67, sólo tenía cien jóvenes y al viejo Baruch Fisher con dos morteros de 81 milímetros para responder a la artillería siria.

El estratega se acuerda de la OLP apoyando a Saddam Hussein y de los fanáticos de Hammas festejando en Gaza cada misil Scud que estallaba en Haifa o en Tel Aviv. También se acuerda de los trescientos palestinos que Kuwait deportó después de la guerra del Golfo, sin recibir condena de ningún país árabe ni de las Naciones Unidas. Y a la hora de planificar la ofensiva para desbloquear las negociaciones, el estratega decidió buscar el blanco que le permitiera sacudir a la mayor cantidad de contrincantes posibles.

Por eso deportó a cuatrocientos palestinos del grupo fundamentalista Hammas. Y por eso los deportó al Líbano.

Porque calcula que debilitando a Hammas (saboteador de las negociaciones con Israel) fortalece a los palestinos moderados que quieren dialogar. Y porque complicando la situación al Líbano también presiona a Siria, guía y aliada de Beirut.

El primer ministro sabe que el duro plan del estratega implica un gran riesgo. El riesgo de fabricar cuatrocientos mártires que empujen a Israel hacia el aislamiento internacional. Pero espera que los árabes comprendan a tiempo que, mejor que pelear con el estratega, es negociar sensatamente con el primer ministro. Ése que fue al diálogo aceptando la fórmula "tierras a cambio de paz", pero entiende por sensato tener en cuenta el factor tiempo. Porque Israel no devolverá las Alturas del Golán mientras recuerde la artillería Siria atacando desde esa meseta al Kibutz de Dan. No permitirá un estado palestino totalmente independiente mientras recuerde a Hafez al-Assad buscando un Vietnam del Norte desde donde atacar a los judíos, y a los fanáticos de Hammas festejando cada misil Scud que estallaba en Haifa o en Tel Aviv.

Y para olvidar necesita tiempo. Tiempo de no mirarse con odio y desconfianza.
Tiempo para aprender a creer.

Tierras, paz y tiempo

Después del desconcierto que sintió frente al hombre que se preguntaba
"¿por qué nos desilusionó?", Henry Kissinger comprendió que la paz verdadera no llegaría a Medio Oriente de la mano de "documentos legales imposibles de implementar".
Por eso dijo que "Israel no tiene una mente analítica mejor que la de Yitzhak
Rabin". Y esa mente es la suma del primer ministro y el estratega militar.
El primer ministro que quiere acordar rápidamente la autonomía Palestina,
aceptando implícitamente que después de cinco años de autogobierno apa-
recerá un estado independiente. Pero es consciente de que ese precio en tiempo
que quiere hacer pagar a los palestinos, es el que necesitan ambos para lograr
la confianza que sepulte tantas décadas de guerra.
El primer ministro que ofrece a Siria parte del Golán, dejando el camino
abierto a futuras negociaciones. Pero es consciente de que Assad debe pagar
un precio en tiempo para recuperar la confianza que murió en el campo de
batalla.
El primer ministro que formó un gabinete donde doce, de sus diecinueve
miembros, aceptan a la OLP como interlocutor válido. Pero entiende por
sensatez negociadora aceptar que el tiempo y la confianza son factores claves
para no firmar "documentos legales imposibles de implementar".
Y cuando el primer ministro sintió que bloqueaban sus políticas, apareció el
estratega. Ése que nunca olvidará los tanques Sherman barriendo las tropas
sirias desde las laderas de Tiberíades hasta el mar de Galilea, ni los escombros
de la artillería jordana en la puerta de Mandelbaun , ni los trescientos kilómetros de chatarra soviética retorcida en el desierto del Sinaí. Y ahora quiere
recordárselo al Mundo y a los árabes, si es preciso con la misma histeria del
teléfono que sonaba debajo de los mapas, planos y escuadras, aquella mañana de junio del '67.

La muerte de un inmortal

Dioses de la Guerra incluye también este retrato del rey Hussein de Jordania, publicado en mi primer libro, Crónicas de Fin de Siglo, *por tratarse de un estadista cuya ausencia tiene una influencia decisiva, y decididamente negativa, en el escenario del Medio Oriente.*

Su muerte, junto a la de Yitzhak Rabin, allanó el camino a los halcones árabes e israelíes para debilitar al máximo el proceso de paz.

Hussein de Jordania fue un personaje exquisito y fascinante. Este retrato lo describe en el momento de su muerte, en febrero de 1999, por un cáncer que terminó apagando su vida en una clínica de los Estados Unidos.

El sol caía sobre Jerusalén y la multitud se apretaba sobre la escalinata de Al Aksa para ver a su rey. Y pudo ver a Abdullah salir de la gran mezquita acompañado de su nieto.

Vio también al fanático que se abrió paso y disparó sobre el monarca hachemita. Vio además que la última bala de la pistola regicida se estrelló en el corazón del príncipe. Lo vio rodar junto a su abuelo por la escalinata. Y después lo vio después lo vio ponerse de pie, intacto, y apretar con su mano el medallón que Abdullah colgó sobre su pecho justo antes de llevarlo al templo de Al Aksa. El medallón donde se estrelló la bala que debía perforarle el corazón. Tal vez fue entonces cuando empezaron a considerar inmortal a ese muchachito que, un año después, se convertía en rey de los jordanos tras la abdicación de Talal, su padre, por incapacidad mental. O quizás fue en el '58, cuando volaba a Europa piloteando su jet Hawker Hunter y tuvo que hacer mil piruetas sobre el cielo libanés para eludir los proyectiles de dos cazas Mig de la Fuerza Aérea Siria. Tal vez fue la increíble suma de atentados a los que sobrevivió, por azar o por destreza, lo que cimentó la creencia en que ese descendiente de Mahoma, y por ende de Ismael y de Abraham, contaba con protección divina.

Acaso eso explica la oportuna pesadilla que lo hizo girar entre sueños esquivando la puñalada lanzada por un mayordomo del palacio de Basman que despanzurró el colchón de su majestad. O la inexplicable demora que lo salvó por segundos de la bomba que estalló en el despacho de su primer ministro Hazza Majali. O la caída accidental de la gota que perforó el lavatorio antes que Hussein la pusiera en su nariz para curarse una sinusitis, sin saber que alguien había cambiado su remedio por ácido sulfúrico.

Eterno sobreviviente

Los jordanos se acostumbraron a verlo sobrevivir. Como cuando pasaba revista a las tropas del cuartel de Zerqa y desenfundó y gatilló su Colt 38 antes de que el soldado que conspiraba con el general Abu Nuwar pudiera disparar el fusil con el que sorpresivamente le apuntó.

No podía morir en una clínica de Minnesota el rey que con su jeep recorrió la línea de fuego en El Sifa, esquivando los proyectiles de los tanques Sherman en la guerra del '67. Posiblemente él mismo se consideraba inmortal, y por eso recorría sin escoltas las calles de Amman; y aceleraba su Porsche hasta 300 kilómetros por hora y piloteaba su helicóptero apagando los motores para dejarlo caer como una piedra hasta encenderlos y recuperar vuelo a pocos metros de estrellarse.

Al fin de cuentas, todo lo que hacía Hussein era temerario. Lo coronaron justo cuando el general Nagib derrocaba al rey Faruk en Egipto. Y, tras el asesinato de su primo, el rey Faisal, en Irak, nada había más peligroso y solitario que ser un monarca occidentalizado en el corazón de un Oriente

Medio enamorado del nacionalismo nasserista. Nada más osado que presidir un Estado artificial: el reino que los británicos concedieron a Abdullah para retribuir su ayuda al general Allenby en la guerra contra el imperio otomano. Y todo lo que lograba Hussein era inexplicable. Dirigía una nación apoyándose en tribus beduinas que sumadas no superaban el 40 por ciento, frente al 60 por ciento que representaban los palestinos. Y despertaba amores increíbles: Saddam le regalaba 48 mil barriles de crudo por día, mientras él acogía a los exiliados iraquíes y les permitía conspirar contra el "carnicero de Bagdad" desde sus santuarios de Amman. En Israel, hasta los halcones de Likud lo llamaban "nuestro único rey", a pesar de haber participado en la Guerra de los Seis Días.

¿Cómo hacía para que Washington lo mimara tanto después de haberse opuesto a La Tormenta del Desierto que barrió a los iraquíes de Kuwait? ¿Cómo evitó que su archienemigo Hafez al-Assad atacara su reino defendido por beduinos con el poderoso ejército sirio?

También es inexplicable que Arafat haya sido tan leal al monarca que lo corrió a balazos de Jordania obligándolo a refugiarse en Beirut, donde quedó al alcance de las fuerzas de Ariel Sharon que lo corrieron hacia Túnez.

Pero tal vez lo más increíble es que el mundo le haya perdonado su genocidio. Porque si bien es cierto que los fedayin palestinos habían creado un estado dentro de otro estado, también es cierto que de los 10 mil que masacró en aquel "septiembre negro" de 1970, la mayoría no eran guerrilleros a las órdenes de Al-Fatah, sino inermes refugiados.

Todo en la historia del rey Hussein es increíble. Su vida misma se parece a una novela de acción, digna de las fantasías de *Las mil y una noches*. También es un misterio su decisión de reemplazar a su hermano Hassan y nombrar a su hijo Abdallah como heredero del trono. Pero lo más sorprendente aún está por verse. Porque el verdadero milagro será que el reino de Jordania sobreviva a la muerte del rey inmortal.

Tal vez para eso necesite un medallón providencial, como el que atajó la bala destinada al corazón del joven príncipe que vio morir a su abuelo en las escalinatas de Al Aksa, bajo el sol de Jerusalén.

214

Capítulo V

Rusia es, sin lugar a dudas, otro protagonista del mundo que comenzó en los últimos años.

Vladimir Putin, que llegó al poder como un sombrío personaje de desdibujados contornos, fue construyendo un liderazgo sólido fuertemente marcado por su decisión beligerante.

El conflicto con los musulmanes del Cáucaso, con epicentro en la pequeña pero estratégica Chechenia, es un punto clave en la nueva proyección de un país que logró, tras la calamitosa gestión post- soviética de Boris Yeltsin, estabilizar mínimamente su economía, iniciar la recomposición del Estado y recuperar un lugar en el espacio habitado por las grandes potencias.

Por eso las postales de Rusia y el retrato de Putin que integran este capítulo.

El infierno de los rusos

En enero del 2000, el ejército ruso luchaba por controlar Grozny, la capital de Chechenia, donde los milicianos musulmanes independentistas, apoyados por Al-Qaeda desde Afganistán, ofrecían una feroz resistencia.
Vladimir Putin había apostado todo su poder en aquella brutal ofensiva y, meses después, los rusos lograron el control de Grozny.
Sin embargo, las fuerzas rebeldes chechenas, lejos de rendirse, se retiraron a las montañas para reiniciar una guerra de baja intensidad que Moscú aún no ha logrado controlar.

Cuando ingresaron desde Ingushetia y Daguestán, algunos oficiales rusos habrán soñado con que Grozny sería Managua.
En agosto del '78, un puñado de guerrilleros comandados por Edén Pastora entró a la capital nicaragüense como Juan por su casa y ocupó el palacio donde funcionaba el Congreso y varios ministerios. La dictadura somocista tuvo que aceptar las exigencias de los insurgentes y, tras humillar a la Guardia Nacional y demostrar que la ciudad era vulnerable, el "comandante Cero" voló a Panamá con 60 presos políticos liberados y diez millones de dólares en un maletín.

Un año después, cuando llegaron las principales columnas del Frente Sandinista de Liberación Nacional, los miembros de la Guardia Nacional se desbandaron como ratas ante los primeros disparos y Anastasio Somoza huyó despavorido.

Como La Habana de Batista en 1959, Managua es la capitulación sin resistencia. Y eso habrán soñado encontrar en Grozny los oficiales rusos. Una ciudad que se entrega fácilmente y no la trampa mortal que encontraron hace cinco años, cuando Grozny fue Stalingrado y logró que Rusia mordiera el polvo de la derrota.

Lejos de la Acrópolis

En esas columnas de blindados que avanzaron entre las montañas hacia el corazón de Chechenia, seguro nadie pensaba en las batallas que los esperaban en Gudermes y Krasnopartizanski. Allí no estaría la feroz resistencia de los "boievikí" (guerrilleros chechenos). A esas ciudades bastaría sitiarlas durante varios días y machacarlas con artillería pesada para luego ocuparlas sin problema. La resistencia estaría en la capital. Por eso algunos oficiales rusos habrán rezado a su Dios cristiano que Grozny sea como la Acrópolis que logró reconquistar Lord Elgin.

Aquel general victoriano quería liberar Atenas sin dañar sus reliquias arquitectónicas. Entonces rodeó la ciudad y la sometió a un sitio tan hermético que, finalmente, el hambre y la sed hicieron capitular a los turcos.

Atenas es el triunfo sin costo, sin una gota de sangre. Eso habrán rogado encontrar en Grozny los soldados y oficiales rusos que conquistaron sin mayores sacrificios a Gudermes y Krasnopartizanski, pero que no cantaron victoria porque sabían que el hueso duro de roer los esperaba en la capital de la pequeña república caucásica. Allí no podrán entrar confiados como lo hicieron en 1994. Habían pensado que conquistarla sería un juego de chicos y entraron paseando con sus tanques hasta la Plaza Minutka, en el corazón de la ciudad. Entonces se cerraron las puertas de la trampa y quedaron atrapados. Los boievikí se descolgaban de los techos, emergían de las bocas de tormenta y los emboscaban en las esquinas, los parques y los callejones. Esos guerreros barbudos que gritan "Alá Akbar" (Dios es grande) y parecen disfrutar en las batallas tanto cuando matan como cuando mueren, cazaron a los rusos como conejos en aquella nochevieja del '94 que Moscú siempre recordará con horror. La nochevieja en que Grozny comenzó a convertirse en Stalingrado.

Resistencia heroica derrotada

Cuando lograron controlar Shalit y Alkhan Kala, abriéndose paso hacia Urus Martán, que es como la puerta para avanzar hacia la capital, los soldados y oficiales rusos ya tenían en claro que nada sería fácil de ahí en más. Con las esperanzas moderadas por el crecimiento de la resistencia que iban encontrando a medida que se adentraban en Chechenia, se habrán conformado con desear que Grozny sea Madrid.

En 1936, cuando el gobierno de Largo Caballero se refugió en Valencia, los franquistas pensaron que Madrid estaba de rodillas y la república se caía de a pedazos. Pero cuando el general Varela quiso entrar a la ciudad y cortar los puentes del Manzanares, descubrió que los madrileños estaban dispuestos a una resistencia heroica. Y así fue. La Junta de defensa que presidió el general Miaja y las brigadas internacionalistas que capitaneó el teniente coronel Rojo rechazaron cada ofensiva sobre la ciudad y soportaron los bombardeos de los Junkers alemanes. Recién en el '39 los nacionalistas pudieron doblegar las defensas y llegar hasta la Puerta del Sol.

Madrid es la resistencia heroica derrotada. Y las fechas con Grozny hasta resultan coincidentes. En el '96, la capital chechena doblegó a los que intentaron capturarla. Y tres años más tarde, los derrotados de ayer volvieron para vengarse. ¿Lograrán lo que los franquistas lograron tres años después de haber sido vencidos en Madrid? ¿Será también la de Grozny una resistencia heroica finalmente derrotada?

Es posible, pero por el momento los soldados rusos que no pueden avanzar más allá de los suburbios de la capital, lo que temen encontrar en el centro es el fantasma de Stalingrado.

La masacre de Alkhan-Yurt

El tiempo pasa y la feroz resistencia de los chechenos no cede. Al contrario, se agiganta. Los soldados rusos que combaten por primera vez en el Cáucaso, ahora entienden la fama de guerreros invencibles que tienen los boievikís. Aprendieron a tenerles pánico porque los escucharon reír mientras combaten. Los vieron disfrutar tanto cuando matan como cuando mueren. Ahora saben que no se rendirán tan fácilmente como les prometió Vladimir Putin. Saben que Chechenia es el infierno de los soldados rusos. Lo están sufriendo otra vez. Como en la guerra que estalló en 1994. Y otra vez se están degradando. El tiempo pasa, la guerra se prolonga y el ejército ruso se envilece. Saquea las comarcas, violando a las mujeres y matando como a perros a todo el que se cruza en su camino.

Si en Afganistán los rusos encontraron su Vietnam, en Chechenia tuvieron su My Lai. Aquella aldea de la jungla vietnamita fue víctima de la ira de los marines del "Batallón Charlie" cuando vieron volar en pedazos a sus compañeros que pisaron minas. Enloquecidos, empuñaron sus ametralladoras y se lanzaron sobre la inerme My Lai, acribillando a balazos a todo ser vivo que se cruzara en sus caminos.

Lo mismo hicieron los rusos en Alkhan –Yurt, con el agravante de que ninguno había sido destrozado por minas terrestres. El general Vladimir Shamanov dio la orden de aniquilar y sus soldados aniquilaron. Ciegos de odio y terror, gatillaron sus Kalashnikov hasta vaciar los cargadores. También violaron mujeres y degollaron niños, mientras se emborrachaban con vodka robado de las tabernas y los almacenes. Es el infierno checheno que los está enloqueciendo. Putin les prometió una victoria que nunca llega; sus jefes anuncian haber matado al comandante checheno Arbi Barayev, y luego Barayev resucita y reconquista las ciudades de Kulari y Argún. Y a renglón seguido, los boieviki reaparecen en las montañas y se lanzan sobre las aldeas que habían perdido, logrando recuperarlas.

Resistir los enaltece. Los wahabitas liderados por Jatab y Barayev, son guerreros desalmados y bestiales. Pero no rendirse ante los rusos es como si los dignificara, y eso multiplica sus fuerzas. Resistir los hace invencibles.

Resistencia heroica triunfal

Grozny no fue Managua. Los guerrilleros fundamentalistas y el ejército checheno no se desbandaron como ratas, ni huyó despavorido el presidente Alsán Masjadov.

Tampoco fue la Acrópolis de Atenas. El sitio que tendió sobre la ciudad el ejército ruso no fue hermético como aquel con que Lord Elgin rindió por hambre y sed a los turcos. Por el contrario, fue permanentemente atravesado por los comandos chechenos que salían a buscar alimentos, medicinas y municiones. Es imposible controlar a los boieviki. Desaparecen de día y aparecen de noche, escabulléndose como sombras por las calles y los bosques. Y a esta altura de la pesadilla, los rusos empiezan a temer que Grozny tampoco sea Madrid. Fracasó el sitio, fracasaron los bombardeos que no pueden doblegar las increíbles fortificaciones que construyen los chechenos (célebres ingenieros de la guerra), y también fracasó la ofensiva de los milicianos prorusos que comanda Gantamirov, ese mafioso ex alcalde de la capital.

A los rusos sólo les queda la esperanza de que Grozny sea el Ghetto de Varsovia. Los nazis finalmente vencieron a los judíos polacos que se sublevaron, pero esos judíos murieron peleando. Con armas caceras, mujeres, ancianos y niños resistieron hasta el final. Los soldados alemanes terminaron cazándolos con lanzallamas en las alcantarillas, porque ninguno se entregó. Y la esperanza rusa ya se reduce a eso; a terminar venciendo una resistencia que morirá peleando. Pero nadie se anima a descartar que Grozny sea Stalingrado.

En la antigua Volgogrado, los soldados del mariscal Chiukov pelearon metro a metro, centímetro a centímetro, hasta derrotar a una fuerza abrumadoramente superior.

Si Madrid fue la resistencia heroica derrotada, Stalingrado fue la resistencia heroica victoriosa. Esa es la meta de los boievikí y la pesadilla de los oficiales. Esos hombres aterrados y envilecidos que ya saben que Chechenia es el infierno del soldado ruso.

Vladimir el terrible

Retrato de Vladimir Putin publicado en abril del 2000, cuando por los éxitos de su brutal ofensiva militar en el Cáucaso arrasando ciudades enteras de pueblos musulmanes, lograba convertirse en el hombre más popular y poderoso de Rusia. En los años siguientes demostró su inteligencia y estatura de estadista al revertir el caos económico. Pero la guerra contra los musulmanes caucásicos aún no ha terminado.

Puede hacer añicos a cuatro matones al mismo tiempo; desarmar y armar un Kalashnikov en la oscuridad; pilotear un cazabombardero Mig y plagar de micrófonos imperceptibles una embajada. Puede pasar horas mirando un punto fijo sin pestañar, y pasar meses sin esbozar una sonrisa, y soportar un interrogatorio sin decir una palabra, y derretir un adversario con sólo clavarle sus ojos helados de lobo de los Urales. Puede resolver ecuaciones astronómicas, hablar el alemán mejor que Günter Grass e imponer su autoridad con ese silencio impenetrable que usa como si fuera una coraza. Puede hacer que los chacales del Kremlin le obedezcan, y que los generales del ejército le teman, y que un pueblo aturdido y humillado vea en él al refundador de la grandeza de Rusia.

Vladimir Putin tiene la paciencia y la disciplina de un monje, la inteligencia afilada por los mejores académicos de elite de la era soviética, y el entrenamiento de los más astutos espías del KGB. Tiene todo lo que hay que tener para imponer respeto en una clase política corrompida y errática, que no tiene la menor idea sobre el camino a tomar para rescatar el orgullo ruso. Y lo tiene por su personalidad taciturna y misteriosa, por su formación académica y por su experiencia como agente de avanzada del espionaje soviético.

El delfín de Yeltsin

Nadie tenía la menor idea de quién era Vladimir Putin cuando Boris Nicolaievich Yeltsin lo nombró primer ministro. Tampoco significaba mucho ser colocado al frente del gobierno por un presidente al que un premier le duraba lo mismo que un vaso de vodka. Un día estaba Chernomirdin, otro día Primakov, después le tocaba a Kirienko y luego a Stepashin, para volver a Chernomirdin y, de repente, apareció ese extraño personaje de mirada entre tierna y desalmada para desarticular con su aplastante silencio los discursos parlamentarios de verdaderos tigres de la Duma como Zhirinovsky y Zhyuganov.

Ser el delfín de Yeltsin no parecía precisamente una ventaja. Era evidente que le abrían el camino hacia el poder para cubrir la retirada de un presidente calamitoso. El jefe del Kremlin al que las borracheras lo llevaron a papelones como dejar plantado en la escalerilla del avión al jefe de estado irlandés, o apoderarse torpemente de una batuta para dirigir con movimientos ridículos una orquesta que lo agasajaba en Bonn. Ese eterno rehén de neumonías y ataques cardíacos que pasaba más tiempo en hospitales que en su despacho del Kremlin. El mismo que dejó a Rusia en la mitad del camino entre la planificación centralizada y el libremercadismo, generando con su desgobierno el control mafioso del sistema financiero, la debacle del sistema productivo y el derrumbe del poderío militar, necesitaba alguien que le permitiera huir de un poder que ya no controlaba, sin terminar en la cárcel por la corrupción que manejaban sus hijas y amigotes bestialmente enriquecidos. ¿Por qué respetar a un hombre que llegaba al poder para cubrir escandalosas retiradas? ¿Por qué creer en el elegido de un hacedor de debacles? Sin embargo, Vladimir Putin construyó una popularidad gigantesca con un puñado de meses como primer ministro y otro puñado de meses como presidente interino. Y logró un abrumador triunfo electoral con un partido inventado de la noche a la mañana, y el respaldo de dirigentes y grupúsculos engangrenados por el desprestigio.

En síntesis, una victoria tan misteriosa como lo que piensa cuando se queda en silencio. Tan misteriosa como sus convicciones y sus intenciones.

El Dios de la guerra

Ni como primer ministro ni como presidente logró Vladimir Putin vencer la corrupción generalizada de la clase política y empresarial. Sin embargo, la mayoría de los rusos esperan de él un imperio draconiano de ética pública y económica. Tampoco pudo revertir el crecimiento sofocante de la miseria. De todos modos, los rusos sueñan con que construirá una sociedad opulenta y equilibrada, capaz de estar a la altura de los capitalismos de Europa.

¿Por qué todos esperan de Putin lo que nunca demostró ser capaz de lograr? ¿Qué fue lo que hizo para despertar tanta esperanza?

Lo que hizo fue lograr que Rusia vuelva a creer en Rusia ¿Cómo? Arrasando el separatismo checheno.

Si Afganistán le hizo ver a los rusos que no eran invencibles, la primera guerra del Cáucaso los humilló y los hizo sentir absolutamente vulnerables. Entre 1994 y 1996, un pequeño y pobre pueblo musulmán infligió a un gigante con autoestima imperial una catastrófica derrota. Con su ejército diezmado en el corazón de Grozny, a Boris Yeltsin no le quedó más alternativa que enviar al general Alexander Lebed a organizar la retirada. La Rusia del poderío soviético que había enfrentado a las potencias de Occidente, le sumaba a su fracaso afgano la paliza que le propinó una banda de forajidos barbados con sus emboscadas en las montañas caucásicas. Y esta derrota pesaba más en el marco del colapso económico y la frustración social. Entonces llegó Putin para lavar el honor. Hay quienes sospechan que fueron sus colegas del KGB quienes organizaron los sangrientos atentados que Moscú le endilgó a los chechenos. Y cuando todos pensaron que los guerrilleros fundamentalistas del sur eran un peligro en el mismísimo suelo ruso, Vladimir el implacable ordenó al ejército marchar sobre la pequeña Chechenia.

Fue su orden de exterminio la que le dio popularidad. Fue su decisión de no dar marcha atrás ante la presión occidental que denunciaba masacres la que acrecentó su figura. Fue la brutalidad de su política de tierra arrasada y las imágenes de Grozny reducidas a escombros las que forjaron su fama de líder severo e invencible.

Es trágico, pero los rusos creyeron en él por haber logrado el aniquilamiento sin piedad de un pueblo pequeño y pobre. No lo votaron por lo que construyó en Rusia, sino por lo que destruyó en el Cáucaso.

El gaullismo ruso

Su ideología no es el comunismo, pero tampoco estrictamente la democracia capitalista. Su ideología es la grandeza de Rusia. Sabe que la debacle económica no fue entera culpa de Yeltsin, ni siquiera de Gorbachov. Es demasiado inteligente como para ignorar que el modelo de crecimiento soviético había colapsado al comenzar la década del setenta. Por eso apoyó a los reformistas. En el fondo, porque nunca fue comunista, aunque haya sido parte del espionaje soviético.

En rigor, se sumó a las filas del KGB pensando en la grandeza de Rusia. Su ideología son las victorias rusas. Contra el enemigo que sea. Rusia es grande cuando es capaz de vencer.

Y la Guerra Fría tenía como principal campo de batalla el escenario de los espías. La guerra abierta no podía darse porque hubiera terminado en un holocausto nuclear. Entonces queda una sola batalla, la única posible, y no la libraba el ejército sino la KGB.

Él quiso estar en esa batalla. Quiso ser como el espía de la película que tanto lo impactó en su adolescencia. Quiso ser como el personaje principal de "La espada y el escudo", ese agente ruso que se infiltraba en la Alemania de Hitler para descubrir, decodificar y revelar a Moscú los planes del ejército nazi. Quiso ser como ese espía que salvaba a la gran Rusia de la derrota frente al Tercer Reich. Y se convirtió en un agente secreto. El mejor cuadro de la inteligencia soviética apostado en la RDA, que luchó como pudo en una guerra que su país terminó perdiendo porque el modelo de la planificación centralizada terminó colapsando frente al poderío económico de Occidente. Vladimir Putin nunca fue comunista. Detestaba al zarismo por la derrota de la flota imperial frente a los japoneses en la batalla de Tsushima, y por la debilidad de su ejército en las trincheras de la Primera Gran Guerra. Y detestó al comunismo cuando su incapacidad económica le hizo perder la Guerra Fría.

Su ideología es la grandeza de Rusia. Por eso la figura europea que más admira es la del general De Gaulle. Porque cuando Francia estaba humillada por el poderío alemán y la traición de los colaboracionistas, el padre de la resistencia le devolvió a los franceses el concepto de la "grandeur". Y él entendió que al orgullo del pueblo ruso había que desenterrarlo de la fosa caucásica donde lo sepultaron los mujaidines chechenos.

Es humanamente trágico, pero no se equivocó. Por eso, exterminando al pueblo pequeño y pobre que había puesto de rodillas a Rusia, él, Vladimir Putin, logró que el pueblo ruso le abriera las puertas del Kremlin.

Porque después de tanta derrota y tanto fracaso, el taciturno espía de la mirada de hielo que puede hacer añicos a cuatro matones al mismo tiempo, armar y desarmar un Kalashnikov en la oscuridad, pilotear un cazabombardero Mig y plagar de micrófonos imperceptibles una embajada, logró, aniquilando a los musulmanes del Cáucaso, que un pueblo aturdido y humillado vuelva a creer en la grandeza de Rusia.

228

El agua y el fuego

Este ensayo publicado en setiembre del 2000, es el único relatado en primera persona debido a que toma como eje del análisis una experiencia propia vivida en la última etapa de la era soviética.
La postal muestra cómo el incendio de la torre más alta de Moscú, inmediatamente después de la tragedia del submarino nuclear Kursk, obligaba a Vladimir Putin a reconocer que Rusia estaba en ruinas, poniendo fin a una vieja práctica: el ocultamiento de la realidad.

Cuando alguien anunció que el vuelo a Ereván estaba próximo a partir, sencillamente no podía creerlo.

Había pasado todo un día y una noche esperando el anuncio, en medio del caos de Nukovo, el aeropuerto de cabotaje de Moscú. Una multitud trepó a los saltos y empujones por la escalerilla. Los asientos se llenaron rápidamente y muchos pasajeros quedaron parados en el pasillo, mientras que otros se sentaron sobre sus maletas, junto a las puertas de los baños y las salidas de emergencia.

El avión despegó sin azafatas que expliquen el uso de las mascarillas de despresurización, ni cartelitos que se enciendan para prohibir fumar y ordenar ajustarse el cinturón de seguridad. Parecía un ómnibus de la línea 60 en una hora pico, pero era una nave de la principal aerolínea soviética.

Acurrucado junto a la cabina, pensé que las normas de vuelo no se cumplían porque el destino era el Cáucaso, donde armenios y azeríes libraban una guerra brutal por controlar el enclave de Nagorno-Karabaj. Aunque tampoco descarté que el caos reflejara la situación del país en aquel 1989, poco después de que fracasara el intento golpista del KGB contra Mikhail Gorbachov. Pero después comparé el desorden de Nukovo con la armonía sincronizada que encontré en Sheremetievo, el aeropuerto internacional moscovita. Y llegué a sospechar que la URSS, como un dios Jano, desde hacía tiempo tenía dos caras. La que podía observar el mundo era prolija y ordenada como Sheremetievo, y la que sólo podían ver los soviéticos era caótica como la estación de cabotaje, y anormal como ese temerario vuelo sin reglas con destino a Ereván.

Al comenzar a escribir este artículo, con un cable sobre el escritorio en el que la agencia Interfax revela que la torre de Ostankino nunca cumplió las normas de seguridad contra incendios, me pregunté por qué ninguna de las notas que envié desde el Cáucaso y desde Moscú describieron aquel viaje. ¿Por qué cometí la estupidez de escribir sólo sobre las encarnizadas batallas que azerbaijanos y garapagsíes libraban en las puertas de Stepanakert, y sobre la debilidad de Gorbachov después que el contragolpe de Boris Yeltsin lo liberara de su encierro en una dacha de Crimea? Me lo pregunto recién ahora, al escribir este artículo porque la torre símbolo de la modernidad soviética ardió como una antorcha. Y porque en el fondo del mar de Barents, un submarino se convirtió en la tumba metálica de 118 hombres y del sueño imperial de Rusia.

Despertares

Esta vez no demoró. El Kursk demostró que, a esta altura de la historia, la simulación es una pose imbécil y criminal.

Por eso Vladimir Putin se apresuró a decir que el incendio de la torre muestra que Rusia está en ruinas y que sus estructuras están carcomidas por la decadencia, lo que equivale a revelar que todo lo que aparenta grandeza oculta la amenaza de convertirse en una trampa mortal en cualquier momento.

El agua y el fuego le devolvieron la sensatez. El agua de Barents y el fuego de Ostankino le enseñaron que Rusia ya no puede ocultar sus tragedias. El último intento de hermetismo se fue a pique con el mejor submarino de la flota. Pero el presidente lo comprendió demasiado tarde. Cuando recibió la noticia, todavía pensaba que el eterno juego de la simulación era posible. Ese diestro manejo de la mentira que, en el siglo XIX, el canciller alemán Otto Von Bismark denunció diciendo que "Rusia nunca es lo que aparenta".

Por eso Vladimir Putin rechazó durante cinco días la ayuda que británicos y noruegos le ofrecían para rescatar a los tripulantes del submarino. Sabía que Rusia no tiene buzos y que sus vetustos batiscafos no servían para el salvataje. Pero la vida de 118 personas no valían, en sus cálculos, la humillación de que sean buzos de una empresa privada noruega y el moderno minisubmarino inglés LR5 los que socorrieran a marinos rusos. La flota no podía mostrarse débil. Era la propia Rusia la que desnudaría su debilidad. Y él, Vladimir Putin, llegó a la presidencia hablando de una grandeza intacta. Conquistó el Kremlin diciendo que las batallas ganadas en Chechenia y Daguestán demostraban que el país seguía siendo una potencia.

El imperio que comenzó a construir Pedro el Grande, hace tres siglos, cuando impulsó la creación de una flota imperial. Ese objetivo llevó a los rusos a vencer a los turcos para llegar a las costas del Mar Negro. Allí está el puerto de Sebastopol atestiguando aquella grandeza. La que hizo crecer a San Petersburgo en la búsqueda de las aguas bálticas. La que llevó los ejércitos del zar a combatir a China para quitarle Jaishenwei y convertirla en Vladivostok, el puerto de la poderosa flota del Pacífico. Y luego a invadir Georgia buscando el Mar Caspio. Pedro el Grande construyó un imperio siguiendo las lecciones de Inglaterra y Portugal. Los imperios se conquistaban y se hundían en el mar. Como el español, que se perdió en las fatídicas últimas décadas del siglo XIX al ser derrotado por el imperio naciente, Estados Unidos, en las guerras de Filipinas, Cuba y Puerto Rico. El régimen zarista se hizo fuerte con el poderío de su flota y comenzó a desmoronarse cuando los japoneses la diezmaron en la batalla de Tsushima, durante la guerra de 1905.

Los bolcheviques lo enterraron doce años más tarde. Pero Lenin recreó la ambición de grandeza nacional al edificar la Unión Soviética.

El esplendor llegó con los nazis derrotados en Stalingrado y la Guerra Fría convirtiendo a Rusia en el otro polo del poder mundial. Por eso Putin se empeñó en el intento de demostrar a los rusos que la derrota en Afganistán, la tragedia de Chernobyl, el final del Pacto de Varsovia, la desintegración de la URSS y el descalabro del ejército frente a los mujaidines chechenos en 1996 no significaban el patético final de lo que fue un imperio, sino la maldita consecuencia de una clase política decadente.

Aplastando Grozny y aniquilando musulmanes caucásicos, demostraba que la grandeza nacional dependía de la actitud de los jerarcas del Kremlin. Y Rusia le creyó.

Por eso al presidente le costó tanto aceptar a los buzos noruegos y al minisubmarino británico. Tenía que ocultar la realidad esquelética de lo que fue una armada imperial. Ocultarla como siempre se ocultó la verdad en un país que lograba con éxito el hermetismo. Entonces decidió salvar un secreto militar que británicos y noruegos desnudarían si se les permitía el rescate.

Pero al final no salvó el secreto ni a los 118 marinos ni el pasado de grandeza que se ahogó en el mar de Barents.

El fin del hermetismo

Después de conspirar contra Pedro III y convertirse en el favorito de Catalina II, el príncipe Grigory Alexandrovich Potemkin organizaba los viajes de la zarina y sus huéspedes extranjeros por la Rusia profunda. Y siempre que los carruajes reales llegaban a las comarcas campesinas, encontraban un montaje de fachadas que ocultaban la miseria de aquellos pueblos campesinos del siglo XVIII.

La torre de Ostankino no era más que una fachada de Potemkin. Lo demostró el incendio con sus cuatro muertos calcinados en un ascensor, la impotencia de los bomberos y el informe que reveló que la construcción más imponente de la era soviética nunca tuvo sistemas de seguridad.

En 1967, cuando se elevó hasta el cielo de Moscú, lograba duplicar la altura de la Torre Eiffel. Con sus 533 metros, miraba desde arriba al Empire State dejando enanos sus 381 metros. No pudieron alcanzarla ni las torres gemelas del World Trade Center de Manhattan, ni el Sears Building de Chicago, ni los dos cilindros de 450 metros que se levantan en el centro de Kuala Lumpur.

Ostenkino llevó hasta la nubes a las antenas de la televisión estatal, para simbolizar una modernidad que finalmente ardió como una antorcha y obligó a Vladimir Putin a admitir lo que tanto le había costado con la tragedia del Kursk: Rusia está en ruinas.

Pero... ¿desde cuándo? ¿Alguna vez dejó de tener razón Bismark cuando la describía como el país que nunca era lo que aparentaba? Lo que se hundió en el mar de Barents y se quemó en las alturas, ¿es la grandeza de una potencia o la capacidad para ocultar la realidad como lo hacían Potemkin y el hermetismo soviético?

En todo caso, esos secretos comenzaron a filtrarse por las grietas del reactor de Chernobyl. Pero si el mundo conoció aquella tragedia, tal vez no fue por obra y gracia de la Perestroika, sino porque los vientos de los Urales soplaron hacia el Oeste llevando las radiaciones mortales hasta Europa.

¿Cuántos Chernobyl hubo antes de Chernobyl?

Quizás muchos. Como también es posible que muchos de los aviones que despegaron de Nukovo sin cumplir las normas más elementales de vuelo, no hayan llegado jamás a sus destinos.

Sobre eso debí escribir cuando llegué a Ereván en un vuelo cargado como un colectivo de la línea 60. Pero los informes que mandé desde el Cáucaso y Moscú sólo hablaron de las batallas que azeríes y armenios libraban en las colinas de Nagorno Karabaj.

Recién comprendí la estupidez al sentarme a escribir este artículo. Porque el hermetismo ruso ardió en la segunda torre más alta del mundo. Y porque en el fondo del mar está la tumba metálica de 118 marinos de lo que fue una flota imperial.

Moscú no cree en lágrimas

En octubre del 2002, terroristas chechenos ocuparon un teatro tomando a más de 700 rehenes. Exigían la retirada inmediata y total rusa del pequeño país caucásico. El presidente ruso no quiso negociar y, utilizando un gas de efectos somníferos que causó la muerte de al menos 119 rehenes, lanzó una operación militar que aniquiló a todo el grupo terrorista.
De todos modos, la tragedia del teatro Dubrovka mostró a Moscú tan indefensa como Nueva York cuando el ataque a las torres gemelas, y colocó a Vladimir Putin un paso más cerca de su colega norteamericano.
Por esas horas, Bush comprendía a partir de un anuncio norcoreano, que la marcha que emprendió el 11-S es más compleja de lo que suponía.

Es fácil imaginar sus ojos afilados perforando con esa mirada de águila siberiana a los jefes policiales y militares que le informaban sobre la toma de rehenes en el teatro Dubrovka.

Es fácil imaginar el fuego de sus pupilas lacerando a sus interlocutores al verificar que Moscú es tan indefensa que medio centenar de milicianos caucásicos, armados hasta los dientes, portando explosivos como para hacer volar el Kremlin y vestidos con uniformes de fajina, pudo atravesar la ciudad y realizar semejante operativo comando a pocas cuadras de la Plaza Roja.

Es fácil imaginar la herida en su orgullo de estadista y estratega que provocó el ataque checheno en el mismísimo corazón de Rusia.

Es fácil imaginar su cerebro de computadora, adiestrado en cuestiones de alto riesgo por los mejores cuadros del espionaje soviético, recorrer con la velocidad de la luz las alternativas posibles frente a una situación tan desmesurada y desequilibrante.

Es fácil imaginar a esa mente ágil descartando vertiginosamente todo lo que dejaba margen de duda, para llegar rápido a la conclusión de que sólo había dos posibles desenlaces: capitular o atacar. Y como la capitulación sencillamente no existe en el vocabulario que maneja Vladimir Putin, habrá quedado descartada de inmediato.

Tal vez el error más grosero que cometió Movsar Barayev al planificar la acción, fue imaginar que el presidente evaluaría la posibilidad de canjear la vida de los rehenes por la rendición incondicional de Rusia en el frente caucásico. De haber tenido mínimamente en cuenta el espíritu de hierro y fuego que habita al líder ruso, nunca le hubiera puesto como alternativa la retirada inmediata y total del ejército que ocupa la pequeña república musulmana.

Pero el terrorista checheno decidió jugar al todo o nada, por lo tanto la única victoria que le quedó como posible era matar los setecientos rehenes para que pesaran sobre la psiquis del pueblo ruso. En todo caso, su única astucia estuvo en restar tiempo, imponiendo con el anuncio del comienzo inmediato de las ejecuciones un apuro que impidiera la elaboración serena de una estrategia de contragolpe.

Sin embargo, incluso esta apuesta estaba condenada al fracaso, teniendo en cuenta que se enfrentaba a un hombre frío como un témpano y absolutamente implacable.

En rigor, lo que hizo Vladimir Putin fue lo único que se podía esperar de él: buscar con la velocidad de un rayo el plan que permitiera aniquilar a los terroristas, evitando la muerte de la totalidad de los rehenes.

Habrá comprendido de inmediato que la posibilidad óptima no existía y habrá digerido rápidamente la certeza de que muchos inocentes morirían durante el contraataque. De este modo, la cuestión se reducía a cómo lanzar la operación evitando la voladura del teatro.

Eso es lo que hizo, y logró su objetivo, por cierto a un precio muy alto, pero convencido de que no había una alternativa mejor y que es el precio que había que pagar para que Rusia no se ponga de rodillas.

Así funciona la mente de Vladimir Putin. De manera rápida, fría e implacable. A veces se equivoca, como frente al hundimiento del submarino Kursk en el Mar de Barens. Pero en términos generales, obtiene resultados contundentes.

De todos modos, el ataque al teatro Dubrovka lo coloca ante una perspectiva sombría: se puede derrotar a los chechenos en mil batallas, pero la guerra no termina nunca.

Cuando el ejército imperial finalmente doblegó a los guerreros del imán Shamil, que a partir de 1834 había logrado dos décadas de independencia en Chechenia, Ingushetia y Daguestán, en Moscú y San Petersburgo pensaron que la insurrección musulmana estaba definitivamente sofocada. Sin embargo, el tiempo derribó aquellas certezas.

También Stalin creyó haber terminado con el independentismo caucásico cuando, tras acusarlo de haber colaborado con la invasión alemana, ordenó la diáspora de millones de chechenos por los helados confines de Siberia. Pero también se equivocó. Y cada golpe brutal que descarga Rusia sobre ese pueblo indómito, suma razones para alimentar el odio que siente por el gigante eslavo que lo sojuzga desde hace siglos.

León Tolstoy describió el comienzo de esa sumatoria en el libro *Los Cosacos*, relatando la ferocidad de la rusificación y cristianización forzosa que los zares intentaron imponerle.

Vladimir Putin comprende ahora la admiración que el autor de *La Guerra y la Paz* evidenció al contar las luchas de guerreros como Khaid Murat.

En la batalla del Dubrovka venció a Movsar Barayev, del mismo modo que había vencido a su tío en las cordilleras centroasiáticas. Sin embargo, ya sabe que mañana habrá nuevos Barayev lanzando golpes audaces en las entrañas de Rusia.

Desde que el general Diojar Dudaiev revivió el independentismo al principio de los noventa, Moscú comenzó a descubrir en Chechenia un paisaje bélico demasiado parecido al que conoció en Afganistán, aunque con la diferencia de que los mujaidines afganos nunca golpeaban dentro de las fronteras rusas. Los chechenos sí lo hacen, y cada vez con más fuerza y osadía.

El comandante Yamil Basayev secuestró aviones de Aeroflot y barcos en el Mar Negro; también penetró con sus fuerzas en el estado ruso de Stavropol y ocupó un hospital en la ciudad de Budionovsk, tomando miles de rehenes. El ejército enviado por el Kremlin cometió inmensas masacres y convirtió a Grozny en una ciudad en ruinas, pero finalmente Boris Yeltsin terminó enviando al general Alexander Lebed a firmar una paz que se parecía demasiado a una rendición rusa.

Eso es lo que Putin se juró no hacer. La batalla del Dubrovka es una prueba. Tiene a su favor que el terrorismo checheno actúa con brutalidad salvaje y que está relacionado con la red Al-Qaeda. El hecho mismo de que los centuriones que custodiaban a Osama Bin Laden hayan sido en su mayoría chechenos demuestra la solidez del vínculo. Y va a aprovechar la cruzada de Bush contra el terrorismo para lanzar su propia cruzada.

Pero sabe que se trata de una guerra eterna.

Sorpresas te da la vida

Es difícil imaginar la expresión de Bush cuando Corea del Norte anunció que tiene bombas atómicas como si anunciara la invención de nuevas drogas contra el SIDA.

Es difícil imaginar la curvatura de sus cejas al comprender que el régimen de Pyongyang siente ante su doctrina de la guerra preventiva tanto miedo como el que le provocan los boy scouts de Nueva Inglaterra.

Es difícil imaginar cuáles fueron sus primeras directivas para enfrentar el nuevo desafío norcoreano. Al fin de cuentas, el propio Bush colocó al pequeño país asiático en el "eje del mal", junto al Irak de Saddam Hussein y al Irán de los ayatollas. Pero a diferencia de ambos estados musulmanes, Corea del Norte admitió públicamente y sin que nadie lo presione que cuenta con armas de destrucción masiva. Además, tiene misiles que pueden transportar esas ojivas repletas de megatones a varios miles de kilómetros, y bien lo saben los japoneses que vieron pasar esos cohetes por encima de sus propias cabezas.

En rigor, es difícil imaginar lo que pensaron todos y cada uno de los halcones de la administración republicana cuando escucharon la confesión norcoreana, a pesar de los compromisos de no proliferación nuclear que ese país firmó en los últimos años para lograr asistencia norteamericana en el desarrollo de la energía nuclear.

Corea del Norte sigue siendo un país extraño, en particular para Occidente. Siempre hizo de la debilidad su fuerza, desconcertando al resto del mundo. Por eso el régimen comunista que fundó Kim Il Sung tras la retirada japonesa de la península al concluir la Segunda Guerra Mundial, se atrevió en 1950 a trasponer el paralelo 38, que marca la frontera, invadiendo el sur protegido por los Estados Unidos. Y logró sacar un empate en la guerra de tres años que sostuvo contra las fuerzas multinacionales lideradas por el propio Douglas McArthur.

Siguió siendo un bicho raro al mantener su perfil estalinista a pesar de la desaparición soviética y de las reformas con que Deng Xiaoping le cambió la cara a China.

El aislamiento internacional, el anquilosamiento de su aparato productivo con sus secuelas de hambre y la muerte de su megalómano y despótico líder, generaron la sensación de que el heredero del trono no tendría más alternativa que iniciar las reformas que rescataran a Corea del Norte de la debacle económica en la que se encontraba.

Pero Kim Jong Il, el hijo de Kim Il Sung, resultó un personaje tan extraño e indescifrable como su padre. Desde su peinado construido a base de ruleros, que rompe exóticamente el paisaje decididamente lacio de las cabelleras asiáticas, todo en él resulta incomprensible. Por un lado impulsaba gestos de acercamiento hacia el eterno enemigo surcoreano, y por otro mezquinaba cualquier señal de apertura en el sistema totalitario del país. Después firmó compromisos de no producir nada que explote y, a renglón seguido, anunció con serenidad búdica que tiene arsenales nucleares como para borrar del mapa a Seúl.

En todo caso, si algo resulta medianamente comprensible, es que los cálculos de Bush sobre el devenir de la guerra que proclamó no son para nada exactos. El camino a transitar está plagado de sorpresas y no existen planes de contingencia, sino dudas paralizantes e improvisación sobre la marcha.

De todos modos, el presidente norteamericano sabe que tiene un compañero de viaje. El hombre de los ojos afilados que laceró a sus interlocutores con sus pupilas de fuego al descubrir que, en el Teatro Dubrovka, Moscú escenificó la tragedia de la indefensión que un año antes se presentó en Manhattan.

Capítulo VI

Las siguientes son postales sueltas de conflictos que, como el de Indonesia o Cachemira, están directamente vinculados con Al-Qaeda y su estrategia de expansión fundamentalista, además de otros, como el de Myanmar (la antigua Birmania) que, sin tener relación directa con la guerra que marca el inicio del siglo XXI, evidencia los componentes religiosos que caracterizan al confrontacionismo que está en marcha.

Se incluyen además una postal que muestra signos preocupantes en Japón y un paisaje de la guerra en el Congo, paradigma de los conflictos más sangrientos del África.

El paraíso infernal

La del Congo, al igual que otras de este capítulo, es una de las pocas guerras aludidas en este libro que no están ligadas directa ni indirectamente con el conflicto que tiene como punto de inflexión el 11-S. Pero aparece en esta recopilación por ser arquetípica de la violencia que surca el continente africano. Esta postal muestra los perfiles de Mobutu Sese Seko y de Laurent Kabila. Fue publicada en enero del 2001 a raíz del asesinato de Kabila, eterno guerrillero que cuando llegó al poder, derrocando al dictador Mobutu, traicionó gran parte de las ideas que levantó como bandera durante su larga acción insurgente.

La historia de ambos personajes, así como la del Congo, está estrechamente ligada a la Guerra Fría. Ése es el punto en común con los conflictos directa e indirectamente vinculados al 11-S.

En el Congo la paz es una sombra eternamente en fuga, la traición se compra con un puñado de diamantes y los héroes son a la vez villanos de la peor calaña.

La guerra se nacionalizó congolesa. Si bien el setenta por ciento del continente negro está surcado por conflictos, el Congo es el único punto donde los enfrentamientos se internacionalizan. Ocurre que su tragedia está en su riqueza. La naturaleza es una bendición maldita que origina ambiciones desmedidas que lo criminalizan todo. Pocos países del mundo tienen tantos elementos para ser potencia. Un territorio mayor a la suma de España, Portugal, Francia e Italia; plagado de yacimientos de uranio, cobre, estaño, cobalto, manganeso, plata, oro y diamantes. Pero tanta riqueza lo empobrece porque atrae guerra sobre guerra, imponiendo el reino de la codicia y la ideología de la dominación. Entonces todo se vuelve vil y despiadado.

Ésa es la historia del Congo en los últimos cien años. Una historia de crímenes, traiciones y batallas en una tierra que fue el paraíso. La tierra que descubrió el navegante portugués Diego Cao en el siglo XV cuando llegó a la cintura atlántica del África donde encontró el reino Bakongo y, admirado frente al orden creado por esas tribus bantúes, bautizó al inmenso río que allí desembocaba con el nombre de Congo. Fue el río que recorrió Henry Stanley a las órdenes de Leopoldo de Bélgica. Con los descubrimientos de este explorador comenzaron las tragedias, porque las riquezas encontradas convirtieron la región en propiedad personal del rey belga. La explotación de los nativos para que el caucho acrecentara el esplendor de los palacios de Bruselas fue tan grosera, que las denuncias inglesas hicieron estallar el escándalo que obligó a Leopoldo II a transferir la propiedad de esas tierras al Estado. Así nació el Congo belga, junto a un territorio menor con capital en Brazzaville que quedó en manos francesas. Pero mientras el general De Gaulle permitió al Congo francés optar por la independencia, los otros congoleses tuvieron que luchar mucho más para liberarse de Bélgica.

Así creció la figura de Patrice Lumumba, el padre de la independencia conseguida en 1960 y el primer líder africano que llegó al gobierno por el voto libre de los ciudadanos. Pero el final de la codicia belga implicó la nacionalización de la codicia. Y las ricas provincias de Katanga y Kasai, lideradas por Tshombé y Kalongi, proclamaron su secesión haciendo estallar la primera guerra; esa que nació de una traición y que traería otras guerras que generaron nuevas traiciones. Y todo por la maldita bendición de la naturaleza.

El despotismo obsceno

Cuando no era más que un gris sargento del ejército colonial se llamaba Joseph Mobutu. Al convertirse en dictador se rebautizó Mobutu Sese Seko, pero dejaba que sus obsecuentes generales enriquecidos por el soborno lo llamaran Kuku Gbendu wa sa Wanga, que significa algo así como "el gallo que somete a todas las gallinas". El hecho es que Mobutu construyó su tiranía corrupta y sanguinaria mediante el ejercicio de la intriga, la traición y la devastación de las riquezas.

Primero traicionó a Lumumba, derrocándolo del cargo de primer ministro y enviándolo a Katanga para que Moshé Tshombé lo ejecutara. Después defenestró al presidente Kasavuvu y luego destituyó a Evariste Kimba y desplazó a Leonard Mulamba concentrando en sus manos todo el poder. Haber evitado la secesión de Katanga y Kisai le dio la popularidad que le permitió legitimarse en los comicios de 1970. Y se convirtió en el dueño del país. Para demostrarlo le cambió el nombre llamándolo Zaire. También rebautizó el río que recorrió Stanley y puso nuevos nombres a todas las provincias.

La CIA lo protegía porque sus enemigos eran las guerrillas sostenidas desde la Angola marxista de Aghostino Neto. Y cuando los insurgentes lograron ocupar ciudades importantes como Kolwezi y Mutshalaha, los ejércitos de Francia y Bélgica acudieron en su rescate para evitar que el negocio del oro y los diamantes pase a engrosar las arcas soviéticas.

En síntesis, la guerra fría mantuvo su imperio de la corrupción durante tres largas décadas. Y mientras sobrevivía a guerras que llegaron a involucrar a Marruecos, Sudán y Uganda, nacionalizaba los yacimientos para manejarlos como propiedades personales y se enriquecía obscenamente.

El Palacio de Mármol, la mansión presidencial que se levanta solemne en la colina más alta de Kinshasa, llegó a albergar en sus garages medio centenar de Mercedes Benz. Todos tapizados en piel de leopardo, como su birrete militar, y todos con palancas de caoba, como su bastón. Pero la guerra fría terminó y ya no hubo efectivos galos y belgas ni expertos norteamericanos en contrainsurgencia para recuperar las posiciones que perdía su decadente ejército de rufianes. Occidente abandonó a su socio indeseable y nada frenó a las guerrillas en 1997, cuando con los ejércitos de Uganda y Ruanda protegiéndoles la retaguardia, las guerrillas ocuparon la fronteriza Goma, desde donde avanzaron hasta la estratégica Kisangani para finalmente lanzar su marcha triunfal sobre Kinshasa.

Carcomido por un cáncer, Mobutu murió viejo y solo en Marruecos, dejando a su angurrienta familia la repartija de lujosos pisos en París, palacetes rococó en la Costa Azul y cuentas secretas en paraísos fiscales con casi ocho mil millones de dólares.

El gran simulador

Lo único en su vida que no traicionó Laurent Dessiré Kabila fue el odio visceral que sentía por Mobutu. Todo lo demás era una pose, una actuación. Para el líder de las guerrillas que derrotaron la dictadura, ninguna causa brillaba más que un diamante y cualquier vida valía menos que una carga de colmillos de elefantes bien vendida a los traficantes de marfil que merodean el lago Tanganika.

También él construyó su poder a la sombra de la guerra fría. Posaba de ideólogo marxista y escenificaba el rol de combatiente incansable porque eso le permitía obtener la millonaria ayuda de Moscú y de Luanda.

En realidad, era marxista. Pertenecía a la etnia Luba, dominante en la región de Momba, donde nació, y se enamoró del comunismo cuando leyó *El Capital* y *El Manifiesto* estudiando Filosofía Política en París. Luego conoció el pensamiento maoísta tomando cursos en la Universidad de Dar es Salam, y recibió en Pekín adoctrinamiento sobre estrategias foquistas. Pero en gran medida la que libró contra Mobutu fue de una guerra de mentirita. Lo percibió el Che Guevara cuando lo conoció en la jungla congolesa. El legendario guerrillero argentino-cubano describió a Laurent Kabila como un líder carismático de sólida formación ideológica, pero frívolo, mentiroso, borrachín y mujeriego. En el capítulo africano de sus memorias, Guevara deja entrever que Kabila comandaba un ejército de patanes que eludía entrar en combate y que pasaba más tiempo en sus bases de Tanzania, bailando en fiestas alcoholizadas, que librando batallas contra Mobutu en el Zaire.

No se equivocaba. Después de lanzar en el '64 la "rebelión simba" (león, en lengua swahili), fue poco y nada lo que Kabila combatió. Se enriquecía de la ayuda recibida de Moscú por la vía angoleña y pasaba gran parte del tiempo tomando whisky escocés en el burdel que su guerrilla regenteaba en la aldea tanzana de Kigoma. Ese era su cuartel general y desde allí manejaba la explotación de piedras preciosas y hacía negocios con los traficantes de marfil que enviaban a Europa sus cargas desde Burundi.

Lo protegía la guerra fría, por eso sus patrocinadores comunistas mezquinaron durante tanto tiempo la difusión del capítulo africano de los *Pasajes de la Guerra Revolucionaria* de Guevara. Pero si el final de la Unión Soviética lo dejó sin sus antiguos aliados, también le abrió el camino hacia Kinshasa.

Kabila cambió de socios. Obtuvo el respaldo de Burundi, Ruanda y Uganda apoyando la rebelión contra Mobutu de los banyamulenges (tutsis congoleses). Prometiendo democracia y respeto por los derechos humanos consiguió la bendición de Occidente, y su guerrilla combatió, por primera vez en serio, parapetada por los ejércitos de los países enemigos del régimen zaireño. Pero cuando llegó al poder traicionó a sus nuevos aliados, olvidó sus promesas democráticas, instauró un nepotismo despótico y sumergió al rebautizado Congo en una guerra que enfrenta a los ejércitos de Angola, Zimbabwe y Namibia con los de Uganda, Ruanda y Burundi.

Todos buscan lo mismo: apoderarse de las riquezas de un país devastado por la corrupción y dividido en más de cuatrocientas etnias con por lo menos doscientas lenguas tribales. Lo mismo que buscaba Laurent Dessiré Kabila y también quienes lo hicieron balear en el Palacio de Mármol.

Nadie sabe a ciencia cierta qué puede ocurrir mañana, o dentro de dos horas. En el Congo nunca se sabe porque las bendiciones maldicen, los héroes son también los villanos y la traición se compra con un puñado de diamantes.

Tiempo sin revancha

El largo conflicto entre la India y Pakistán estuvo, en los últimos años, vinculado a Al-Qaeda y el régimen talibán, ya que desde el territorio afgano se ayudó con armas, entrenamiento y asesoramiento militar a las guerrillas musulmanas que luchan contra el ejército indio para que Cachemira se integre totalmente al estado paquistaní.
Esta postal fue publicada en enero del 2002, cuando el régimen del general Pervez Musharraf cedía a las presiones norteamericanas poniendo fin a una ofensiva contra el ejército indio en las alturas del Himalaya, y resume las viejas raíces del conflicto y los intrincados paisajes políticos y sociales de los dos eternos enemigos asiáticos.

La historia lo puso en una encrucijada. Está obligado a actuar contra la razón que lo llevó al poder, que es como desmentirse a sí mismo. Al fin de cuentas, cuando sacó los tanques del cuartel de Rawalpindi y los enfiló por la autopista a Islamabad, la razón era Cachemira, la unidad de los territorios islámicos y la eterna necesidad de triunfar frente a la India. La necesidad de no ceder, de no sentir otra derrota.

Eso era lo único que "justificaba" un golpe de Estado contra el gobierno democrático. Y ahora actúa tal como lo que él mismo había condenado. Lo explica como puede. Justifica lo que, en definitiva, hubiera justificado la continuidad del primer ministro, al que derrocó acusando de pusilánime frente a la presión de Washington y la prepotencia de Nueva Delhi.

Ahora es él quien anuncia que no hay otro camino. El mismísimo Pervez Musharraf. El general que derrocó a Nawaz Sharif por haber ordenado la retirada de las colinas del Himalaya, desde donde se apuntalaba la ofensiva contra el ejército indio, es quien anuncia que Pakistán no apoyará a ningún grupo terrorista.

Benazir Butho cayó por la corrupción que engangrenó su gobierno, pero la destitución se hizo institucionalmente. En cambio a Sharif lo corrieron con los tanques, y nadie movió un dedo para defenderlo. El pueblo aplaudió el golpe porque el primer ministro había cedido frente a la Casa Blanca, justo cuando los separatistas cachemires se afianzaban en su ofensiva y se colocaban en posición de ocupar Srinagar.

Posiblemente no era tan así, pero en todo Pakistán se había instalado la sensación de que la oportunidad de doblegar a la India y arrebatarle los territorios musulmanes del norte estaba, por primera vez, al alcance de la mano.

Los fedayín de Lashkar e-Toiba podían resistir en las montañas la contraofensiva de los soldados indios precisamente porque la artillería pesada pakistaní, ubicada en alturas estratégicas, los protegía. Desde Lahore hasta Baluchistán, masivas manifestaciones respaldaban la embestida que prometía vengar anteriores derrotas. Las masas reclamaban al gobierno que se lanzara una guerra abierta y total contra la India, recurriendo incluso a las ojivas nucleares. Entonces llegó la presión de Clinton sobre el primer ministro. Sharif cedió, ordenando el repliegue militar que dejó a los guerrilleros librados a su suerte. Y la contraofensiva india pudo ponerlos en desbanda, alejándolos de Srinagar y recuperando las estratégicas alturas del Himalaya.

Por eso Musharraf sacó los tanques de Rawalpindi y los enfiló rumbo al palacio gubernamental de Islamabad. El general tomó el poder montado en el fanatismo islámico que entiende que la misión sagrada de Pakistán es conquistar Cachemira y lograr que la India muerda el polvo de la derrota, para lavar las humillaciones del pasado.

Un duro que se ablanda

Ese mismo general es quien cedió el espacio aéreo pakistaní y las bases de Baluchistán para que los norteamericanos exterminen el poder del talibán, engendrado en las escuelas coránicas de Peshawar y aliado fiel de Islamabad contra la influencia de iraníes, uzbekos y tadjikos sobre Afganistán. El mismo que ahora le quitó el respaldo a organizaciones como Lashkar e-Toiba y Jaish e-Mohamed, que lanzan desde Pakistán sus ataques contra el ejército indio en Cachemira.

Por mucho menos, ese militar derrocó a un gobernante democrático.

Ocurre que el nacionalismo pakistaní se basa en el endeble equilibrio que el islamismo logra entre las etnias pathán, sindi y punjabí, a su vez divididas en provincias, principados y clanes tribales. El odio al hinduismo y la obsesión por quitarle la tierra de los musulmanes cashmires, constituye uno de los pocos factores de unidad de una nación signada por una conflictiva diversidad.

La muerte de grandes estadistas como Jinnah y Alí Khan, dejó a la Liga Musulmana sin la clase dirigente que logró, con mucha dificultad, forjar el Estado que luego condujeron gobernantes de relativa envergadura como Iskander Mirza y Ghulam Mohammad. Y los sucesivos fracasos frente a la India enervaron el nacionalismo beligerante que llevó al poder dictadores como Ayub Khan y Zia Ul Hak.

La rebelión separatista de 1965 en Srinagar estuvo cerca de lograr lo que el ejército pakistaní intentó sin éxito en la primera guerra por Cachemira. Pero Nueva Delhi lanzó un contragolpe atacando Lahore, y la genialidad en la mesa de negociaciones de Lai Bahadur Shastri (el sucesor de Nerhu), le permitió a la India sumar un triunfo diplomático a su segundo triunfo militar. Shastri sumó un golpe más: supo explotar la marginación con que pathanes y sindis sometían a los bengalíes de Pakistán Oriental y, apoyando al líder separatista Suhrawardy y su partido, la Liga Awami, generó el conflicto que terminó con la escisión de Pakistán y el nacimiento de Bangladesh.

Razón de Estado

También para Nueva Delhi el odio eterno con el vecino musulmán del norte es un factor de unidad nacional. La diversidad étnica, idiomática y religiosa siempre jaqueó la existencia de la India.

En los tiempos de Stalin, todos en el Kremlin apostaban a la disgregación de ese gigante sudasiático. Los punjabíes de religión sikh intentaron desde el principio un estado independiente con capital en Amritsar, mientras los nagas soñaban con un país propio en la frontera nor-oriental.

La India nació con el nizam de Hyderabad reclamando una nación, y el nabad de Bohpal intentando unir muchos principados para crear un tercer estado. Pero Jawarhalal Nerhu logró controlar a sikhs y nagas, mientras que su brillante vice-primer ministro, Vallabhai Patel, convenció a los ampulosos marajás para que, por un puñado de concesiones vitalicias, aceptaran unir todos los principados bajo la soberanía india.

El país lograba unirse a pesar de su diversidad. La creación de estados lingüísticos le permitió al Partido del Congreso superar la mezcla de lenguas que habían dejado los ingleses al crear provincias teniendo en cuenta sólo el interés administrativo. En provincias como Madras se hablaba tamil, hindi y telegu, mientras que en Bombay, además del hindy, había pueblos de lenguas como el gujeratu y el marathi.

Las únicas grandes derrotas del movimiento fundador fueron la guerra del '62 contra China, que logró empujar al ejército indio hasta el Valle de Brahamaputra, y la escisión de los musulmanes del norte (que le costó la vida al Mahatma Gandhi).

De ahí en más, para Nueva Delhi la intransigencia frente a los coránicos se convirtió en una cuestión de Estado.

Todas estas décadas de conflictos, odio acumulado y difíciles equilibrios para mantener la unidad de lo diverso, fundamentan el temor de que los dos eternos enemigos asiáticos puedan incluso recurrir a sus arsenales nucleares para dirimir la cuestión cashmir. Pero las concesiones anunciadas (en enero del 2002) por el dictador pakistaní permiten vislumbrar una nueva victoria de la India.

Si el general Musharraf de verdad quita el apoyo a los separatistas y desbarata organizaciones como Lashkar e-Toiba y Jaish e-Mohamed, tendrá que inventar nuevas razones para mantenerse en el poder. Porque la historia lo puso en una encrucijada y está obligado a actuar contra la razón que lo hizo sacar los tanques del cuartel de Rawalpindi y enfilarlos por la autopista a Islamabad.

Vida feroz

El conflicto de Myanmar, la antigua Birmania, tenía que estar en este libro debido a su carácter religioso, ya que las etnias enfrentadas son budistas y cristianas.
La postal de esta guerra fue publicada en febrero del 2000, cuando el mundo descubría atónito que dos hermanitos de diez años comandaban una guerrilla, llamada Ejército de Dios, que por esos días había tomado violentamente un hospital en la vecina Tailandia.
Además de resumir la historia del conflicto birmano, se retrata la increíble leyenda que la etnia cristiana tejió alrededor de los pequeños comandantes.
Meses más tarde, los hermanitos Htoo se entregaron a las autoridades tailandesas.

Tenían sólo diez años, la edad en que los niños inventan juegos, ven dibujos animados y suelen confundir la realidad con la fantasía de los cuentos infantiles. Y dicen en la aldea que eso hacían los hermanitos Htoo, hasta que llegó el ejército y comenzó a detener a todos los hombres, saquear las casas, violar a las jovencitas y luego expulsar a los aldeanos empujándolos hacia la frontera de Tailandia.

Es lo que habitualmente hacen los soldados de Myanmar con los miembros de la etnia karen, pueblo acusado por el régimen militar de intentar dividir al país para crear un estado independiente en el territorio que se extiende desde los montes Kao Li-Rung y las mesetas Shan, hasta la larga y selvática costa sobre el Mar de Andamán.

Pero en aquella aldea se encontraron con una sorpresa, porque dicen que los hermanitos Htoo reclutaron a un grupo de hombres que se había ocultado en la jungla, les repartieron armas que nadie sabe de dónde sacaron, les explicaron un plan de acción y encabezaron la contraofensiva para recuperar la comarca.

Dicen que los militares no podían creer lo que veían porque los dos pequeños pelearon como expertos y feroces combatientes forjados al fragor de mil batallas. Dicen que no desperdiciaron ni una sola bala, porque cada vez que gatillaban caía un enemigo, y que ni las granadas ni las ráfagas de ametralladora los detenían. Dicen que sus caritas se congelaron en una mueca atroz e implacable, y que fueron ellos quienes abatieron a la mayoría de los soldados que habían ocupado la aldea.

Todo lo que vino después también se dice, y resulta imposible discernir la realidad de la leyenda. Lo cierto es que, desde aquella increíble batalla ocurrida hace dos años, Johnny y Luther, los hermanitos Htoo, lideran el Ejército de Dios, la guerrilla cristiana de la etnia karen que por estos días incursionó en Tailandia y ocupó el hospital de Ratchaburi, a un puñado de kilómetros de Bangkok.

Se dice que son inmortales porque las balas rebotan en sus cuerpos, salen ilesos de los bombardeos y caminan por los campos minados sobreviviendo a las detonaciones. Lo cierto es que el régimen puso precio a esas cabecitas que debieran inventar juegos, apasionarse con los dibujos animados y confundir la realidad con la fantasía de los cuentos.

Un viejo conflicto

Muchos pueblos de diferentes lenguas y religiones habitan Myanmar, la antigua Birmania, país que se extiende desde el Golfo de Bengala y el Mar de Andamán hasta las fronteras de la India, Pakistán, China, Laos y Tailandia. El más numeroso es el birmano, que desciende del imperio que hace mil años fundó el rey Anawrahta y abrazó el budismo theravada como religión oficial. El pueblo que derrotó a los mongoles de Kublai Khan y a otros tantos invasores, hasta que fueron vencidos por los ingleses en el siglo XIX. La nación birmana que se dividió, durante la Segunda Guerra Mundial, entre los que apoyaron la ocupación japonesa y los que colaboraron con los británicos desde la Liga Popular Antifascista que consiguió la independencia en 1948, creando una democracia que respetó a las numerosas minorías, representadas en la Cámara de las Naciones.

Pero desde 1962, cuando el general Ne Win dio un golpe de estado y creó el régimen del Partido del Programa Socialista Birmano, nunca más hubo en el parlamento una Cámara de las Naciones ni elecciones libres ni derecho a la oposición.

Por eso el general Bo Mya, que pertenece a la etnia mayoritariamente cristiana que representa el siete por ciento de la población, recreó la Unión Nacional Karen (KNU) que lucha contra el régimen militar y dice que sólo dejará las armas si se entrega el gobierno a la Liga Democrática que lidera Aung San Suu Kyi. Pero la KNU comenzó a perder batallas desde que el general Maung dio un golpe palaciego y cambió el nombre de Birmania por el de Myanmar y el de la capital, Rangún, por el de Yangón.

La más dura derrota fue en el '95, cuando el ejército logró capturar su cuartel general de Mannerplaw tras duros combates que prácticamente diezmaron a la principal guerrilla del pueblo karen.

Es por eso que la etnia que siempre luchó por obtener autonomía en sus territorios, desde hace dos años apuesta su futuro a la guerrilla fundamentalista cristiana que comandan los hermanitos Htoo.

La tragedia ignorada

El mundo nunca se ocupó demasiado de Birmania. Varios de sus vecinos, como Pakistán, Laos y China, no son precisamente campeones de la democracia. Además, el país cuenta con recursos económicos que interesan más que las violaciones a los derechos humanos que cometen los militares. Los deltas y las llanuras de Irawadi y el Sittang constituyen la mayor zona arrocera del mundo, mientras que las selvas y montañas son ricas en depósitos de minerales, y los mares apetecidos por pescadores del mundo entero.

Por eso nadie movió un dedo contra la despiadada represión a las masivas protestas estudiantiles del '87; ni hubo grandes muestras de indignación internacional cuando el régimen cerró, hace nueve años, todas las universidades. El mundo tampoco se enteró de la violenta segregación que sufren las minorías india y china, ni de las deportaciones masivas con que expulsan al pueblo karen.

Si esta vez Myanmar llegó a los diarios de muchos países, fue porque un grupo de rebeldes penetró en Tailandia y tomó mil rehenes en un hospital, durante una acción planeada y dirigida por dos niños de doce años.

Fueron las fotos de los gemelos Htoo las que llamaron la atención. Y no porque se tratara de niños guerrilleros, que después de todo los hay muchos y en casi todos los rincones del planeta, sino porque ellos son los máximos comandantes de esa insurgencia fundamentalista, y porque en sus bocas no hay chupetines sino gruesos cigarros, y porque sus manos no juegan con autitos sino que empuñan y gatillan fusiles y ametralladoras como los más adiestrados comandos de elite de las superpotencias. Y porque, además de todo, dicen que son inmortales.

La metamorfosis

Cuando la guerra estalla se termina la niñez. No hace falta que maten y que mueran; ver matar y ver morir es la muerte de la infancia. Por eso, desde siempre, la niñez es la primera víctima de una guerra. Lo curioso y al mismo tiempo atroz, es que en las últimas décadas aparecieron síntomas de que las víctimas de siempre empiezan a convertirse en victimarios.

El siglo XX estuvo plagado de genocidios, pero dos de los ocurridos en la segunda mitad de la centuria presentan un agravante: los niños fueron monstruosos protagonistas.

A mediados de la década del setenta, cuando el Khemer Rouge derrotó las últimas defensas del ejército de Lon Nol en Phnom Penh, Camboya se convirtió en un gigantesco campo de concentración. Y el sanguinario Pol Pot, convencido de que los niños eran la generación no contaminada que construiría el comunismo, los lanzó a exterminar a los mayores porque los consideraba burgueses mentales incapaces de adaptarse al "nuevo mundo".

Los niños camboyanos estuvieron entre los principales ejecutores del genocidio al que puso fin la invasión del ejército vietnamita.

La historia se repitió en el corazón del África, cuando el régimen de la mayoría hutu ordenó aniquilar a la minoría tutsi en Ruanda. El grueso de las masacres se perpetraron a golpes de machete. Y en la mayoría de los casos, esos machetes estaban en las manos de los niños.

¿Es que de tanto ser víctima, la infancia puede convertirse en victimaria?...
Es posible, aunque también puede ser un pánico inflamado como el Y2K.
Lo cierto es que en la selva birmana hay dos hermanitos que, a los diez años,
cambiaron el chupetín por gruesos cigarros y los autitos por fusiles de repetición.

Tal vez las balas no reboten en sus cuerpos, ni puedan pisar minas sin
desintegrarse. Pero dirigen una guerrilla y sus cabecitas planifican emboscadas, ofensivas y masivas tomas de rehenes, a la edad en que los niños inventan juegos, ven dibujos animados y suelen confundir la realidad con la fantasía de los cuentos infantiles.

Los fantasmas del templo maldito

En agosto del 2001, el primer ministro japonés, Junichiro Koizumi, realizaba una visita que fue duramente cuestionada por la mayoría de los países asiáticos, porque parecía reivindicar un pasado imperial y agresivamente expansionista. Por eso en esta postal aparece un paisaje preocupante donde la crisis económica se vincula con el despertar de viejos fanatismos ultranacionalistas, muchas veces vinculados a convicciones religiosas.

La quietud del templo rara vez se altera. La vorágine del centro de Tokio se detiene del otro lado de sus inmensos muros, donde la penumbra y el incienso se mezclan con un silencio ceremonial, conformando un tiempo sin tiempo.

Sólo algunos ancianos recorren sus salas inclinándose con reverencia frente a los austeros altares.

En el corazón de la ciudad, no demasiado lejos de la bahía donde el acorazado Missouri prestó su cubierta para que el representante del emperador firmase la capitulación bajo la mirada victoriosa de MacArthur, se levantan las paredes de Yasukuni para evocar a los japoneses muertos en la Segunda Guerra Mundial. Un templo que le da la espalda a la modernidad cosmopolita que lo rodea, para sumergirse en un pasado de "gloria" imperial y guerrera. Un tiempo que las computadoras no registran en sus archivos y que los jóvenes no reflejan en sus códigos de vida.

El Japón moderno creció sin mirar su penumbra letárgica, ni respirar sus humos de incienso, ni aturdirse con su ceremonial silencio. Ocurre que entre los fantasmas del templo se encuentran cientos de oficiales imperiales que cometieron crímenes atroces en los países ocupados durante la primera mitad del siglo XX.

Por eso gran parte del mundo asiático se paralizó en una mueca cuando el primer ministro Junichiro Koizumi traspuso el solemne portal de Yasukuni. Porque para chinos, coreanos, taiwaneses, indonesios y filipinos resulta imposible circunscribir tal homenaje a las víctimas de Hiroshima y Nagasaki, y de los masivos bombardeos de los B-29 sobre Tokio, y de los miles de soldados que murieron combatiendo heroicamente en las islas del Pacífico Sur.

Para los pueblos asiáticos que sufrieron las invasiones japonesas, cuando un gobernante nipón visita Yasukuni reivindica al imperio ultranacionalista y agresivo que ocupó la Península coreana desde 1910 hasta el '45; y que le quitó Manchuria a China para convertirla en la provincia del Manchukuo cometiendo masacres como la de Nanjín en 1937; y que llevó su práctica de la esclavitud sexual a las 7.100 islas del archipiélago filipino.

Junichiro Koizumi tiene un discurso moderno y reformista, tan importado como las ondulaciones de su pelo largo y a contramano del peinado masculino japonés. Representa a la vanguardia tecnócrata que barrió a los dinosaurios del viejo Partido Liberal Demócrata. Promete innovaciones en la administración y en el modelo productivo. Pero visitó el templo de los fantasmas imperiales, generando en el mundo asiático una perplejidad empapada de temor.

Es cierto que no es el primero. En 1985 lo hizo Yasuhiro Nakasone. Pero Occidente lo entendió como un gesto simbólico para equilibrar su histórica iniciativa de abrir los herméticos mercados nacionales a los productos extranjeros; mientras los vecinos le agradecían la millonaria ayuda financiera que brindaba a la región y el mundo entero aplaudía la inauguración del túnel submarino de Seikán, que une las islas de Honshu y Hokkaido.

La apertura de los mercados y el apoyo económico a los antiguos enemigos hicieron que nadie vea en la visita de Nakasone a Yasukuni un resurgir del viejo nacionalismo imperial. Además, en la década del '80 la economía japonesa todavía crecía a ritmos increíbles y su tecnología avanzaba implacable al paso de los más desarrollados del mundo.

En cambio, el Japón que preside Koizumi lleva más de diez años de desaceleración del crecimiento; vio derrumbarse al todopoderoso yen junto al índice Nikei en la Bolsa de Tokio y ya experimenta la creciente debilidad de ese noventa y pico de la población que integra su próspera clase media.

Si el crecimiento económico fue capaz de convertir al santuario de la guerra en un templo maldito, ¿será la crisis la que libere sus fantasmas ultranacionalistas?

Muerte y resurrección

El Occidente desarrollado intenta imponer la cultura de la globalización; pero hasta el momento sólo ha transitado por los circuitos histéricos y mezquinos de los capitales financieros.

Ellos nunca se derraman sobre la faz del planeta, sino que deambulan en un ir y venir que provoca efímeras bendiciones que pronto desembocan en nuevos fracasos. Y en la medida en que la prosperidad global se confirma como una promesa inalcanzable, la democratización que Fukuyama anunció en su libro *El fin de la historia* cae en las emboscadas de resucitados nacionalismos guerreros dispuestos a remarcar los mapas y agazaparse en las trincheras.

Los ejemplos se multiplican en todos los rincones del planeta, pero al alcance de la vista de Washington está el caso pakistaní. Cuando los tímidos repuntes que la economía experimentó en las últimas décadas se desplomaron, el general Pervez Musharraf salió de su cuartel y derrocó al primer ministro Sharif. No sólo cayó la democracia del Pakistán, sino sus esfuerzos para dirimir en la mesa del diálogo la vieja disputa con la India por la región de Cachemira.

Tal vez con la economía en crecimiento, el pueblo pakistaní no hubiera aplaudido al general que derrocó a Sharif cuando el primer ministro cedió ante la presión de Washington y retiró del Himalaya las fuerzas de artillería que apoyaban la ofensiva de los separatistas musulmanes que peleaban contra el ejército indio. Y tal vez si la economía de la India no hubiese permanecido estancada, el Partido del Congreso no hubiera sido barrido del poder por el líder nacionalista Atal Vaipajee y su partido ultra-hinduista Baaratiya Janata. Por cierto habría muchos ejemplos para apuntalar la tesis contraria. En Indonesia, el régimen autócrata y corrupto de Suharto comenzó a derrumbarse junto con la bolsa de Yakarta. Pero su anciano y ciego sucesor no pudo cumplir con el mandato que le otorgaron las urnas y... ¿cuánto tiempo podrá sobrevivir a la crisis económica el esfuerzo democratizador de la tímida Sukarnoputri?

En las sociedades sin tradición democrática, sólo el crecimiento sostenido de las economías con equidad distributiva puede apuntalar la gestación de una cultura de pluralismo y entendimiento.

Si tras los acuerdos de Oslo la prosperidad se hubiese derramado por Gaza y Cisjordania, posiblemente los palestinos hubiesen persistido en el camino de laicismo y diálogo que proponía Arafat, en lugar de convertirlo en un títere del fundamentalismo de Hammas y Jihad Islámica que apuesta al todo o nada en su pulseada con Israel.

En la cultura política germana tenía peso la afirmación de Otto Von Bismark, según la cual "hay momentos en que el gobierno debe ser liberal y momentos en que debe ser dictatorial".

La del "canciller de hierro" era una democracia circunstancial y no una regla definitiva. Pero si a la república de Waimar la sepultó la miseria impuesta por la mala paz de Versalles, al nazismo lo enterró definitivamente la prosperidad sostenida que comenzó a construir Adenauer.

América Latina todavía no enterró a Bismark porque sigue sin encontrar a Adenauer. Lo acaba de revelar un estudio de Latinobarómetro, según el cual la mayoría de los latinoamericanos están desencantados con el sistema representativo y de buena gana apoyarían una autocracia mesiánica. A pesar de las apariencias, la democracia en la región sigue siendo circunstancial. O sea que, si el crecimiento económico sigue demorando puede perder su chance. Y el autoritarismo mesiánico puede cavar de nuevo las trincheras que los sistemas representativos habían rellenado.

Pinochet y Videla estuvieron a punto de hundir el cono sur en una guerra de consecuencias impredecibles, pero los gobiernos constitucionales inauguraron un período de acercamiento sólido y creíble. Chile no volvió a su política de presiones fronterizas a pesar de que el equilibrio de fuerzas militares se descompensó a su favor, mientras que Argentina dejó de mirar hacia la Cordillera con preocupación y desconfianza. Pero la racionalidad del entendimiento depende de la racionalidad del sistema, y ésta se encuentra amenazada por el estancamiento económico.

Tal dialéctica es la que el Occidente desarrollado todavía no termina de tener en claro. O tal vez lo entiende, y cuando habla de globalización se refiere sólo al libre flujo de los capitales financieros.

El libro de la mala memoria

Es posible entender que, al igual que Nakasone, el primer ministro Koizumi visitó Yasukuni para contrapesar en el sentimiento nacional un nuevo impulso de aperturas y reformas. Pero resultaría temerario abandonar de inmediato la relación que puede existir con la década de desaceleración económica en la que se encuentra empantanado el Japón.

Sobre todo porque la visita no es un hecho aislado.

El Ministerio de Educación estableció como texto escolar el libro del historiador Nabukatsu Fujioka. En la redacción colaboró Tadae Takubo, académico de la Universidad de Kyorin que sostiene la teoría de que los crímenes de las ocupaciones japonesas en el Este asiático no pueden ser comparados con los del fascismo europeo y el estalinismo soviético, porque Japón nunca masacró pueblos "en nombre de una ideología".

En la historia que cuentan Fujioka y Takubo no figura la matanza de Nanjín, ni la esclavitud sexual, ni la caterva de tropelías cometidas en nombre de Hirohito en Corea, China, Taiwán, Indonesia y Filipinas. O sea que, de ahora en más, los niños japoneses podrían crecer convencidos de que lo mejor que pudo pasarle a los pueblos vecinos es haber sido parte del Imperio del Sol Naciente.

Si no fuera por ese libro, la visita de Koizumi no hubiese sido tan aterradora para los pueblos del Este asiático. Ni se temería una probable remilitarización nipona después de que los norteamericanos desmantelen su base de Okinawa. Pero hoy muchos se preguntan qué tan conjurado está el espectro del guerrero imperial. Al fin de cuentas, en más de medio siglo el único jefe de gobierno que pidió perdón por las ocupaciones japonesas fue el socialista Tomiichi Murayama.

Ocurrió hace sólo seis años, sin embargo parece un siglo porque la crisis económica sigue. Tal vez fue ella la que abrió las puertas del templo que le da la espalda a la modernidad cosmopolita de Tokio. Y Japón podría sumergirse en su penumbra letárgica, respirar sus humos de incienso y aturdirse con su ceremonial silencio.

Infierno en el paraíso

En octubre del 2002, los ataques a un barco francés en Yemen y a soldados norteamericanos en Kuwait se presentaban como signos de que Al Qaeda estaba reorganizándose tras la pérdida de sus bases en Afganistán. Pero la señal más contundente ocurrió en la isla indonésica de Bali, donde tres coches bomba destruyeron dos discotecas, dejando varios cientos de muertos. Fue la peor masacre ocurrida tras los atentados de Washington y Nueva York.

El odio nunca camina por la calle Jalan Legian. Suele pasearse por Yakarta con pancartas contra la minoría china que tiene fuerte presencia en la isla de Java, y por las ciudades de Sumatra para perpetrar atentados que llevan el signo del fundamentalismo. El odio marca el ritmo de la vida en Sulawesi, en Maluku y en Borneo, donde las diferencias étnicas generan guerras feroces y eternas. Y en Timor, porque los musulmanes todavía no terminan de digerir que los católicos de la parte oriental hayan conquistado la independencia. El odio está presente en la mayoría de las trece mil islas que integran el archipiélago indonesio. Pero nunca transitó por la calle Jalan Legian. Por ella caminan hermosas mujeres de todas partes del mundo, y musculosos surfistas, en su mayoría australianos, que cabalgan con sus tablas las altas olas de un mar turquesa y cálido. Allí están los bares donde se preparan los cócteles más exóticos, y los hoteles más extravagantes, y las discotecas más concurridas de todo el sur asiático. Porque Jalan Legian es la columna vertebral de Kuta Beach, la ciudad más alegre de Bali, la llamada Isla de los Dioses.

Todo es increíblemente bello en ese paraíso que flota al este de Java. Hasta su capital, Denpasar, tiene el mágico perfil de las pagodas y los templos hinduistas sobre un fondo de volcanes extinguidos, montañas de vegetación selvática y terrazas de arrozales enmarcados por un mar de corales y playas de arenas tan blancas como las pocas nubes que sólo a veces rompen el azul profundo del cielo.

De los 213 millones de indonesios, más del noventa por ciento es musulmán. Pero en Bali, la mayoría de los habitantes provienen de la India, profesan el hinduismo y tuvieron la habilidad empresarial de convertir a la isla en el mayor polo de desarrollo turístico del país.

Precisamente por haber estado al margen de las luchas separatistas y religiosas que plagan el archipiélago, Bali llegó a superar en materia de turismo internacional a las Célebes y a Lombok, donde los atentados y los enfrentamientos fueron poco a poco espantando a los visitantes que llegaban de todas partes del mundo.

Además, su cultura marcada por el hinduismo pobló Denpasar y Kuta Beach de museos de arte y germinó las danzas balinesas de las que se enamoró Margareta Gertrude Zele, quien luego de aprenderlas tomó el nombre de Mata Hari, que en la lengua nativa significa "ojo del día".

El mundo veraneaba en Kuta Beach porque el odio nunca caminaba por Jalan Legian. Pero esta vez la recorrió en tres autos cargados de explosivos. Los estacionó frente a dos inmensas discotecas. Los hizo estallar apagando en un alarido brutal el éxtasis de la música. Y llenó todo de muerte y destrucción, logrando que Bali dejara de ser la "isla de los dioses".

Fanatismo en Indonesia

Antes de que lo dijeran en Washington, lo gritaron en Canberra. De los extranjeros masacrados en las discotecas y los bares de Kuta Beach, la mayoría eran australianos. Por eso fue el gobierno de Australia el primero en indignarse y en lanzar su dedo acusador sobre Al Qaeda.

Y tiene lógica que el principal sospechado sea Abubakar Baasyr. Desde hace varios años este clérigo musulmán ultrafundamentalista preside el Consejo Mujaidín Indonesio.

Su posición es tan extremista que lo convirtió en el principal enemigo del gobierno que encabezó Abdurraham Wahid. Llegó incluso a colaborar con las acusaciones de corrupción que derivaron en la renuncia del presidente y la asunción del cargo por parte de Megawati Sukarnoputri, la hija del líder independentista que luchó contra el dominio colonial holandés hasta fundar la Indonesia independiente.

Sukarno fue derrocado por Suharto, quien con el partido Golkar instauró una dictadura que rigió durante más de tres décadas y borró del archipiélago a los comunistas, exterminándolos en un verdadero genocidio, además de arrinconar en el ostracismo a los clérigos musulmanes y sus movimientos fundamentalistas.

Fue el terremoto financiero que tuvo epicentro en la bolsa de Yakarta lo que acabó con el régimen de Suharto. Y la primera elección democrática llevó al poder al islamista moderado Abdurraham Wahid. Pero la corrupción de su gobierno, la crisis económica y las oposiciones laica y fundamentalista terminaron por desplazarlo del poder.

El gobierno de Sukarnoputri es el nuevo blanco de Abubakar Baasyr. Aparentemente apoyado por Osama Bin Laden, creó Yamaá Islamiya, el brazo armado del Consejo Mujaidín. Su objetivo es la implantación del islamismo en todos los rincones del archipiélago, al precio de expulsar a las minorías de otras religiones, como primer paso hacia la posterior creación de una confederación panislámica que, además de Indonesia, abarque Malasia, Singapur, el sultanato de Brunei y las islas del sur de Filipinas.

Sus vínculos con Al Qaeda son fáciles de deducir, no sólo por las veces que gritó a los cuatro vientos su admiración por Bin Laden, sino por la estrecha relación que mantiene con Abubakar Janjalani, el fundador y líder de la guerrilla integrista Abu Sayyef, que se entrenó y luchó con el millonario saudita en Afganistán, antes de regresar a Filipinas para iniciar la lucha armada en Mindanao, Jolo y Basilán.

Baasyr dice que nada tuvo que ver con la masacre de Kuta Beach, insinuando que la misma CIA podría estar detrás del atentado para justificar el belicismo de Bush. Pero en el Pacífico sur todos conocen su plan para limpiar Bali de hinduistas, sospechan de sus relaciones con Al Qaeda y creen ver las huellas del Yamaá Islamiya entre los cadáveres que cubrieron la calle Jalan Legian.

Bajo fuego

Nadie sabe a ciencia cierta cuántas fueron las víctimas de la masacre en Indonesia. En cambio, los habitantes de Washington van contando uno a uno los muertos que "el francotirador" está dejando en los Estados Unidos. Nadie puede caminar tranquilo por Montgomery ni por ningún otro condado de Maryland. La histeria también se va adueñando poco a poco de las calles de la capital. Una mira telescópica elige desde un lugar oculto al transeúnte que se convertirá en su próxima víctima.

Los asesinos seriales han sido una constante en la vida norteamericana, pero este cazador de humanos llega en el momento justo para imponer un razonamiento que los norteamericanos siempre eluden. Lo hizo el analista Thomas Friedman al afirmar que "personalmente, me complace que Bush esté concentrado en desarmar al lunático iraquí y rastrear los misiles Scud y las armas de destrucción masiva de Irak; pero desearía que también esté concentrado en desarmar a los lunáticos de los Estados Unidos, y en promover leyes que faciliten rastrear sus proyectiles calibre 223 y sus armas de destrucción individual. A muchos nos gustaría ver más inspectores de armas en estas calles y en las armerías locales, y no sólo en Bagdad".

Cuando Bill Clinton intentó imponer el desarme de los norteamericanos, Bush estuvo del lado de la Sociedad Nacional del Rifle que, dirigida por Charlton Heston, frustró la iniciativa levantando las banderas de una tradición armamentista que se remonta a los tiempos de la lucha por la independencia. De haber prosperado el intento de Clinton, la carabina del francotirador tal vez estaría incautada. Pero de eso Bush no habla, aunque Montgomery ya no sea el apacible condado de Maryland por el que se podía caminar con total tranquilidad. Como en Jalan Legian, la calle de Kuta Beach por la que nunca caminaba el odio, hasta que estacionó tres autos cargados de explosivos y estableció el infierno en el paraíso.

Segunda parte

Serás
tu sangre

I

Todo giró vertiginosamente. El cielo de un opaco atardecer, la jungla densa y el claro que se abría frente a ella, el traqueteo de las ametralladoras, las detonaciones cercanas y el grito tartamudo de los helicópteros artillados.

Todo giró vertiginosamente y lo único que de inmediato pudo entender era que no entendía nada. Ni el opaco atardecer, ni la jungla densa, ni el traqueteo de las ametralladoras, ni las detonaciones cercanas, ni el vuelo rasante de los helicópteros artillados.

Su cabeza estallaba con el alarido de un obús. Un sudor helado le bañaba la cara pegoteando en ella hojas, pasto, pólvora y tierra oscurecida. Estaba tirado boca abajo, aplastando con su pecho un Kalashnikov. Estaba tirado en algún húmedo y selvático rincón del planeta que bien podía ser la ribera del Mecong.

¿Y si lo fuera? ¿Si ese cielo casi incoloro señalase el final de un día de la segunda mitad de los sesenta o la primera de los setenta? Entonces, a juzgar por el fusil soviético que apretaba con su cuerpo, él podría ser un vietcong ocultándose de las ráfagas de los M-16 de los marines. ¿Y si fuese un infante de marina norteamericano que en la confusión del combate terminó con el arma de un guerrillero vietnamita? Pero no. Cualquiera de esas dos alternativas estaban descartadas. Comenzaba a comprenderlo al darse cuenta de que no estaba pensando ni en inglés ni en lenguas de Indochina. Estaba tratando de entender quién era y qué hacía en ese escenario, que indudablemente correspondía a una batalla, y todas las palabras que pasaban por su mente eran castellanas. Pensaba en español y, por ende, era el combatiente de la guerra de un lugar de habla hispana.

El paisaje frondoso y húmedo podría corresponder a alguna de las 7.100 islas del archipiélago filipino. Aunque cabría descartar siete mil y tantas islas y pensar sólo en Mindanao. En ese caso, él podría ser un independentista del Frente Moro luchando por un estado musulmán contra la dominación de Manila. Aunque tampoco habría que desechar la posibilidad de ser un militar del ejército filipino peleando contra el separatismo de los islamistas. Pero algo en su abollada y aturdida memoria lo hizo descartar la hipótesis asiática y llevar su búsqueda mental hacia Occidente.

El recorrido pasó por España y se preguntó si acaso fuese un miliciano defensor de la república, o un falangista alistado en las filas del general Emilio Mola, posibilidades que descartó rápidamente al mirar de reojo el calibre del

273

AK-47 que su cuerpo dolorido apretujaba contra el suelo. Por otra parte, si bien comenzaba a percibir una dimensión temporo-espacial inconmensurable en el divagar de su mente, descartaba instintivamente la posibilidad de una percepción futura. Si su guerra fuese en la década del treinta, nunca pudo sondear alternativas hasta los umbrales de los 90. Además ¿paisajes ecuatoriales en España?

Al fin, por descarte, se sintió parte de un conflicto latinoamericano. Pero llegar a esta conclusión fue como abrir una puerta para encontrar un pasillo con muchas otras puertas aún cerradas.

Apenas si sentía sus manos como débil culminación de dos brazos que yacían paralelos a su cuerpo exhausto. Más bien lo que sentía era una tímida sensación de cansancio en el dedo índice de su diestra, señal inequívoca de que había estado gatillando el arma que se le hundía en las costillas. ¿Había matado a alguien? ¿A uno o a muchos? ¿A quiénes?

¿Algún tonton macouts de Francois Duvalier, o de su hijo Jean-Claude? Por repetición de razonamiento descartó a Papá Dog y pensó en su despótico hijo, hasta que recordó que el último dictador haitiano fue el general Raoul Cedras, que corrió del poder a Jean- Betrand Aristide y convirtió a Puerto Príncipe en un campo de concentración, hasta que los buques norteamericanos lo corrieron a él para devolver el poder al sacerdote que predicaba la teología de la liberación en las miserables callejuelas de Cité Soleil. Pero no. De ningún modo podía ser Haití. Hasta la actualidad que recordaba no encontró ninguna guerra en esa porción de la isla La Española. Por otra parte, además de sentir tenuemente su mano derecha, podía verla. Y la carne que asomaba en los claros que dejaba el barro seco no era negra ni mulata. Era blanca. Y otra vez la clave del idioma: no estaba pensando en francés ni en creolé. Pensaba en español. Por lo tanto, si estaba en Latinoamérica el suyo no era precisamente un país afro-francófono.

* * *

Estaba por situar otro conflicto en el centro de su mente cuando se produjo el estruendo seco y, a renglón seguido, el puñado de alaridos señalando que el proyectil había sido certero. Hundió la cara en el pasto y pensó que el estallido del obús o la granada o el misil aire-tierra o lo que haya sido, y su inmediata consecuencia, los gritos de quienes fueron el blanco, constituían la versión sonora de lo que, en términos visuales, dibujan sobre el cielo los fuegos artificiales: el núcleo lumínico que inmediatamente hace de centro de un abrirse centrífugo de otras numerosas luces que, en su trayecto expansivo, dejan colas que luego se desdibujarán lentamente hasta desaparecer.

El estruendo seco de la explosión fue el núcleo desde el cual se abrieron centrífugamente los alaridos, que se expandieron dejando lánguidas colas en contacto con el centro. La desaparición tenue y chorreante del dibujo que en el firmamento dejan los fuegos artificiales, le pareció repetirse en términos auditivos con la explosión y su ramo de voces, intensamente desesperadas primero, languidecientes después y, finalmente, disueltas en un mortal silencio. Pero ¿quiénes estaban en ese blanco certeramente alcanzado? ¿Sus camaradas? ¿ Sus enemigos? ¿Quiénes?

* * *

Desvanecidos el estallido y su ramo de gritos como se desvanecen las luces de un fuego de artificio, volvía a encontrarse en el punto de partida, centro de un paisaje que giró vertiginosamente cuando volvió en sí, tras el desmayo que sufrió por lo que pudo ser una brutal caída empujado por la onda expansiva de una detonación, o un culatazo en su cabeza, o una bala instalándose en su cráneo. Volvía a ese punto inicial de una búsqueda desesperada: la búsqueda de su propia historia, en la cual radica la explicación de lo que hacía allí, tirado boca abajo, con la cara hundida contra el pasto de alguna selva americana, luchando sin saber con quién, por qué y contra quiénes.

Y ese punto era extrañamente neutro. Vacío de indicios que pudieran señalar con claridad una posición en la vida. Ese punto era el centro de un laberinto, desde donde partían innumerables pasillos repletos de imágenes. Pero esa mente que se despertaba de un golpe o algo así, era neutral frente a cada imagen. Neutral entre un vietcong y un infante de marina; neutral entre un republicano y un franquista; neutral entre un guerrillero musulmán y un soldado del ejército filipino. Obstinadamente neutral. Como si lo mismo fuera pelear por una Mindanao independiente o por la unidad de Filipinas, lo mismo procurar la unificación de Vietnam bajo el mando de Ho Chi Ming, que la defensa de Saigón como capital de un estado sudvietnamita leal a Washington y enemigo del comunismo de Hanoi; lo mismo aferrarse a una España republicana, laica y anarcosocialista, que tratar de remplazarla por una España centralista, católica, tradicionalista, castellanizante, ordenada por el verticalismo moralista del caudillo y aliada a la fobia anticomunista del eje Berlín-Roma.

Estaba en un punto insoportablemente neutral, insensible a las imágenes de los pasillos del laberinto que se abría a su alrededor. Y esa neutralidad lo enfurecía, no por la apatía que desnudaba en su relación con el mundo, sino porque lo dejaba sin pistas para poder rastrear las respuestas que necesitaba para saber quién era, dónde estaba y qué hacía en ese lugar donde la tierra era oscura y húmeda, la vegetación selvática, la luz se disolvía en un atardecer opaco y el silencio resultaba lacerado por disparos, explosiones y mortales alaridos.

* * *

Algo se movió en unos matorrales cercanos al lugar donde yacía. Quiso arrastrar su mano hasta el fusil pero su propio cuerpo le cerraba el paso. Moverse presentaba grandes riesgos: quedar expuesto ante un posible enemigo, no contar con reflejos para disparar o no estar en condiciones de hacerlo, terminar baleado o prisionero. Pero también podía resultar su salvación: ser rescatado por un compañero, curado de las heridas que todavía no sabía si tenía en alguna parte del cuerpo. Prisionero o rescatado obtendría lo que más necesitaba en ese momento: pistas, señales, indicios para orientar su búsqueda de sí mismo. Pero la idea de terminar baleado le resultaba insoportable. Dejar un cuerpo sin conocerlo, perder una cara que aún no podía imaginar, abandonar un par de manos de las que sólo divisó minúsculas parcelas de carne asomando por los agujeros de un guante de lodo endurecido. Un médico forense o un juntacadáveres de morgue pública anotaría en un cuaderno burocráticamente lúgubre el nombre que, aunque le pertenecía, no podía balbucear por no saberlo.

Nada le resultaba más desagradable que morir sin saber dónde, ni quién era, ni por qué alguien lo mataba. Nada le resultaba más inconmensurablemente desolador que perder una vida sin saber cómo era y cómo había sido hasta que llegó a ese punto húmedo, caótico y neutro en el que despertó viendo girar vertiginosamente jungla, explosiones, gritos y un atardecer inexplicable.

II

Comprendió que tenía que apurarse, que la suya era una carrera diabólica, una carrera contra el tiempo y la muerte. Debía descubrir quién era antes que una mira telescópica lo descubriera a él, llegar a su pasado antes que un proyectil llegase hasta su sitio, encontrar su historia antes que la muerte lo encontrase en esa nada cuerpo a tierra, selvática y húmeda en la que estaba atrapado.

No había tiempo que perder. Esa mente suya, que ya percibía claramente como extraña, tenía que empezar a correr por los pasillos tridimensionales que divisaba desde su insólito momento. Le pisaría los talones una bala, o una granada o lo que guardaran los arsenales del incógnito enemigo. Correría contra el tiempo que la muerte tardara en descubrirlo panza al suelo, indefenso, desprovisto de identidad y de pasado, desnudo de toda desnudez, apenas un montón de huesos envueltos en una lona verde oliva. Y su mente empezó a correr, a recorrer enloquecidamente los interminables pasillos. Si de guerra en la selva se trata, la carrera tenía que empezar en Centroamérica. ¿Por qué no por Guatemala? El escenario del conflicto más largo y sangriento de América Central. Casi 36 años de guerra, más de 100.000 muertos, 40.000 desaparecidos, 250.000 huérfanos, un millón y medio de desplazados y medio millar de aldeas borradas del mapa. Se pensó a sí mismo como un viejo combatiente revolucionario, uno de esos oficiales castristas que fundaron el Movimiento Revolucionario 13 de Noviembre tras fracasar en el intento de tumbar al gobierno de Miguel Ydígoras. Después fue cambiando de guerrilla como quien cambia de fusil, por el sólo placer ideológico de probarlo todo en materia de recetas revolucionarias. Y así recorrió las trincheras del Partido Guatemalteco del Trabajo, y después las de las Fuerzas Armadas Revolucionarias y después las del Ejército Guerrillero de los Pobres, hasta liderar una de las columnas de la Organización del Pueblo en Armas, para finalmente ser miembro de la comandancia de la Unidad Revolucionaria Nacional Guatemalteca (URNG).

No estaba nada mal. La verdad es que se sintió cómodo en esa vereda. ¿Encontraba el primer signo? ¿La primera clave? ¿Era un revolucionario? ¿Marxista-leninista, trotskista, maoísta, o simplemente un izquierdista haciendo la praxis de las teorías foquistas? Esa confortable sensación que le produjo imaginarse en la piel de un viejo guerrillero de todas las guerrillas, ¿era una señal de identidad? ¿Un indicio para descubrir de qué lado estaba en la batalla en la que despertó sin saber dónde, cuándo, ni quién? No necesariamente. En realidad, no le hacía falta ver al socialismo como la autopista que conduce al paraíso comunista para sentirse cómodo en la vereda de enfrente del ejército salvaje que ejecutaba los designios racistas de una minoría feudal y despreciable.

Cerró los ojos y vió al general Efraín Ríos Mont navegando el tormentoso mar de los ochenta con una pistola en cada mano y disparándole a dos blancos: el de la insurgencia y el de la mayoría indígena. Podía verlo y sentir la repulsión que le inspiraba el dictador que quería borrar a balazos el futuro que proponían los rebeldes y el pasado indio de Guatemala. Eso era lo que más repulsión le daba. Aquel cerebro con charreteras quería hacer desaparecer las antiguas lenguas mayas. Ni una frase en kaqchikel, ni una palabra en akateko, ni una sílaba en garífuna, en xinka o en k'iché. Quería aniquilar a los indios. Ahogarlos en las aguas mansas del Atitlán, incinerarlos en la lava ardiente del Tajumulco, hacerlos devorar por las pirañas del turbulento Usumacinta. Quería que desaparezcan de la faz de la tierra, o por lo menos de Guatemala. ¿Acaso la ofensiva contrainsurgente de los ochenta no fue el pretexto para poner en práctica lo que el delirio supremacista serbio llamó "limpieza étnica"? Exterminar a tzeltales, tetziles y tojolabales. Exterminarlos o empujarlos a la selva Lacandona. Empujarlos contra esa jungla montañosa hasta dejarlos del otro lado de la frontera, en México, donde otros latifundistas blancos también los empujarían contra la misma selva que los trajo, y allí, en su cárcel Lacandona, esperarían entre dos fuegos, entre dos odios, entre dos fobias, la llegada de un subcomandante enmascarado. Cerraba los ojos y podía ver a Efraín, a sus groseras charreteras y a miles de aldeanos atravesando montes para alcanzar el infierno mexicano. Y podía ver los oficiales repartiéndose las tierras de los desterrados, contrabandeando maderas preciosas, negociando pistas clandestinas con narcomafias y traficando autos robados, mientras las paramilitares Patrullas Civiles de Autodefensa hacían el grueso del trabajo sucio.

Las imágenes lo inundaban hasta sofocarlo. No podía detenerlas, ni ordenarlas cronológicamente. Eran parte de un collage calidoscópico incontrolable, donde de repente apareció un sacerdote anciano. Reconoció inmediatamente el lugar. Era la iglesia de San Sebastián y alguien salía de las sombras, se arrojaba sobre el religioso y comenzaba a golpear su cráneo y su cara con una viga, o algo así, hasta desfigurarlo. El viejo cura naufragó en un charco de sangre y si pudieron reconocerlo fue por el anillo que llevaba. Era el anillo del obispo auxiliar de Guatemala, el anillo de monseñor Juan Gerardi en un dedo del cadáver de monseñor Juan Gerardi: el coordinador de la oficina de Derechos Humanos del Arzobispado, el hombre que redactó el *Nunca más en Guatemala* y lo anunció públicamente el día antes de naufragar en un charco de sangre.

Pudo ver el libro, recorrer sus páginas y encontrar allí la fecha de su presentación pública: abril de 1998. Y después vio el origen de la larga guerra. Jacobo Arbenz ganando la elección del '54; Jacobo Arbenz ocupando el sillón presidencial; Jacobo Arbenz anunciando la reforma agraria; la CIA defendiendo a la United Frut contra las políticas socializantes de Jacobo Arbenz; la CIA aprobando el plan golpista del coronel Castillo Armas; la CIA y el Pentágono apoyando incluso con aviones bombarderos la rebelión del coronel Castillo Armas y Castillo Armas derrocando al gobierno de Jacobo Arbenz.

Navegaba por un fluido indómito donde se mezclaban repulsión y satisfacción. Navegaba por ese magma de sensaciones contradictorias convencido de que desembarcaría en una conclusión clara: estaba en Guatemala. Era un viejo guerrillero de todas las guerrillas.

Mientras lo que se movía en los matorrales tomaba una forma sonora concreta, la de gruesas pisadas de borceguíes sobre un pasto espeso, tuvo la sensación de haber navegado una historia que conocía hasta los más mínimos detalles, la historia de un país que se hundió en la guerra, una guerra que lo tiró boca abajo, de un balazo, un culatazo o por el empujón de una onda expansiva. En el torrente de imágenes por el que navegaba, la satisfacción desplazaba el espacio de lo repulsivo en la medida en que se convencía de su hallazgo. Hasta pensó que tuvo suerte al haber comenzado su búsqueda mental por ese país y no por otro. Se ahorró la revisión del conflicto hondureño con los rebeldes chinchoneros, las Fuerzas Armadas del Pueblo y los morazanistas; no le hizo falta revisar los acuerdos y contraacuerdos entre el ERP, el Partido de la Revolución Salvadoreña, Resistencia Nacional, los comunistas y el Partido Revolucionario de los Trabajadores Centroamericanos hasta integrar el Frente Farabundo Martí que enfrentó al ejercito de El Salvador y a los escuadrones de la muerte del mayor Roberto Daubison; ni llegó a la Nicaragua de los sandinistas, el comandante Cero, el somosismo y los contras. Nada de eso. Simplemente puso la proa rumbo al puerto correcto y navegó la historia hasta el feliz desembarco. Decir "esto es Guatemala y soy un guerrillero", fue como pararse frente a la puerta indicada en los largos y laberínticos pasillos que comenzó a recorrer cuando sus ojos se abrieron en un escenario que giraba vertiginosamente. Atrás de esa puerta encontraría un nombre, una niñez, una vida y una razón para estar donde estaba. Ese lugar selvático podía ser El Petén o los bosques de la Sierra Madre. Y ese combate podía ser parte de una ofensiva para ocupar Santa Cruz del Quiché, Chimatelmango o la mismísima capital guatemalteca. Estaba a punto de sonreír sin importarle que los gruesos pasos de borceguíes se multiplicaran en las sombras que lo rodeaban, cuando una duda le apretó la comisura de los labios. Había algo que no cerraba en la ecuación histórica que, apresuradamente, creyó haber resuelto. Era necesario repasarla. Ordenar cronológicamente las imágenes y establecer las relaciones necesarias entre ellas para que dejaran de constituir una vorágine ilegible. En principio, era fácil calcular que 36 años de guerra son mucho menos que lo que va desde el golpe de Castillo Armas hasta el asesinato de monseñor Gerardi. Entre el '54 y el '98 hay 44 años, una década más que la duración del conflicto. Está bien que la guerra propiamente dicha no comenzó con la caída de Arbenz, sino seis años después, con la fallida rebelión contra Ydígoras. Pero todavía sobraban por lo menos cuatro años. Los cálculos le borraban los últimos vestigios de lo que intentó ser una sonrisa cuando otro caudal de imágenes comenzó a inundarlo. Eran imágenes claras, irrefutables. Estaba viendo al general Efraín dialogar mansamente con Nineth Montenegro. Él ya no era el dictador de las groseras charreteras sino el presidente saliente del Congreso, y Nineth ya no era la combativa defensora de los derechos humanos sino la diputada por el Frente Democrático Nueva Guatemala. Y después aparecía Álvaro Arzú, con su rubia y aristocrática estampa de conservador decente, celebrando su victoria sobre Alfonso Portillo. Comprendió que, antes que ésa, hubo otras elecciones y nunca las ganó la izquierda por la que creía estar combatiendo como guerrillero de todas las guerrillas. Entonces recordó a Vinicio Cerezo, el democristiano de buenas intenciones que llegó a la presidencia por las urnas y abrió la línea del diálogo con la URNG. Recordó también que el mismísimo Efraín logró un aluvión de votos que convirtió a su partido ultraderechista en la segunda fuerza del país, por encima de la izquierda. ¿Cómo pudo ese energúmeno vencer, en la voluntad del pueblo, al futuro que proponían los rebeldes? Quiso borrar a balazos el pasado maya. Intentó aniquilarlo ahogándolo en las aguas mansas del Atitlán, quemándolo en la lava ardiente del Tajamulco o echándolo a las pirañas del turbulento Usumacinta. Con todo eso, a la hora de votar, las grandes mayorías le dieron la espalda a la izquierda y se repartieron entre conservadores y ultraderechistas. ¿Entonces la insurgencia tenía menos fuerza en las ideas que en las armas? ¿Entonces él estaba allí, a punto de morir, para liberar a un pueblo que no quería que fuese precisamente él quien lo liberase?

Ya no importaba. Nada de eso importaba. Lo supo al comprender que ya no había guerra en Guatemala. Y si él estaba en medio de un conflicto armado, entonces no estaba en Guatemala. Por lo tanto esa jungla densa y el claro que se abría frente a ella, el traqueteo de ametralladoras, las detonaciones cercanas y el grito tartamudo de los helicópteros artillados seguían siendo un misterio. Cuando abrió la puerta donde esperaba encontrar un nombre, una niñez, una vida y una razón para estar donde estaba, lo que encontró fue más pasillos y más puertas multiplicándose hasta el infinito. Navegar por la historia de una guerra lo acercó hasta una luz de la memoria, pero esa luz terminó por empujarlo a una profunda oscuridad. Seguía sin tener nombre, ni cara, ni pasado, ni razones para estar allí, tirado sobre un fusil, bajo el cielo de un opaco atardecer.

* * *

Los borceguíes pisando el pasto espeso se multiplicaron hasta ser una lluvia sonora que crecía implacablemente. Podían ser sus camaradas o sus enemigos. Su salvación o el abismo insondable de una muerte infinitamente oscura. Tan oscura como la tierra húmeda contra la que apretaba su cara sin rostro. Esa cara de la que sólo sabía un sudor helado que pegoteaba hojas y pólvora. Pensó en llevar una mano hasta su cara. Recorrer con el tacto sus contornos y relieves para descubrir su rostro a través del conocimiento sensorial de los ciegos. Pensó que tal vez podría hacerlo. A modo de prueba, concentró el poder descriptivo del tacto en su pecho y su vientre para estudiar la silueta del fusil que apretaba contra el suelo. Creyó sentir la diferencia entre el frío metálico del arma y la calidez de la madera de su culata, mientras el costado izquierdo de su vientre y su pecho le describían la curvatura del cargador. Al mismo tiempo, una presión punzante y concentrada casi a la altura del hombro señalaba lo que, sin dudas, era la mira erecta y alta del fusil. Todos los puntos sensoriales haciéndose sentir a la vez, constituían un mapa estelar. Lo que faltaba era unir con una línea imaginaria cada uno de esos puntos, para dibujar mentalmente la forma del objeto en cuestión. Como en esos juegos de revistas infantiles, donde los chicos descubren una forma uniendo con un lápiz los puntos que se esparcen sobre un fondo blanco. Y lo estaba logrando. Entonces, conocerse por Braile o algo así era una posibilidad cierta. Si las impresiones que le transmitía su tórax le permitían leer en la curvatura de un cargador la seña particular inequívoca de un Kalashnikov, mucho más le revelaría el tacto de sus dedos. Además, a los datos que le aportaran sus sensaciones dactilares podría sumar las revelaciones que obtendría de su oído. Le bastaba con abrir la boca y emitir un sonido para sondear en su voz los rasgos que buscaba para reconocerse a sí mismo. Podría, por ejemplo, balbucear nombres tratando de detectar alguno que le resulte familiar. De percibir esa sensación de familiaridad, repetiría ese nombre procurando verificar en la reiteración la convicción de lo conocido. La perspectiva auditiva comenzaba a entusiasmarlo más que la táctil cuando comprendió de golpe que, tanto hablar como moverse, podía resultar devastador para su suerte, ya que la lluvia invisible de borceguíes aplastando el pasto espeso advertía sobre una presencia que, ante el sonido o el movimiento, podía descubrirlo. Una vez más sintió que su entusiasmo estallaba en mil pedazos, como los objetos y cuerpos que recibían el impacto de los proyectiles. Estaba irremediablemente condenado a ser el anónimo habitante de un callejón sin salida. Y ese callejón estaba en un lugar que quedaba en ningún lado.

* * *

La desesperación comenzaba a asfixiarlo. La suya era una desesperación abismal. Se sentía solo. Y la suya era una soledad de dimensiones ancestrales. O más que eso. Su existencia se reducía a una posición, en un lugar y en un momento. La posición era la de cuerpo a tierra en un escenario selvático cuya ubicación ignoraba, donde se estaba desarrollando un combate entre bandos que desconocía. Pero el tiempo era lógicamente deducible: 1998 o un año posterior a ese año al que había llegado navegando la historia de la guerra civil guatelmalteca. Lo extraño era haber llegado a la conclusión de que no estaba en Guatemala, después de haber navegado la guerra civil de ese país. ¿Cómo pudo recorrer esa historia? ¿Por qué la conocía en los más mínimos detalles? ¿De dónde salieron las imágenes que brotaron a borbotones de su mente extraviada? ¿Cuándo había conocido personalmente al

282

general Efraín, a Nineth y al conservador Álvaro Arzú? ¿Estuvo en la mismísima parroquia de San Sebastián el día que monseñor Gerardi se ahogó en un charco de sangre?

Estaba absolutamente convencido de que no estaba en Guatemala pero todo de la guerra guatemalteca le resultaba absolutamente familiar, igual que la de la península Indochina, o la de Filipinas, o la española, o las sangrías haitianas. ¿Cuántas guerras eran parte de su vida?

Estaba ancestralmente solo, o más que eso, sintiendo que una abismal desesperación lo asfixiaba, y quiso correr. Huir de esa posición cuerpo a tierra, huir de ese rincón selvático, huir de esa sórdida batalla. Huir corriendo. Corriendo a través del claro que se abría frente a él; corriendo entre las balas y los disparos de mortero; corriendo bajo los helicópteros artillados. Correr, correr y correr. Correr hasta morir corriendo, acribillado por las balas que surcaban el espacio del claro, o estallando en mil pedazos por un disparo de mortero. Morir para huir de esa soledad ancestral y de esa desesperación asfixiante. Estaba decidido a levantarse y correr, aunque dudaba de la respuesta de su cuerpo ante una orden cerebral en tal sentido. Hasta ese momento, sólo había podido mover su cabeza y, del resto, lo único que sentía era una débil sensación de cansancio en el dedo índice de su diestra, la señal inequívoca de que había estado disparando el fusil que su tórax apretaba contra el suelo. No sabía si su cuerpo le respondería para levantarse y salir corriendo, pero la única forma de averiguarlo era intentándolo. Por eso levantó la cabeza y miró hacia el claro, para observar la trayectoria que recorrería hasta la bala o la detonación que completaría su fuga. Esa fuga resignada al "no pasado" sin futuro. Levantó la cabeza y, cuando sus ojos observaron el trayecto que pretendía recorrer desde la nada hacia la nada, un helicóptero se posó en el claro y de su vientre de acero saltaron soldados que corrían disparando sus rifles y ametralladoras hacia todos lados. Corrían gatillando a mansalva. Corrían matando y muriendo. Pero él ya no los veía, sus ojos se habían clavado en el vientre metálico y brutal de la inmensa libélula artillada. Allí, un rectángulo tricolor se adueñó de sus pupilas. Era una señal clara. La primera señal clara que encontraba desde que la realidad giró vertiginosamente cuando sus ojos se abrieron. Una señal amarillamente bella, azulmente reconfortante y rojamente esperanzadora. El helicóptero artillado tenía pintada una bandera colombiana.

* * *

283

Uno de los soldados disparó frenéticamente hacia el sector donde se encontraba, pero él sonrió por Colombia. Desde los matorrales que lo rodeaban, una subametralladora Uzi comenzó a vomitar fuego y plomo en dirección al claro, donde el helicóptero giraba como un trompo monstruoso regando de balas el espacio circular que centraba, pero él no hacía más que paladear esa palabra mágica. La paladeaba y la deletreaba: C-O-L-O-M-B-I-A. Desde cada rincón salían voces histéricas. Desde cada maleza, un grito con una orden o una indicación, o un aullido guerrero, o un alarido de dolor, y él también gritaba. Después de tanto silencio, después de ignorar su voz, gritó, gritó y gritó. Pero no una orden, ni un aullido guerrero, ni un alarido de dolor. Gritó la palabra "Colombia" con el fervor y la locura de un enamorado al gritar el nombre de la mujer que ama. Gritaba sin miedo porque todos gritaban aullidos, órdenes, alaridos, y las balas silbaban en el aire, y los estruendos de las detonaciones lo llenaban todo. Todo menos su boca llena de ces y oes y eles y emes y bes, con ies y aes. Todo menos su cerebro lleno de amarillos, azules y rojos. Había estado perdido en inconmensurables pasillos, una eternidad de extravío en un oscuro laberinto, hasta que encontró la señal que necesitaba. Era un signo tricolor que bajó del cielo opaco, en el vientre brutal de una inmensa libélula artillada. Un mensaje escrito en tres líneas sin letras. Un rectangular código cromático que le daba un lugar a esa tierra oscura y húmeda, a esa selva espesa y a esa sórdida batalla. El universo entero parecía ordenarse dentro de esa bandera. Un milagro pintado en el fuselaje del helicóptero que giraba como un trompo monstruoso, regando de balas el espacio circular que lo rodeaba.

Sentía una alegría infinita que fluía hasta su presente desde un pasado inmemorial. Se preguntó por qué todas las sensaciones que experimentaba tenían dimensiones infinitas y le brotaban desde espacios ancestrales. Pero no quiso responder sus preguntas acerca de la aparentemente mágica tridimensionalidad temporo-espacial que habitaba. Sólo quería prolongar esa alegría por el sorpresivo descubrimiento que le reveló dónde estaba. Ahora sabía dos cosas: que era un combatiente y que estaba en Colombia. Saber esas dos cosas le parecía una enormidad. Pero era una enormidad insignificante y el espejismo emocional no duró demasiado. Duró exactamente lo que tardó en descubrir que la señal tricolor del vientre metálico de la inmensa libélula artillada, no era más que una puerta, tras la cual encontró más laberínticos pasillos que debía recorrer abriendo otras puertas, hasta encontrar un nombre, un pasado y una razón para estar en la situación en la que estaba.

De todos modos, se prometió a sí mismo no volver a derrumbarse como una torre de naipes. Haber avanzado hasta Colombia no es poco si uno está tirado, con la cara hundida contra una tierra oscura y húmeda, y sin sentir de su cuerpo más que una débil sensación de cansancio en el índice de su mano derecha. Debía calmarse, ordenar sus ideas y lanzar nuevamente su mente a la búsqueda de más signos y señales. Tenía que calmarse pero no era fácil. La batalla había alcanzado una intensidad apocalíptica. Se luchaba frenéticamente. La muerte podía estar a un segundo de ese instante ingrávido de su vida en el que se encontraba. Ya no quería huir saltando de la nada hacia la nada. Tenía una esperanza y otra vez quería correr esa carrera diabólica contra el tiempo y la muerte. Otra vez quería descubrir quién era antes de que una mira telescópica lo descubriera a él, llegar a su pasado antes de que un proyectil llegase hasta su sitio, encontrar su historia antes que la muerte lo encontrara en esa nada cuerpo a tierra, selvática y húmeda en la que estaba atrapado. Y otra vez su mente comenzó a correr contra el tiempo que la muerte tardara en descubrirlo panza al suelo, indefenso, desprovisto de identidad y de pasado, desnudo de toda desnudez, apenas un montón de huesos envueltos en una lona verde oliva.

* * *

Estaba en Colombia, sí. Pero ¿cuál guerra era su guerra? Colombia es el país de las mil guerras en un día, desde que el siglo comenzó con la "guerra de los mil días". Peleaban liberales contra conservadores, igual que después del "bogotazo". Pero a esta altura del siglo ya no pelean liberales contra conservadores. Salvo en Aguachica. Allí sí pelean liberales contra conservadores. En esa pequeña ciudad norteña, a la que llaman la "ciudad del péndulo", se está a la izquierda o a la derecha, y los liberales matan a los conservadores y los conservadores a los liberales, como si el siglo XX recién estuviera comenzando. Pero la de Aguachica es una suerte de recuerdo viviente de las guerras del pasado. Aquellas fueron las guerras que abrieron las puertas a las otras guerras; las guerras superpuestas de un país que ya nunca pudo dejar de vivir en guerra. Y allí estaba él, sin saber el bando por el que seguramente había matado y posiblemente estaba por morir. Los soldados que saltaban del helicóptero disparando a mansalva, ¿eran sus camaradas o sus enemigos? Recordó el AK-47 que apretaba con su cuerpo y pensó que podía ser un guerrillero. Pero ¿de qué guerrilla? Podía tener raíz nacionalista y pertenecer al Movimiento Revolucionario 19 de Abril; o cuño liberal y estar en las filas de Autodefensa Obrera. Pero también podía tener posiciones más radicalizadas y estar en las filas del Partido Revolucionario de los Trabajadores, o en la Unión Camilista, o en el Movimiento de Izquierda Revolucionario Patria Libre, o en cualquiera de los grupos insurgentes de la Coordinadora Guerrillera Simón Bolívar, o en otras organizaciones armadas más moderadas, como el Comando Jaime Bateman y el Movimiento Indígena Quintín Lame.

Estaba empezando a desesperarlo la amplia gama de posibilidades insurgentes, cuando se acordó que estaba en 1998 o en un año posterior a ese año que le reveló monseñor Juan Gerardi ahogándose en un charco de sangre. Muchos de esos grupos ya no existen. O se disolvieron y se plegaron a otros grupos, o firmaron la paz con el gobierno, como Navarro Wolf y el grueso del M-19. A esta altura del siglo, los únicos movimientos rebeldes en actividad son las Fuerzas Armadas Revolucionarias de Colombia, el Ejército de Liberación Nacional y algún otro grupúsculo, como el Benkhos Bioho, único frente de guerrilleros negros, que haya quedado operando en la selva o la montaña por la simple inercia de un país donde hacer la guerra es tan común como trabajar, estudiar o practicar un deporte. Pero la verdad es que la marca de un fusil no le alcanzaba para afirmar una militancia insurgente. Cuando intentaba encontrar en sí mismo una tendencia, una inclinación, lo único que encontraba era una desoladora neutralidad. Podía ser un comandante de las FARC intentando el asalto final a Popayán, o resistiendo embestidas del general Bonett en cualquier rincón del Cauca; pero también podía ser un paramilitar combatiendo en el Urabá contra el ELN por el control de la región bananera o de la selva fronteriza con Panamá.

¿Y si fuera un paramilitar? Podría, por ejemplo, ser miembro del estado mayor de Carlos Castaño y sus Autodefensas Campesinas, y estar combatiendo a los rebeldes en el norte colombiano; o pertenecer a las Autodefensas Unidas que operan en las planicies orientales; o ser uno de los feroces milicianos del grupo "Muerte a Comunistas y Guerrilleros", invencible en el norte de Antioquía; o estar enrolado en las filas de "Muerte a Secuestradores". ¿Y si perteneciera a este grupo? ¿Y si fue él mismo quien asesinó a los comandantes Camilo Restrepo y Henry Castro, él quien le voló la tapa de los sesos a fray Álvaro Orcué para que no haya un solo sacerdote indio en toda Colombia; si fue él quien acribilló en un callejón de Medellín al líder comunista José Antequera; él quien intentó matar al mismísimo presidente Samper? Pero siendo paramilitar, también podría estar en otros grupos, como "La Serpiente Negra", ese poderoso ejército privado que puso la región esmeraldífera del Bocayá en las manos del oscuro Víctor Carranza; o ser uno de "Los Tangueros" con los que el hacendado Fidel Castaño Gil aterroriza a rebeldes y campesinos urabeños; o podría ser el jefe de alguno de los escuadrones de la organización "Muerte a Revolucionarios del Nordeste", acaso él mismo dio la orden de masacrar a 43 campesinos que supuestamente apoyaban a la insurgencia en Segovia.

Tal vez era un comando paramilitar y los soldados que saltaban del vientre del helicóptero artillado venían para apoyarlo en una ofensiva contrainsurgente. O tal vez era un soldado en la primera línea de fuego. Todo podía ser en la neutralidad de ese momento ingrávido de su vida en el que se encontraba. Le daba lo mismo. Sentía que la cuestión era matar o morir. Pensó que, al fin de cuentas, esas guerrillas letárgicas ya no eran mucho más que un negocio armado, el negocio de los secuestros extorsivos, el negocio de controlar zonas productivas para cobrar impuestos "revolucionarios", el negocio de mantener al ejército alejado de los laboratorios de elaboración de cocaína cobrando gruesas sumas a los narcotraficantes. Después de todo, ¿qué lugar hay en la aldea global para una Colombia revolucionaria?

Si con las armas ya no es posible cambiar el mundo, sí es posible subsistir y preservar áreas de poder, disfrazado de último bastión de la combatividad comunista. Tal vez no hacía más que ganarse la vida en la antesala de la muerte, como soldado, como guerrillero o como paramilitar. O tal vez peleaba, de un lado o del otro, por alguna convicción. Es posible que la larga guerra colombiana no haya matado aún todas las convicciones, y que también él pudiera tener una. Tenía que sondear esa posibilidad. Buscarla atravesando la barrera de la neutralidad que lo separaba de todo. Tenía que encontrar una idea, una identificación, algo que le diera una razón para estar donde estaba, quizá gravemente herido, sin poder disparar su arma y sin saber contra quién hacerlo.

* * *

Seguía bajo el cielo de un opaco atardecer, pero en los laberínticos pasillos el sol bañaba todos los rincones. Era ese sol que le hacía arrugar la cara, frunciendo el ceño y levantando el labio superior casi hasta rozar la nariz. De todos modos, Eliécer seguía siendo elegante. Con la cara arrugada por el sol, mantenía su talante aristocrático, el porte distinguido de la mansión venida a menos que habitaba su arruinada familia.

Estaba tirado con la cara bañada por un sudor helado que le pegoteaba hojas, pólvora y tierra húmeda. Su cuerpo sólo sentía el débil cansancio del dedo con el que había gatillado su fusil automático, era un despojo de carne envuelto en una lona verde oliva y su cara era una incógnita, pero le daba de lleno todo el sol de Bogotá dibujándole la mueca que caracterizaba a Jorge Eliécer Gaitán cuando salía de su estudio y caminaba hacia un mitin o hacia la sede del Partido Liberal. En realidad caminaba hacia el poder. Siempre caminaba hacia el poder. Caminaba sacándose el sombrero para saludar a toda esa gente que lo amaba. Lo amaba y lo admiraba. Lo amaba, lo admiraba y le creía. Le creía cuando prometía enfrentar al poder oligárquico. Le creía cuando proponía liberar a los campesinos del feudalismo latifundista. La creía cuando anunciaba la recuperación de la paz que Colombia había perdido en la Guerra de los Mil Días. No había nadie más amado, admirado y creíble que Jorge Eliécer Gaitán. Y él lo miraba deslumbrado, como los jueces que escuchaban los brillantes alegatos del más genial de los penalistas colombianos; deslumbrado como los alumnos de la Universidad Libre durante las clases magistrales del erudito rector; deslumbrado como los alemanes que asistían a las conferencias del sorprendente miembro latinoamericano de la Academia de Ciencias de Bremen; deslumbrado como los que leían una y otra vez cada página de su libro *Las ideas socialistas en Colombia*; deslumbrado como se deslumbraban hasta sus adversarios conservadores frente a los discursos del talentoso orador parlamentario.

Aquella mañana soleada del '48, lo vio salir de su estudio y caminar hacia el poder, pero él supo que no llegaría. Cruzó la calle corriendo. Quería alcanzarlo para decírselo. Avisarle que había una bala lista para instalarse en sus entrañas. Corría por las calles llenas de gente, bajo un sol increíble que bañaba todos los rincones de Bogotá. Tenía que salvar al penalista de los brillantes alegatos, al erudito rector de la Universidad Libre, al sorprendente miembro latinoamericano de la Academia de Ciencias de Bremen, al autor de *Las ideas Socialistas*, al talentoso orador parlamentario. Sintió que lo conocía desde siempre. Que tomó café con él una mañana del '33, en el corazón de Manhattan. Que sonrió en complicidad con él al leer en *The New York Times* que llegó a los Estados Unidos "el hombre más importante de América Latina". Corría entre la gente y lo recordaba explicando con su tono académico que "un discurso no se dice, se respira". Sabía que una bala lo esperaba agazapada en una esquina de Bogotá, para instalarse en sus entrañas. Sabía que esa bala estaba en el revólver de un pistolero llamado Juan Roa. Sabía que la muerte lo tomaría por sorpresa y le cortaría su marcha hacia el poder. Él mismo le había escuchado decir en una reunión del Partido Liberal que "ninguna mano del pueblo se levantará contra mí". Él mismo percibió su desprevenida certeza cuando afirmó que "la oligarquía no me mata porque sabe que el país se vuelca y las aguas tardarán cincuenta años en regresar a su nivel normal". Cuánta razón tenía y cuán equivocado estaba. Se equivocaba porque una bala lo esperaba agazapada en una esquina. Acertaba porque su muerte volcaría las aguas por el resto del siglo. Por eso corría atrás del líder liberal bajo aquel sol increíble. Tenía que llegar hasta Jorge Eliécer Gaitán antes que la bala del pistolero Juan Roa. Tenía que salvar al dirigente para que pudiera convertirse en estadista. Ya no estaba seguro de sentir también él aquella admiración perdida. Ya no sabía si también él lo amaba y le creía. Pero sabía que aquella mañana del '48, Colombia estallaría. Y que una muerte traería más muertes y una guerra traería más guerras. Y que la Colombia de la guerra de los mil días se convertiría en un día en la Colombia de las mil guerras. Corría contra la historia para alcanzar al más virtuoso de los políticos latinoamericanos. Y estaba a punto de hacerlo, cuando el gatillo accionó el percutor que disparó la bala que se instaló en el cuerpo de Jorge Eliécer Gaitán. Lo vio soltar el sombrero con el que saludaba. Lo vio perder su porte distinguido y retorcerse en un gesto de dolor. Lo vio caer en esa esquina. Lo vio morir bajo el sol de Bogotá. Y vio la gente correr enloquecida. Vio el tumulto linchando al pistolero. Vio los tranvías ardiendo como antorchas, y las hordas atacando las mansiones de los conservadores, y los campesinos levantándose en armas contra el gobierno de Mariano Ospina y pidiendo la cabeza del nefasto Laureano Gómez. Parado en esa esquina, junto al cadáver del más brillante de los intelectuales políticos latinoamericanos, pudo ver cómo nacían las guerrillas liberales. Miró el cuerpo ya sin vida del hombre que no llegó a la presidencia, y lo recordó arengando multitudes: "si avanzo, seguidme; si retrocedo, empujadme; si os traiciono, matadme y si me matan, vengadme". Y luego se puso a mirar esa venganza.

Parado en una esquina, bajo el sol, junto a un cadáver, miraba a Colombia despanzurrándose a sí misma. Miraba absorto al general Rojas Pinilla derrocando al nefasto Laureano Gómez. Miraba esos tres únicos años de régimen militar. Miraba a los liberales alejándose del cadáver que yacía a sus pies. Se alejaban del cadáver y se acercaban a los conservadores para formar el Frente Nacional. Y vio nacer al Frente Nacional. Lo vio repartiendo el poder entre liberales y conservadores, muy lejos de ese cadáver y de esa esquina donde él estaba parado. Y creyó entender el sentimiento de traición de esas guerrillas liberales que estaban vengando al inmenso líder cadaverificado. Los entendió por repudiar aquel pacto, aquel Frente y aquella repartija del poder. Los entendió cuando, abandonados por el Partido Liberal, abrazaron el marxismo, como se abraza una fe. Y en ese abrazo apareció Manuel estudiando la plusvalía; Manuel Marulanda predicando El Manifiesto; Manuel Marulanda Vélez fundando las Fuerzas Armadas Revolucionarias de Colombia; Manuel Marulanda Vélez, alias Tirofijo, reinando con las FARC en la selva y en la sierra; Tirofijo cantando victorias y mordiendo arenas de derrotas; Tirofijo planeando emboscadas; Tirofijo tomando aldeas por asalto, ganando o perdiendo pero siempre escapando, hasta ser parte de la selva misma. Hasta ser el más viejo habitante de la guerra. La guerra que estalló en esa esquina cuando una bala se instaló en el cuerpo que yacía a sus pies. Los pies del hombre que podía ver toda la historia pero no su propia cara. Y que, bañado por el sol de Bogotá, estaba viendo a Tirofijo planificar emboscadas, y al padre Camilo dejando los hábitos para convertirse en insurgente. Camilo Torres predicaba la unidad de obreros y estudiantes. Con su barba guevariana y su boina ladeada, Camilo Torres Restrepo pasaba de guerrilla en guerrilla hasta llegar al Ejército de Liberación Nacional. Lo miraba avanzar frente a las filas del ELN por los caminos de Santander, sabiendo que le darían batalla en Patio de Cemento, y que en esa batalla lo acribillarían a balazos. Pero no corrió tras él. Se quedó parado en esa esquina de la historia. Viendo cómo otro sacerdote, el español Manuel Pérez, asumía el liderazgo del cura acribillado. Viendo cómo la guerra colombiana navegaba a la deriva y naufragaba en otras guerras.

Todo pasaba por aquella esquina, junto al cadáver, bajo el sol. Pasaban los comandos del M-19 que ocuparon el Palacio de Justicia y pasaron los tanques del ejército que aplastaron la ocupación. Pasaba Virgilio Barco declarando la guerra al cartel de Medellín y pasaban Los Extraditables respondiendo a sangre y fuego. Pasaban los narcos caleños revelando al gobierno datos sobre su rival Pablo Escobar. Y pasó Pablo Escobar. Parado junto al cadáver, él se puso a observarlo desde su esquina. Observaba detenidamente al pequeño Pablo robando lápidas en los cementerios. Después lo vio robar una Renoleta. Observó atentamente a ese robusto marginal entrar y salir de la cárcel, y fugarse a la selva ecuatoriana, y aprender allí el oficio de traficar marihuana, y luego las formas de procesar la cocaína. Observó con satisfacción a ese hombretón llamado Pablo Escobar Gaviria convertido en el ser más poderoso de Colombia. Se le escapó una sonrisa cómplice cuando lo escuchó proponerle al gobierno pagar la deuda externa a cambio de que cesara la guerra contra su negocio. ¿Acaso no ayudaba a los pobres de Medellín? Si hasta había construido escuelas y barrios con agua y luz eléctrica. Casi que sintió admiración por él cuando fue a parar a una cárcel de lujo, de la que escapó cuando se le dio la gana. Y después empezó a preocuparse observando el cerco que se cerraba sobre Pablo. Hubiera querido ayudarlo. Desde su esquina, lo vio cambiar de refugio una y mil veces. Hubiera querido gritarle cuando, cercado por la policía, Pablo salió de su última guarida saltando por los techos. Pero se quedó mirándolo correr por los tejados, hasta que las municiones lo desarticularon. Sabía que desde Cali lo habían delatado. Por eso sintió una extraña alegría cuando el gobierno traicionó sus acuerdos secretos con los jefes caleños. Y hasta se le escapó una sonrisa cuando por esa esquina pasaron los hermanos Rodríguez Orejuela, esposados, mientras los pobres de Medellín desfilaban dejando flores en la tumba de Pablo.

* * *

La guerra de Colombia navegaba a la deriva y naufragaba en otras guerras. Con liberales y conservadores matándose en Aguachica; con Tirofijo combatiendo en cada rincón del Cauca y de Antioquía; con los paramilitares y el ELN luchando por el control del Urabá y del poder bananero; con Los PEPES (Perseguidos por Pablo Escobar) combatiendo a Los Extraditables; con Los Extraditables combatiendo por Pablo Escobar y con Pablo Escobar acribillado en un tejado. Y él vio todas las guerras, parado junto al cuerpo baleado del más brillante penalista, el más erudito rector, el más sorprendente miembro latinoamericano de la Academia de Ciencias de Bremen, el más talentoso orador parlamentario. Él vio todas las guerras, parado en esa esquina, bajo el sol increíble de Bogotá. Podía verlo todo, pero no su propia cara. Esa cara bañada por un sudor helado que le pegoteaba hojas, pólvora y tierra húmeda. La cara que hundió en el pasto cuando estalló una granada muy cerca de donde estaba tirado. La cara que levantó cuando se apagó el eco sordo de la explosión. La explosión que lo cubrió de ramas y de esquirlas y dejó junto a su nariz una mariposa destrozada. Miró sus alas de un color azul metálico, miró esas alas huérfanas de vuelo, y las reconoció. Eran las alas de una Hércules Dynastes. Supo de inmediato que no era un entendido en mariposas, pero había dos que reconocería fácilmente: la Eurema Salomé, sobre la que le habló García Márquez en sus *Cien años de soledad*, y ésta que la explosión de una granada dejó junto a su nariz. La Hércules Dynastes. La hermosa y azulada mariposa de la región esmeraldífera de Muzo. Pensó que tal vez estaba allí, peleando esa otra guerra que no había tenido en cuenta. La absurda guerra de las esmeraldas. Tanto se emborrachó de guerras Colombia, tantos guerreros hicieron sus ejércitos y se lanzaron a librar interminables batallas, que hasta dos familias se convirtieron en ejércitos y lucharon sin tregua. Lucharon durante veinte años por las esmeraldas de La Victoria y Yacopí. Esos dos pueblos que, por sus piedras, conocieron aventureros de todas las calañas, se dividieron entre los ejércitos de la familia Tellez y la familia Marroquín. Y mataron por las esmeraldas, y murieron por las esmeraldas. ¿Acaso esa era su guerra? ¿Acaso ese rincón selvático, donde seguramente había matado y posiblemente estaba por morir, quedaba en los confines de Bocayá y Cundinamarca? ¿Acaso fue la suya una vida de guerrero esmeraldífero? Pensó que era posible. Pensó que todo era posible. Y que lo mismo daba pelear por Tirofijo, o por la Serpiente Negra, o por la causa guevarista de Camilo, o por la recuperación del orden en el que creía el general Bonnet, o por la cocaína de Pablo, o por los liberales de Aguachica, o por los conservadores de Aguachica, o por un puñado de Esmeraldas. El helicóptero artillado giraba como un trompo monstruoso sobre el claro, disparando ráfagas hacia todos los rincones de la jungla, y los soldados que saltaron del vientre brutal de la gigantesca libélula seguían gatillando a mansalva. Pero ya no le importaba saber si eran sus camaradas o sus enemigos. Sólo sabía que era un guerrero. Un extraño guerrero de todas las guerras. Podía estar por ocupar Saigón, o por reconquistar Mindanao, o resistiendo en Madrid, o masacrando en las afueras de Puerto Príncipe, o exterminando indígenas guatemaltecos, o naufragando en las guerras en las que naufragó Colombia. Podía ser un guerrillero de todas las guerrillas, o un soldado de todos los ejércitos, o un paramilitar de todos los escuadrones, o un sicario de todas las mafias, o un mercenario de todos los Tellez y Marroquines. Lo único que le importaba era que podía verlo todo, todo menos su cara; podía recordarlo todo, todo menos su nombre y su pasado y su bando y sus razones para estar allí, en ese rincón selvático, frente a ese claro, en medio de una batalla, sintiendo apenas un tenue cansancio en el dedo con el que había gatillado el fusil que su cuerpo apretaba contra el suelo, cuando la luz se disolvía en un opaco atardecer.

III

Sabía que el suyo era un destierro. Lo comprendió en la Cordillera del Cóndor, durante aquella guerra infame.

Por algún inconmensurable misterio, había sido expulsado de la dimensión divina que habitó en tiempos inmemoriales.

Sabía que era un dios, un semi-dios o algo así. Comenzó a entenderlo en la Cordillera del Cóndor, durante aquella guerra idiota.

Por alguna inexplicable razón, había sido condenado al exilio hasta el final de los tiempos.

Sabía que estaba eternamente desterrado en la carne de un guerrero, que es todos los guerreros. Empezó a vislumbrarlo en la Cordillera del Cóndor, durante aquella inmunda guerra.

Por algún motivo obscuro y absoluto había sido derrotado por otros dioses o semidioses y condenado a vagar eternamente por los campos de batalla, en el mundo de las criaturas terrestres.

* * *

Descifrar las causas de aquel designio mágico estaba más allá de las posibilidades que le ofrecía su claustro de carne y huesos. Sin embargo, tenía una esperanza y sólo pensaba en eso mientras montaba guardia en la colina que está junto a Guadalupe Tepeyac. Allí, a 2.800 metros sobre el nivel del mar, con la mirada lanzada hacia los lejanos montes del norte guatemalteco, sólo pensaba en esa tenue esperanza. Durante aquella larga vigilia enfundada en un pasamontañas, trataba de alimentar una esperanza tan débil como el cuerpo mortal en el que cumplía su exilio. Estaba en esa colina para controlar que los escuadrones armados por los caciques priístas no incursionaran en las desoladas callejuelas de Guadalupe Tepeyac. Pero aferrado a su fusil de madera, burdo simulacro de arma larga, y vistiendo un uniforme deshilachado, trataba de urdir un plan para develar el misterio infinito de su condena. Las causas metafísicas de un destierro en las trincheras de la historia. Tenía que encontrar a Tzinacán, el mago de la pirámide de Qaholom. Sentía que la prisión circular que habitaba el último sacerdote del dios de la tierra que rigió Moctezuma, existía en algún rincón de México. Sentía que Tzinacán existía más allá de la imaginación borgiana. Pero no sabía las razones de lo que sentía.

Por el momento, lo único que sabía era que su origen nada tenía que ver con su destino. Terminó de convencerse en la Cordillera del Cóndor, mientras combatía en las cercanías de Tiwinza, aquel rancherío miserable con pretensión de base militar, aquel ignoto punto de la selva amazónica que sólo algunos estrategas de Lima y de Quito sabían de qué lado de la frontera estaba. Fue allí donde entendió el aspecto sobrenatural de su naturaleza. Su cuerpo era el de un hombre. Sufría, sentía, dormía, comía y sangraba como un hombre. Pero algo en él pertenecía a una dimensión diferente, y su mente, su memoria, podía deslizarse por el espacio y el tiempo trayendo imágenes y vivencias de otros espacios y otros tiempos. Algo así como una posibilidad anárquica de reencarnación. Aunque no una reencarnación ordenada en los ciclos vitales de las reencarnaciones védicas. Las suyas eran reencarnaciones espontáneas, materializaciones. O no exactamente eso. O más que eso. A lo que sumaba un conocimiento total de lo que pasó y lo que pasará. Como si todo lo ocurrido tuviera un lugar en su cerebro. Como si todo lo que ocurrirá ya estuviese incorporado a su recuerdo, existiendo como imagen o vivencia lisa y llana. De todos modos, lo crucial era el carácter inevitable de su naturaleza, por la condena que pesaba sobre ella. Esa sobrenaturalidad sometida al descontrol, o mejor dicho, a un control que no estaba en sus manos o en su mente. Por eso cuando peleaba por alcanzar las orillas del Cenepa, supo que no tenía por qué pelear por alcanzar las orillas del Cenepa. Era un guerrero luchando otras guerras, y no su guerra. Aquella que perdió en alguna dimensión en la que radicaba su origen y su verdadera razón. Lo supo cuando quedó frente a frente con aquel soldado peruano, cuando los dos fusiles se apuntaron, cuando los cuatro brazos temblaron demorando la presión en los gatillos. Lo supo al ver que el soldado peruano era tan jíbaro como el cuerpo que él estaba habitando. Hasta entonces pensaba que era justo pelear por alcanzar las orillas del Cenepa. Que para Ecuador era una cuestión de dignidad no aceptar las fronteras del Protocolo de Río. Después de todo, aquel acuerdo no fue más que una capitulación. Esas fronteras eran las que alcanzó la ofensiva peruana en la guerra de principios de los años cuarenta, y los países garantes de la paz no hicieron más que aceptar el nuevo mapa que Perú dibujó a sangre y fuego. Ese mapa que le quitó a Ecuador más de la mitad de su territorio. Por eso le parecía justo buscar una victoria para vengar tantas derrotas. Las derrotas de principios de los años cuarenta y también las de las guerras que vinieron después. Esta vez todo sería distinto. Esta vez no serían las escaramuzas improvisadas de los dos últimos conflictos. Los comandos ecuatorianos se habían estado preparando secretamente en la selva para un ataque sorpresivo y una resistencia feroz a la esperada contraofensiva. Había razones para arriesgar el pellejo en la Cordillera del Cóndor. Las razones de la historia y del honor nacional. Además del placer de vencer al usurpador de selvas, ríos, valles y montañas, y también a su peligroso presidente. El extraño personaje por el que sentía un odio visceral. Lo odiaba desde que lo vio posar para la foto más obscena de la historia universal de la soberbia. Lo despreciaba por aquel gesto de obtuso triunfalismo con el que coronó la batalla insólita. Todavía no se había disipado el humo de la pólvora de los combates que se habían librado salón por salón, pasillo por pasillo, habitación por habitación, y el engendro presidencial se retrató junto al cadáver de su enemigo vencido. Y a él le pareció ver la torpe postal del cazador posando con el pié apoyado sobre el cuerpo del león abatido. No podía recordar si había sido uno de los comandados de elite que ejecutaron con éxito la operación Chavín de Huantar, o uno de los terroristas del MRTA que ocuparon la residencia del embajador japonés. Pero podía ver la mansión blanca en el corazón de Miraflores, las luces encendidas en todos los rincones, los guardaespaldas confundiéndose entre la gente, las copas de champán chocando a la salud del emperador Akihito, las sonrisas que iban y venían, el brillo negro de los smokings, el largo de los vestidos, la profundidad de los escotes. Todo desdibujándose en las muecas de pánico que estallaron con los disparos que desde el jardín anunciaban el sorpresivo ingreso de los enmascarados. No experimentaba ninguna simpatía particular por esos guerreros de pacotilla que tomaron por asalto la frivolidad inerme, aunque encontraba algo conmovedor en el objetivo de su comandante: Serpa Cartolini quería canjear rehenes por prisioneros rebeldes, y entre esos prisioneros estaba su mujer. Para lograrlo, tenía que resistir. Y él lo vio resistir el paso de las horas entre comunicados de prensa y presiones psicológicas. Las horas largas y blancas dentro de la blanca mansión. Y las horas se hicieron días, y los días semanas, y las semanas meses. Él lo vio con la mirada perdida entre los largos pasillos blancos. Lo vio inventar razones que se sumaran a la razón de la mujer encarcelada. Tenía que convencerse de que era posible ganarle por una vez a la derrota. Ganarle a las horas blancas de los días blancos de las semanas blancas de los blancos meses, para arrancarla de la cárcel y marchar con ella hacia la espesura del Alto Huallaga. Y allí resucitar la guerra hasta volver a Lima para construir otro Perú. Él veía también al presidente de las mil y una victorias, planeando una victoria más. Repasando los planes de sus estrategas, estudiando posibles asaltos, posibles bombardeos, posibles acciones de espionaje. Quería vencerlos en los salones blancos y los pasillos blancos y las habitaciones blancas de la blanca mansión de Miraflores, quería sorprenderlos como sorprendió al viejo partido que fundó Víctor Raúl Haya de la Torre, ganándole el segundo puesto en la primera vuelta de aquellas elecciones. Quería arrinconarlos como arrinconó con encuestas al célebre escribidor que soñó con escribir el capítulo más civilizado y racional de la historia política peruana. Quería arrebatarles el triunfo como se lo arrebató al amante de la tía Julia en la segunda vuelta de aquellos comicios. Quería humillarlos como humilló al Parlamento cuando decidió cerrarlo. Quería echarlos de la casona blanca como echó a su esposa del palacio presidencial. Quería aplastarlos como aplastó a Sendero Luminoso en la selva ayacuchana. Quería mostrarlos derrotados como mostró al líder senderista Abimael Guzmán. Quería frustrarlos como frustró al mundialmente prestigioso ex titular de la ONU; derrotándolo en las urnas. Quería lo que quiso siempre: ganar a cualquier precio. Ganar y cantar victoria, como hizo siempre. Y él lo vio aprobar el plan que más lo convencía, mientras el comandante enamorado se convertía en prisionero de la realidad que aprisionaba.

Tan absurda era la escena. Con los comandos de elite atravesando el túnel, y trepando a los techos, y acercándose a las puertas, y poniendo a punto sus armas para que vomiten fuego y plomo. Mientras lo ocupantes jugaban un partido en el salón principal, tratando de hacer goles entre la patas de los muebles Luis XV. Tal vez al comandante enamorado lo ayudaba soñar que era el goleador de Sporting Cristal. Tal vez se convirtió en un niño tratando de huir montado en goles de la trampa blanca en la que terminó su vida. Tal vez con esos goles embocados entre las patas de los muebles Luis XV, quería liberarse de su suerte de guerrillero extraviado en una inmensa mansión de Miraflores. Tal vez estaba por lograrlo cuando estalló la bomba subterránea que abrió un cráter inmenso en el medio del salón blanco donde el Sporting Cristal quería derrotar la historia. Y cuando aparecieron los comandos de elite con las armas que vomitaban fuego y plomo en todos los pasillos y todos los rincones y todas las habitaciones. Y cuando los gritos de gol se convirtieron en aullidos de dolor y de muerte. Y cuando el comandante entendió que estaba perdiendo el partido, y que no saldría campeón y no le entregarían como trofeo a su mujer encarcelada. Y corrió entre las balas y las detonaciones. Tratando de escapar de una muerte en pantalones cortos y de una sangrienta goleada. Corrió hasta las escaleras donde lo alcanzaron las balas que le golearon la vida. Y allí quedó su derrota desparramada en diez escalones. Y hasta allí llegó el presidente de las mil y una victorias. Hasta allí llegó con el enjambre de fotógrafos que lo retrató junto al cadáver de su enemigo vencido. De allí salió la foto obscena del cazador con el pié sobre su presa. La imagen inescrupulosa del nuevo triunfo de un ganador sin derrota. Allí, en las cercanías de Tiwinza, apuntando a un soldado peruano que también le apuntaba, supo que aquella foto aún no había sido tomada. Aunque no era eso lo que le importaba. Le importaba que el enemigo con el que estaba frente a frente, era tan jíbaro como él, o como el cuerpo que habitaba. Ese cuerpo con manos de cultivador de tapioca en las laderas orientales de los Andes. Ese cuerpo que se bañó en las aguas del Marañón. Ese cuerpo que no podía ser de alguien que supiese de Fujimori, del APRA, de Vargas Llosa, de Susana Higuchi, de Javier Pérez de Cuellar, del líder de los senderistas, ni de las guerras de comienzos de los años cuarenta ni de las que vinieron después, ni mucho menos de la mansión blanca que aún no había sido ocupada, ni de la foto obscena que aún no había sido tomada en la escalera de un salón donde todavía no había retumbado el eco de los disparos y las explosiones. Ya no quería llegar a las orillas del Cenepa, ni aplastar Tiwinza, ni dibujar con un lápiz ecuatoriano la frontera que se les olvidó marcar a los cartógrafos del Protocolo de Río.

Quería decirle a ese soldado enemigo que estaba tan tieso como él, parado frente a él, apuntando como él, que no eran ni ecuatoriano ni peruano, eran jíbaros. Tenían en común un orgullo ancestral. El orgullo de una cultura que resistió las envestidas del Imperio Inca. El orgullo de los dioses que derrotaron al dios de los misioneros españoles del siglo XVI. Quería gritarle que los fusiles con que se apuntaban no valían más que las cerbatanas de los guerreros jíbaros. Esos guerreros que reducían las cabezas de los enemigos para impedir que los espíritus se cobraran venganza. Quería explicarle que la peor tragedia de esa raza a la que los dos pertenecían, era esa maldita frontera que los dividía y los dejaba a merced de dos estados que sólo se acordaban de ellos cuando estallaba una guerra. Entonces los buscaban en la espesura de la selva, les cantaban el himno, les colocaban un uniforme, le suministraban un arma y los mandaban a pelear contra ellos mismos. Estaba por decirle que la peor tragedia de los jíbaros era que ellos dos estuvieran allí, frente a frente, apuntándose con sus fusiles, en aquella guerra infame. Una guerra idiota que no les pertenecía. La guerra atroz que los hacía matarse, como no los mataron los incas, ni los conquistadores. Estaba por decírselo cuando el dedo del otro jíbaro apretó el gatillo; estaba por explicárselo cuando del fusil que le apuntaba salió el proyectil; estaba por gritárselo cuando su pecho estalló y el cuerpo jíbaro que habitaba se desmoronó cerca de la miserable Tiwinza, desangrándose en la Cordillera del Cóndor.

IV

En aquella colina, durante su larga vigilia enfundada en un pasamontañas para evitar que los escuadrones armados por los caciques priístas incursionaran en las desoladas callejuelas de Guadalupe Tepeyac y cometieran otra masacre como la del templo de Acteal, trataba de urdir un plan para develar el misterio de su condena.

Sentado sobre una piedra, con la mirada lanzada más allá de la frontera, hacia los lejanos montes del norte de Guatemala, sabía que esa causa de infinitas consecuencias pertenecía a un tiempo anterior a todos los tiempos. Aferrado a su fusil de madera, burdo simulacro de arma larga, pensando en el origen del designio que lo desterró en las trincheras de la historia, trataba de planear la búsqueda de Tzinacán, el mago de la pirámide de Qaholom.

Sentía que, en algún rincón de México, existía la prisión circular en la que Pedro de Alvarado encerró al último sacerdote del dios, después de lacerarlo con metales ardientes para que revelara el lugar de un tesoro escondido.

No le importaba ese tesoro que el conquistador que destruyó la pirámide nunca pudo encontrar. Le importaba el único hombre que descifró el mensaje secreto del dios, y al que le hubiera bastado decir en voz alta las catorce palabras de esa sentencia mágica para abolir su cárcel de piedra, para que el día entrara en su noche, para ser inmortal, para sumir el santo cuchillo en el pecho de Pedro de Alvarado, para reconstruir la pirámide y para regir las tierras que rigió Moctezuma.

Sentía que Tzinacán existía más allá de la leyenda borgiana. Pero no sabía las razones de lo que sentía.

Tampoco sabía el porqué de aquella tibia piedad que sintió frente al lecho de muerte del viejo dictador derrotado. Cuando el final se posa sobre el rostro de un anciano, diluye las perversiones y las grandezas del pasado en una soledad inmensa. Una soledad que es todas las soledades. Y al estirar su mano para cerrar los ojos de Porfirio Díaz, pensó que ya no era Porfirio Díaz. Mientras paseaba su nostalgia metafísica por las callecitas de Montmartre, tuvo la impresión de que todas las personas que pasaban junto a él eran, de un modo u otro, Porfirio Díaz. Aunque no hayan hecho más que vender Le Soir a los obreros que suben a los trenes de la Gard du Nort, o timonear las barcazas que recorren el Sena, o morir por Francia frente a los ejércitos de Bismark o pedir limosna en la escalinata de Le Sacre Coeur. Pensó que para ser Porfirio Díaz no hace falta haber gobernado México durante más de tres décadas, ni haber instaurado una pax porfiriana persiguiendo a los opositores, ni haber industrializado a fuerza de explotación, ni haber apañado un grosero feudalismo. Al fin de cuentas, en aquel cuerpo octogenario que expiraba en un rincón de París, nada quedaba del amo y señor de un despotismo ilustrado de cuyos estertores surgiría un México cruzado por dobles cananas y extraviado en eternas balaceras. Nada quedaba del fraudulento tirano que encarceló a Francisco Madero para huir de una derrota que ya lo había derrotado. Nada del mandamás huérfano de mando, que en el puerto de Veracruz se despidió de México como quien se despide de sí mismo y cruzó el océano que lo separaba del final. Cuando la muerte se posa sobre el rostro de un anciano, ya no es tal o cual anciano. Es una mueca antigua y gastada perdiéndose en la bruma de una inmensa soledad.

* * *

La muerte es un niño con sonrisa de lata.
Puedo decirlo porque he cruzado océanos de sangre.
Esa es precisamente mi condena.
Yo, un semidios convertido en carne de cañón,
he visto ese niño y a su sonrisa latuna.
Porque atravesé tempestades de hielo para derretirme en el fuego de Stalingrado;
porque mordí el polvo de la derrota en Dien Bien Phu;
porque me amotiné en el Potemkin frente a Odessa;
porque conocí el fondo del mar en Tsushima;
porque me enamoré de la emperatriz Tse-Hi
y por ella morí como un bóxer;
porque maté por el oro del Transval;
porque fabriqué bombas que hicieron temblar Londonderry,
porque le quité Melilla a los marroquíes;
porque entré en Damasco con los beduinos de Lawrence.
Porque estoy condenado a cruzar océanos de sangre.
Y a saber que la muerte es un niño con sonrisa de lata.

Lo que no sabía era cómo defender Guadalupe Tepeyac con ese rifle de madera. ¿Qué haría para enfrentar a los matones armados por los caciques priístas, con ese burdo simulacro de arma larga? ¿De qué modo, sin granadas ni balas, podía evitar otra masacre como la del templo de Acteal?

Con esa torpe imitación de un fusil, había desfilado en la plaza de Tuxtla Gutiérrez. Le bastó el pasamontañas y el uniforme deshilachado para salir en las fotos de la Associated Press. Pero no terminaba de comprender esos cuatro años de guerra con apenas un puñado de muertos y unos pocos días de enfrentamientos armados. Estaba en las filas de un estratega diferente a todos los que había conocido. Un estratega que movía sus fichas en un escenario de celuloide, papel satinado, autopistas informáticas y antenas parabólicas. El estratega de la pipa y el misterio de una cara desconocida. El que logró convertir la selva Lacandona en la escenografía de una película mundialmente taquillera. El que se defendía mejor dando entrevistas que moviendo piezas de artillería. El primer líder guerrillero que le antepuso el "sub" a su rango de comandante. Sin dudas un tipo inteligente. Por lo menos, original. El más original de todos los guerreros mejicanos.

En su vigilia de la colina, a 2.800 metros sobre el nivel del mar, con la mirada lanzada más allá de las fronteras, hacia los lejanos montes del norte de Guatemala, pudo ver a todos y a cada uno de esos guerreros. A Francisco Madero fugando de la cárcel y huyendo a Texas, y elaborando el Plan de San Luis de Potosí, y llamando a la insurrección, y volviendo para mandar al exilio al viejo déspota ilustrado, y gobernando como buen hijo de familia terrateniente. Lo vio aplastar las rebeliones de los generales Bernardo Reyes y Félix Díaz. Y dudar ante los alzamientos de Sinaloa, Oaxaca y Yucatán. Lo vio temblar ante los pronunciamientos de Zapata y Orozco. Y firmar la renuncia que le puso bajo la nariz el general Huerta. Él estaba en ese sombrío despacho aquel martes fatídico. Quiso decirle que no creyera que entregando la presidencia salvaría su vida. Él ya sabía que un grupo de oficiales buscaría al mandatario derrocado en la intendencia del palacio, diciéndole de un cambio de lugar de arresto. Tal vez él era uno de esos obscuros hombretones que metieron a Francisco Madero y a su vicepresidente en dos autos, y que a las pocas cuadras los bajaron a empujones y los balearon a sangre fría, simulando luego un intento de fuga.

Oh... vulgares fanfarrones con ínfulas guerreras. No estaban hechos para gobernar. Estaban hechos para llegar al poder montando conspiraciones, y capitular ante el primer matón que se les cruce en el camino. Como el general Huerta, que le sacó el pecho desafiante a Woodrow Wilson y después huyó despavorido del poder ante la ofensiva de Venustiano Carranza.

En la dimensión total a la que pertenece, no hay nada más desnudo que un semidios sin atributos y sin magia, con su memoria absoluta atrofiada y la nostalgia metafísica que da un destierro en el espacio insignificante de las criaturas terrenales. Y si algo puede aprender un errático habitante de las trincheras de la historia, es que en la dimensión de los objetos carnales no hay nada más desnudo que un guerrero traicionado. Eso era Venustiano Carranza. Un guerrero traicionado que detestaba la idea de rendirse. Un presidente prófugo; un estadista en fuga.

Aquella noche, en un rancho desvencijado de Tlaxcalantongo, se ocultaba de la rendición que lo perseguía implacablemente. La rendición que le había pisado los talones una semana atrás, en Aljibes, cuando el pequeño batallón que aún le respondía se entregó sin disparar una bala. Ni una maldita bala para resistir el asedio de los sublevados. Prefirieron rendirse sin desenfundar una Colt ni gatillar un Winchester. Los mismos que lo adulaban cuando promulgó la Constitución del '17. Los mismos que le palmeaban la espalda cuando Estados Unidos y la Conferencia Interamericana lo reconocieron como gobierno de facto. Los mismos que lo incitaban por lo bajo a sellar un pacto secreto con Alemania para recuperar Arizona, y que le juraban lealtad eterna cuando Pancho Villa era capturado, esos mismos pusilánimes salieron con las manos en alto, sin disparar un mísero balazo, por las callecitas de Aljibes, dejándolo solo. Solo para seguir huyendo a caballo por las sierras de Puebla. Para seguir siendo un presidente prófugo. Un mandatario en fuga que se juraba no rendirse jamás. Un estadista cansado y andrajoso, que se sacaba las botas en una piezucha inmunda y se tiraba sobre un camastro musitando maldiciones y juramentos de lealtad a sí mismo, a su voluntad de no rendirse. Y se dormía en ese rancho desvencijado. Se dormía confiando en Rodolfo Herrero. Creyendo en ese general que se había sublevado como Villa en Chihuahua, como Zapata en Morelos, como Félix Díaz en Veracruz, pero que finalmente se rindió a su presidente, y cabalgó con él por las sierras de Puebla, y lo acompañó al escapar de la emboscada de Aljibes. Se durmió confiando en la lealtad del último general que le quedaba. El mismo general que entró en esa piezucha inmunda y vació el cargador de su pistola sobre el estadista cansado y andrajoso que dormía sobre un camastro; el presidente prófugo que murió durmiendo o durmió muriendo, pero sin rendirse, en aquel rancho desvencijado de Tlaxcalantongo.

V

La traición es la cruz hecha de dobles cananas en la que México estaba siendo crucificado. ¿Acaso sería ése el final del guerrero informático, satinado y parabólico por el que montaba guardia en la colina? A esa altura de su errático periplo, podía escribir un tratado sobre la traición. Describirla en la bala que atravesó a Ruiz Massieu y en la falsa investigación de su hermano. Encontrarla en el tambor del revólver que se apoyó en la sien de Colosio mientras lo abrazaba la multitud en Tijuana. Desenmascararla en los dientes apretados del coronel Jesús Guajardo al asesinar a Zapata en Chinameca, Contarla del uno al cien en las balas que perforaron las aventuras de Villa. Recordarla en los ojos desorbitados del general que se retorcía dentro de un auto. Esos ojos que le pedían ayuda y que se cerraron sin comprender aquel último balazo. Se cerraron mirando la traición, allí, tan cerca de Parral, tan lejos de Canutillo, en el comienzo de una ruta sin final.

Él lo conoció en Rancho del Río Grande. Lo conoció cuando todavía no era Pancho Villa. Lo conoció cuando todavía era Doroteo Arango. De inmediato leyó en los ojos de ese hombre el extraño designio que lo condenaba a vivir en pié de guerra; la sentencia que lo haría morir en cuanto quisiera apartarse de los campos de batalla. Sintió una melancólica compasión por aquel condenado a vivir combatiendo y a morir por dejar de combatir. Tenían algo en común. Y la única vez que casi llora fue cuando lo vio llorar por única vez. Porque Villa lloró por Cristóbal Martínez, el combatiente mejicano que debía traicionar y murió para no hacerlo. Fue cuando los acorazados Utah y Florida desembarcaron infantes de marina en Veracruz. Y Cristóbal, el combatiente mejicano que combatió a la traición, llevó a su esposa norteamericana hasta los buques, para ponerla a salvo y para que no traicionara a su país estando del lado de los invadidos, y después volvió a su casa, sacó su carabina y se fue a morir combatiendo al invasor. Sólo quien lleva escrito en la piel que no hay nada más desnudo que un guerrero traicionado, puede conmoverse hasta las lágrimas ante semejante victoria sobre la traición. El también lo sabía. Por eso lo acompañó a reclutar campesinos por los villorios de Durango. Y estuvo en cada alzamiento de los que impulsó en el norte. Lo apoyó en la ocupación de Piedras Negras, y cuando tomó rehenes en Torreón. Brindó con él a la salud de Madero, que lo convirtió en general. Combatió a su lado contra Huerta por la causa de Carranza, y votó por él contra Carranza en la convención de Aguascalientes. Y se rebeló en Chihuahua cada vez que él dijo que había que rebelarse. Y cruzó con él la frontera. Y atacó con él poblados norteamericanos. Y huyó con él del ejército del general Pershing. Y volvió con él a México para seguir peleando. Para pelear a pesar de la derrota frente a Obregón. Pelear para vivir peleando, porque dejar de pelear sería empezar a morir. Por eso sabía que su general se equivocaba al aceptar un acuerdo con Rodolfo de la Huerta. Era mejor tirar tiros al aire en la plaza de Parral. Eso era mejor que cabalgar hasta Sabinas para firmar la rendición. Aunque a esa rendición se la pagaran con la hacienda de Canutillo. Aunque en esa rendición le otorgaran una escolta de cincuenta hombres para protegerlo. Aunque a él y a cada uno de los miembros de ese ejército rebelde de 698 soldados, con un general de división, siete brigadieres, 23 capitanes primeros, 31 capitanes segundos, 34 tenientes, 41 subtenientes, 31 sargentos primeros, 33 sargentos segundos, 14 cabos y 480 soldados, el gobierno les diera un año de paga y tierras en propiedad. Él sabía que Villa se equivocaba al soñar con una vida tranquila en la hacienda de Canutillo, lejos de los campos de batalla. Lo sabía porque leyó el designio escrito en los ojos del general. Esos ojos que lo miraban desorbitados cuando se retorcía por los balazos que lo perforaban dentro de un auto. Los ojos que le pedían ayuda y que se cerraron sin comprender el último balazo. El balazo que él mismo disparó sobre el cuerpo agujereado de su general, allí, tan cerca de Parral, tan lejos de Canutillo, en el comienzo de una ruta sin final.

* * *

Primero fue el estruendo de un disparo y el golpe seco de la bala desgarrando un saco y retorciendo carne para abrirse paso hasta las entrañas. De inmediato el grito de dolor al que se sumaron otros gritos de aterrorizada sorpresa, mezclándose con nuevos estruendos de disparos y más golpes secos desgarrando telas y retorciendo carnes hasta destrozar entrañas, provocando otros alaridos de dolor y desconcertado pánico, en un desesperante crescendo con más estruendos y más impactos contra cuerpos de carne y cuerpos de yeso. De unos saltaba sangre, de los otros saltaban pedazos que se desparramaban en el piso. Ese piso donde caían sirios y cálices y narices de santos y cabezas de vírgenes y trozos de vitrales que estallaban desnudando de colores los rayos de sol que entraban crudos por las altas ventanas a iluminar cuerpos de carne que rodaban junto a cuerpos de yeso, mientras crecía el histérico concierto de estruendos, impactos, gritos de dolor y alaridos de terror. Ese concierto feroz que rompió violentamente la somnolienta monotonía de las oraciones, los ruegos y las plegarías. El sacro murmullo que todos los días, a esa hora, llenaba la bóveda y los rincones del templo de Acteal.

Él estaba sentado en el fondo. Con los ojos clavados en la mirada letárgica de una imagen del altar. No estaba allí porque creyera en ese dios al que consideraba un error en cálculos siderales. Hasta sentía cierta lástima por esos indígenas que olvidaron a sus dioses. Sentía una melancólica compasión por el olvido. Acaso porque él mismo había olvidado y había sido olvidado. Y porque Tzinacán yacía en un agujero de piedra esperando que los días lo olvidasen.

Lo que buscaba en el templo era, precisamente, alguna pista para llegar a esa celda circular antes que los días terminasen de olvidar al que era su última esperanza. La espesura del olvido es una impenetrable oscuridad. Lo sabía, porque vivía en ella. Y tal vez en esa voz informe hecha de muchas voces murmurantes estaba escondida la clave. Tal vez ese sonido monocorde y suplicante podía decodificarse para encontrar en él un mensaje providencial, compuesto por palabras que no estuvieran en ninguna de las oraciones, ruegos y plegarias por separado, sino en la voz compuesta por todas esas voces. Tal vez fuesen palabras distintas a las que existen en las lenguas española, tzotzil, tzeltal y tojolabal. Tal vez eran palabras de un alfabeto distinto a los alfabetos humanos. Quizás alguna recóndita y extraviada dimensión de su memoria estaba por activarse al reconocer esas palabras de una lengua sobrehumana. Quizás estaba muy cerca de ese descubrimiento, y de la decodificación del mensaje secreto que lo guiaría hasta el oscuro y circular rincón de piedra que buscaba desde tiempos inmemoriales para encontrar otro mensaje, igualmente secreto y oculto, pero ya descubierto y develado por el mago de la pirámide que destruyó Pedro de Alvarado.

Quizás estaba a punto de descifrar esa voz hecha de muchas voces, que decía palabras eternas y absolutas formadas en la mezcla de palabras insignificantes, cuando irrumpieron los gritos sacrílegos de los fusiles automáticos para aturdir el monocorde murmullo de oraciones, ruegos y plegarias; destrozando la voz hecha de voces y el mensaje secreto que ocultaba.

Quizá fue algo más que el aniquilamiento de indígenas alineados con el extraño guerrero de la selva Lacandona. Quizá los matones armados por los caciques priístas que provocaron la masacre en el templo de Acteal, cumplieron sin saberlo con un designio escrito en otro espacio y otro tiempo. El designio que desterraba a un semidiós de la dimensión a la que pertenecía. La sentencia que lo condenaba a un exilio infinito en las guerras de un siglo de fines de milenio. Y cuando el humo se ahogó en un mar de lágrimas y el silencio apagó gemidos y estertores, él se quedó sentado en la espesura del olvido, con los ojos clavados en la mirada letárgica de una imagen del altar baleado.

* * *

Seguramente es una casualidad. Un efecto accidental de las circunstancias que nunca pude determinar, salvo en mi remoto momento original. Seguramente es la consecuencia de causas que generaron un devenir anárquico de efectos ante los cuales no he sido más que un espectador. Al fin de cuentas, no hay desventura más grande que observar expectante la aventura de uno mismo. Y ésa ha sido mi tragedia. La tragedia de vivir la multiplicación de la muerte desde una insoportable inmortalidad. Una trágica y episódica existencia compuesta por la infernal sumatoria de momentos efímeros a los que fui condenado, o por una traición que no recuerdo, o por una derrota que he olvidado. Lo cierto es que mis jueces o vencedores cargaron sobre mí el estigma de un exilio en el ángulo más oscuro de la dimensión humana: el instinto autodestructor de una curiosa especie dedicada a su propio aniquilamiento.

Por esa casualidad, por ese efecto accidental, por esa causa de un devenir anárquico o por lo que fuera, por primera vez estoy donde creo que debo estar. En el bando indicado para librar una batalla que es mía; para pelear, esta vez, por un objetivo que puede servirme a mí. Aquí, en esta desolada colina de Guadalupe Tepeyac, sé que tengo una posibilidad única y que no puedo perderla. Esta guerra extraña y quieta me da el tiempo que otras guerras no me han dado. Estoy en el ejército indicado.

Yo, que desembarqué en Normandía y morí defendiendo Berlín. Yo, que soporté una lluvia de proyectiles en Dubrovnick y lancé una lluvia de proyectiles sobre Mostar. Yo, que desfilé victorioso por las calles de Kabul y me eyecté de un Mig alcanzado por el fuego antiaéreo de los mujaidines de Jalalabad. Yo, un viejo fantasma de los campos de batalla, estoy empezando a querer a este ejército de eternos traicionados porque siento que entre ellos puedo buscar las pistas para llegar a Tzinacán.

Yo, que atravesé el Sinaí para borrar del mapa a Tel Aviv y le quité a los sirios las Alturas del Golán. Yo, que regué Sulaimaniya de gas mostaza y recuperé para los imanes persas los pantanos del Shat-el Arab. Yo, que convertí la bahía de Pearl Harbor en una tumba de acorazados y cacé con lanzallamas a los japoneses que resistían en Guam. Yo, eterna sombra de olvidados combates, siento que en estos montes y en estas selvas pueden estar las huellas que me guíen hasta esa celda oscura y húmeda con la forma de un hemisferio.

Yo, que arrojé banyamulengues en las aguas del lago Kivu y entregué Kinshasa a Laurent Kabila. Yo, que sé lo que es matar por la causa greco-chipriota y lo que es morir por una Chipre turca. Yo, que soporté el asedio azerí en Nagorno Garapagh y despellejé soldados rusos en los suburbios de Grozny, siento que entre estos andrajosos soldados lacandones puedo encontrar el camino que me lleve hasta la tiniebla donde yace el mago de la pirámide de Qaholom. Siento que él existe más allá de la imaginación borgiana. Tengo que llegar hasta él. Porque él recordó, en su agónico cautiverio, que el primer día de la creación Qaholom escribió una sentencia mágica para conjurar los males y ruinas que sobrevendrían en el final de los tiempos. Y la escribió de manera que pudiera atravesar las épocas para llegar hasta los últimos seres, sin ser alterada por el devenir o el azar.

Y en esa celda hemisférica que comparte con un jaguar, que mide con pasos iguales el tiempo y el espacio del encierro, el último sacerdote del dios se lanzó a la búsqueda de la escritura. La buscó en la forma de una montaña, en el curso de un río, en la silueta de un imperio y en la configuración de los astros. Luego pensó en formas más antiguas, incorruptibles y eternas, como las generaciones de cereales y de pájaros, hasta que recordó que el jaguar era uno de los atributos del dios.

Entonces imaginó a Qaholom confiando el mensaje a la piel viva de los jaguares.

Tengo que encontrar al último sacerdote del dios, que dedicó largos años a aprehender el orden y la configuración de esas negras manchas que tachan el pelaje amarillo con rayas transversales y anulares.

Tengo que encontrar a ese mago lacerado con metales ardientes, que se desveló mil noches y mil días intentando imaginar la sentencia construida por una mente absoluta, con palabras que sólo pueden expresar la plenitud y nunca ser inferiores al universo o a la suma de los tiempos.

Tiene que existir, más allá de la leyenda borgiana, ese descifrador encarcelado que un día, tras despertar de una infinita cadena de sueños encerrados dentro de otros sueños, pudo ver una rueda hecha de agua y también de fuego y de todas las cosas que serán, que son y que fueron. Esa rueda que no estaba ni delante ni detrás ni a los lados, sino en todas partes y a un mismo tiempo. Y entonces pudo verlo todo. Vio los orígenes que narra el Libro del Común y las montañas que surgieron del agua y los primeros hombres de palo y las tinajas que se volvieron contra los hombres y los perros que les destrozaron las caras y el dios que hay detrás de los dioses. Y entendiéndolo todo, pudo también entender la escritura que Qaholom confió a la piel de los jaguares.

Le hubiera bastado decir en voz alta esa fórmula de catorce palabras para abolir su cárcel de piedra, para que el día entrara en su noche, para ser inmortal, para sumir el santo cuchillo en el pecho de Pedro de Alvarado y para regir el imperio que rigió Moctezuma. Pero no la dijo, porque después de haber visto los ardientes designios del universo, ya no se acordó de Tzinacán porque ya no pudo pensar en un hombre, aunque ese hombre fuera él.

No tengo otra esperanza que encontrarlo. A veces sueño que desciendo por el cordel con que su carcelero le baja el cántaro y la carne. Y me veo arrodillado junto a ese viejo cuerpo doliente. Y lo rescato de un cuento borgianamente mágico. Y lo llevo a mi colina de Guadalupe Tepeyac. Y el último sacerdote del dios me agradece, murmurando en mi oído las cuarenta sílabas de las catorce palabras del mensaje que Qaholom escribió en la piel de los jaguares. Y yo las digo en voz alta, no para reconquistar mi reino y vengarme de mis jueces o vencedores desterrándolos en las guerras de un siglo de fines de milenio. Las digo en voz alta para develar mi enigma, el infinito misterio de mi condena. La digo en voz alta para entrever el espacio de mi origen, la dimensión de mi verdadera existencia. La digo en voz alta para saber mi nombre de semidios, y para conocer mi historia y mi cara. La digo en voz alta para conjurar la maldición que me extravió en los campos de batalla. Aunque después de haber conjurado mi sentencia, me recueste junto al mago de la pirámide, a esperar con él que nos devore la espesura del olvido.

Indice

. Prólogo.. 11
. Introducción.. 17

Capítulo I
. En la dimensión de Ciudad Gótica... 25
. La campaña devaluada.. 31
. Extraño mensaje de amor... 37
. Matar y morir... 41
. La marcha del soldado imperial.. 47
. Ausente presencia... 53
. Sobre mitos y fantasmas... 59
. El designio exterminador.. 65
. En busca del Santo Grial 71
. Un premio para castigar.. 75

Capítulo II
. El grito de las estatuas.. 85
. La estrategia de Bin Laden.. 89
. Tiempos Pre- Modernos.. 93
. Afganistán y sus laberintos... 99
. El hombre que no debía morir.. 105
. Del desierto a la jungla... 111
. El fantasma perturbador.. 117

Capítulo III
. El monóculo de Mr. Bush.. 125
. El dueño del temor.. 131
. Bagdad en la mira... 135
. Contra viento y marea... 141
. Cada cual en su juego.. 147
. Tribulaciones, lamentos y ocaso... 153

Capítulo IV
. Santa Ciudad... 159
. El poder de las piedras.. 165
. El amo de la derrota.. 169
. El genio sin lámpara.. 175

. El dilema de Arafat... 181
. El poder después del poder.. 187
. Esclavos del rencor.. 193
. Tenue resplandor... 199
. El lado duro de Rabin.. 205
. La muerte de un inmortal.. 211

Capítulo V
. El infierno de los rusos.. 217
. Vladimir el Terrible... 223
. El agua y el fuego... 229
. Moscú no cree en lágrimas.. 235

Capítulo VI
. El paraíso infernal.. 243
. Tiempo sin revancha 249
. Vida feroz.. 253
. El fantasma del templo maldito... 259
. Infierno en el paraíso... 265

Segunda parte
"Serás tu sangre"... 271

La presente obra se finalizó de imprimir
en la ciudad de Córdoba en el mes de Noviembre de 2002.